やわらかアカデミズム
〈わかる〉シリーズ

よくわかる
防災教育

災害理解から学校・地域防災まで

藤岡達也
[編著]

ミネルヴァ書房

はじめに

■よくわかる防災教育

近年，日本各地で発生する様々な自然災害をめぐり，防災・減災，復興のあり方が注目され，気候変動とも連動して，自然災害への取り組みは国際的にも求められている。本書は，このような背景をふまえ，減災や復興も含めた防災教育の理解や認識を深めることを目的としている。

本書では，防災教育の基本は，災害につながる自然現象を知ることと捉えている。自然現象がすぐに災害となるわけではなく，人間が被害を受けてはじめて災害と呼ばれる。例えば，地震・津波，火山噴火，台風，豪雨などは自然現象にすぎない。そこで，本書では，これらの自然現象が生じるメカニズムの理解を防災教育のスタートとする。

自然現象の発生は人間活動とは無関係である。防災を掲げても，根本にある自然現象を人間の力で止めたり変えたりすることは不可能である。ただ，その被害を減らすことだけは可能であり，そのため，減災への努力は求められる。さらに自然現象が災害となったり，災害が拡大したりするのは，人間の関わりや働きかけとも関係する場合がある。従来，人間が住めなかったところや住まなかったところにも生活空間が広がったことによって災害が発生することが例として挙げられる。科学技術が発達し，社会が発展しても，災害はなくなるどころか，被害は拡大することもある。人間が自然とどのように共生したり，調和をもって働きかけをしたりするのかは，継続的な課題となっている。

日本列島は地殻変動が著しく，世界的に見ても地震活動や火山活動が顕著である。一方，温帯モンスーン気候に属し，年間を通して降水量が大きい。これが河川氾濫や崖崩れ・土石流・地すべりなどを生じさせる原因となる。自然環境から見ると，地球内部のエネルギーによる地表面の凹凸化と太陽エネルギーによる水の循環の平坦化が釣り合っている。つまり私たちは危険きわまりない地域にわずかな安全を求めて住んでいる。自然の営力によって，一瞬で尊い命が奪われたり，資産が消滅させられたりする，被災地の惨状を見れば，自然の無情さを痛感し，被害に遭われた方には激励の言葉すら浮かばない。しかし，大規模な自然現象は人類の誕生以前から繰り返されてきた。現在見られる自然景観は，時間や空間を越えたダイナミクスによる。この営力がもし人間に働いたら，と考えることによって，災害を想定することも可能となる。

持続可能な社会の構築を目指す現在，その妨げの1つとなる自然災害に対する読者の防災への理解が深まれば，執筆者たちの幸いとするところである。

執筆者を代表して　編著者　藤岡達也

もくじ

■よくわかる防災教育

はじめに

第1部　防災と防災教育

1　防災・減災，復興と教育 ………… 2

2　自然現象と自然災害 ………… 4

3　災害，感染症と危機管理 ………… 6

4　変動帯の日本列島（地震・津波，噴火） ………… 8

5　日本列島の多様な気候，気象と地域に生じる風水害 ………… 10

6　自然の二面性（災害と恩恵）…… 12

7　注意報・警報・特別警報 ………… 14

8　避難情報・避難指示と情報の収集 ………… 16

9　自然災害とライフラインへの影響 ………… 18

10　自助・共助・公助 ………… 20

　　コラム 1　復旧から復興へ …… 22

第2部　災害につながる自然現象の理解と防災

I　地震・津波

1　海溝型地震と活断層型地震 ……… 26

2　世界の大規模地震と日本 ……… 28

3　東日本大震災の教訓 …………… 30

4　東北地方太平洋側における地震・津波 ………… 32

　　コラム 2　石碑が語る将来への教訓 ………… 34

5　南海トラフ地震 ………… 36

6　日本海側における地震津波 …… 38

　　コラム 3　日本海中部地震の教訓と防災訓練 …… 40

7　阪神・淡路大震災の教訓 ……… 42

8　西日本の内陸の活断層型地震（熊本地震）………… 44

9　都市部（沖積平野）における地震被害 ………… 46

10　中山間部における地震被害と復興 ………… 48

11　地震の予知・予測 ………… 50

12　地震波 ………… 52

　　コラム 4　震度階とマグニチュード ………… 54

13　緊急地震速報と対応 …………… 56

14　津波発生時の避難と訓練 ……… 58

II　火山噴火

1　日本の火山帯 ………… 60

2 火山噴火のメカニズムと火山噴出物 …………… 62

3 火山噴火の予知・予測 ………… 64

4 火山噴火時の避難 …………… 66

コラム **5** 大規模な火山噴火と気候への影響 ……… 68

5 世界の火山と災害 …………… 70

6 火山分布と地震帯 …………… 72

7 火山の恩恵（1）（国立公園・国定公園・ジオパーク）………… 74

8 火山の恩恵（2）（火山のエネルギーと地熱，金属鉱床，温泉）…………… 76

コラム **6** 火山博物館での学び ……………… 78

Ⅲ　風水害（気象災害・土砂災害）

1 日本の四季と自然災害 ………… 80

2 台風のメカニズム ……………… 82

3 近代に日本を襲った台風とその教訓 ……………… 84

4 河川氾濫・溢水，内水氾濫 …… 86

5 伝統的治水，浚渫・堤防 ……… 88

6 河川の分離・分流，近代治水 … 90

7 水防法・河川法 ……………… 92

8 水害対策と生活環境 …………… 94

9 線状降水帯とバックビルディング ……………… 96

10 干ばつと干害 ………………… 98

11 エルニーニョ／ラニーニャ現象 ………… 100

12 気候変動への国際的な取り組み ……………… 102

コラム **7** 気象観測システム ……………… 104

13 豪雪・雪害 …………………… 106

14 雪崩と雪に関する様々な災害 … 108

15 落雷，竜巻など ……………… 110

16 土石流，危険渓流 …………… 112

17 砂防ダム，堰堤 ……………… 114

18 多様な斜面災害と災害に関する伝説・景観 ……………… 116

Ⅳ　複合災害

1 原子力発電所事故 …………… 118

2 福島第一原子力発電所事故と放射線教育 ……………… 120

3 原子力発電所事故対策 ………… 122

4 地震による火災・延焼 ………… 124

5 地震・豪雨等による土砂災害 … 126

第3部　学校，地域での防災教育

Ⅰ　学校における防災教育

1 「生きる力」の育成と防災教育 ……………… 130

2 学校保健安全法 ……………… 132

3 安全教育としての防災教育 ……… 134

4 避難訓練と引き渡し訓練 ……… 136

5 地域における避難所運営 ……… 138

6 全国的な防災教育の展開 ……… 140

7 近年の学校での防災教育
カリキュラムの実際 ……… 142

8 防災意識を育む野外学習 ……… 144

9 コミュニティ・スクールに
おける防災訓練 ……………… 146

II 地域社会における防災教育

1 建築と防災（免震・耐震）……… 148

2 まちづくりと防災 ……………… 150

3 ハザードマップと活用 ………… 152

4 マイ・タイムライン，ハザード
マップと災害への備え ………… 154

5 災害用伝言ダイヤル・伝言板 … 156

6 非常持ち出し品と備蓄品 ……… 158

7 広域防災拠点，広域避難場所，
広域避難訓練 ……………… 160

8 AED と蘇生法 ………………… 162

9 DIG と HUG ………………… 164

コラム 8 防災士の役割と自
主防災組織への取
り組み ………… 166

10 地震模擬体験，防災キャンプ … 168

11 災害ボランティアと NPO ……… 170

12 災害と保険 …………………… 172

13 社会教育施設での学び ………… 174

第4部 日本と世界の防災・防災教育

I 日本における防災

1 内閣府中央防災会議 …………… 178

2 災害対策基本法関係 ………… 180

3 自然災害に関する法律 ………… 182

4 災害防止の責任（訴訟判決
から）…………………… 184

II 世界の防災と日本の貢献

1 SDGs のゴール・ターゲットに
見る持続可能な社会と自然災害
削減 …………………… 186

2 日本で3回開催された国連防災
世界会議 …………………… 188

3 日本から海外への支援（1）…… 190

4 日本から海外への支援（2）…… 192

おわりに

さくいん ……………………… 195

第 1 部

防災と防災教育

第1部　防災と防災教育

防災・減災，復興と教育

1 防災教育とは

「災害」や「防災」の捉え方は人や組織によっても若干異なるが，一般的にその定義は，**災害対策基本法**や災害対策基本法施行令に則っている。前者によると，**防災**とは「災害を未然に防止し，災害が発生した場合における被害の拡大を防ぎ，及び災害の復旧を図ることをいう」（第2条第2号）と示される。そのための教育を「防災教育」とすると意味は広くなる。

まず，災害は自然災害と事故災害に大別することができる。自然災害は地震，津波，火山噴火，台風，豪雨などの自然現象に起因する。一方，事故災害は広い意味では交通事故を含め，結果的に傷害につながった場合を示すが，本書で取り上げる事故災害では，火事災害（火災），原子力発電所事故など自然現象が誘因となった事例を重視する。事故災害は人間の努力により発生を防ぐことは可能であるが，自然災害は，人間の努力では原因となる自然現象を防ぐことに限度がある。そのため，「減災」が使われる場合も多い。世間には，「防災・減災（減災・防災）」の表現もあるが，本書では防災教育に防災・減災教育等の意味も含める。また，防災教育には事前の準備から，災害発生時の対応，発生後の復旧・復興まで含まれることが多く，本書でもこれらを扱うこととする。

海外での「防災」の捉え方を英文から探ると，国連防災世界会議（World Conference on Disaster Risk Reduction）などでは，自然災害削減（Disaster Risk Reduction）の意味がある。国連防災世界会議はこれまで3回開催され（⇨ 4-Ⅱ-2 ），第1回（1994年），第2回（2005年）では，World Conference on Disaster Reduction が使われ，第3回（2015年）には Risk も記載されている。

2 今日的な防災教育の視点とその意義

本書では災害につながる自然現象も取り扱う。防災の基本は自然現象の理解であり，そこから自然と人間との関わり，さらには災害をめぐる社会について考えたい。防災教育の内容および意義について，以下の7項目に整理する。

①将来の備えのために，まず身近な地域の過去の災害を知る

地域の過去の災害を学び，教訓を未来に生かす学びは防災教育の基本である。日本列島には，海のない県もあり，地震に伴う津波の被害に地域差が存在

▷1　災害対策基本法
1961年に制定された防災に関する法律。この法律に基づいてつくられた国の防災計画を「防災基本計画」といい，これをもとにして各機関や地域で「防災計画」が作成されている。死者・行方不明者5,000名以上，経済的・社会的にも甚大な被害を与えた伊勢湾台風（1959年9月）が制定のきっかけとなった。（⇨ 4-Ⅰ-2 ）

▷2　防災
文部科学省の担当部局では防災を「災害安全」とし，災害安全を防災と同義と捉え，生活安全，交通安全とともに学校安全を構成する3つの柱の1つとしている。学校安全は，かつてはスポーツ・青少年局が担当していたが，現在は総合教育政策局男女共同参画共生社会学習・安全課の担当となり，初等中等教育局健康教育・食育課と連携している。初等中等教育局教育課程課では初等中等教育に関する企画および立案等を担当しているが，「総合教育政策局及び他課の所掌に属するものを除く」としており，教科・科目での防災に関する取り扱いと学校安全との融合が教育現場での課題となっている。

する。また，台風が直撃しやすい地域もある一方，豪雨につながる前線は全国で発生する。このように地域によって生じやすい自然災害は異なっており，防災教育には自然環境や自然条件の特色をふまえることが不可欠である。

②自分の生活地域以外で発生する国内の自然災害も理解する

災害発生時に自分の居住地や職場周辺にいるとは限らない。そのため国内の訪問先や滞在先などで生じる可能性の高い自然災害についても知っておく必要がある。また，自身の災害への対応だけでなく，被災地や被災者を他人事とは考えず，自分たちに置き換えることによって，被災地に何ができるかを意識する姿勢も大切である。

③防災は様々な安全対策や危機管理の基本となる

防災教育で培われる，危険を予測・判断したり，予想される災害から自分たちを守る行動をとったりする力は，他の危機管理についても生かされる。防災教育の成果は，事件・事故などを回避する生活安全や交通安全にも活用される必要がある。そのためには日頃の避難訓練から，なぜ，このような行動をとるのかの知識や理解を得ることも求められる。

④先行き不透明な時代に「生きる力（生き抜く力）」を培う

これからの **VUCA の時代**[3]を生き抜くための教育のあり方が問われている。**「生きる力」**[4]の育成を謳った学習指導要領が改訂される度に，東日本大震災や新型コロナウイルス感染症等の大きな衝撃が教育界に生じた。防災教育では「生きる力」の具現として，事件・事故等への危険予測から，想定外の災害に備える力，危機管理まで様々な能力の育成が期待されている。

⑤学校と地域との新たなつながりを考える

学校や教員は子どもの安全を守るために様々な努力をしているが，学校だけでの取り組みには限界がある。一方，災害時に避難所が開設されるなど，学校は地域にとって物理的にも精神的にも拠り所となることが多い。施設等も含め，ハード面，ソフト面ともに日頃からの地域と学校との結び付きが期待される。また，地域を通した住民同士のつながりの再認識の機会としたい。

⑥自然環境・科学技術の二面性を知り，畏敬・感謝の念を培う

自然は恩恵も人間に与えている。自然は人間に都合良くできているのでなく，災害と恩恵という二面性を理解できる教育活動も重要である。福島第一原子力発電所事故によって，原子力発電の安全神話は崩れた。公害時代に日本は同様の経験をしたが，科学技術にも二面性があることを知る必要がある。

⑦自分が社会にどう貢献できるかを考える機会となる

日本では国民の生命や生活は，法や社会によって守られている。しかし，災害時に自分はどのようなことで地域や社会に貢献できるのかを，子どもの時から考えることも大切である。防災教育では人や社会の仕組みを理解し，それらと積極的に関わる意識も育てたい。

（藤岡達也）

▷3　VUCA の時代
VUCA とは「Volatility：変動性」「Uncertainty：不確実性」「Complexity：複雑性」「Ambiguity：曖昧性」の 4 つの単語の頭文字をとった言葉。本書では，想定外に発生する不確実で複雑な自然災害，それに対応する不透明で曖昧な社会情勢の中で生き抜く力を，防災教育によって養うことを期待したい。

▷4　生きる力
学習指導要領では，変化の激しいこれからの社会を生きる子どもたちに身に付けさせたい「確かな学力」「豊かな人間性」「健康と体力」の 3 つの要素からなる力を「生きる力」としている。

（参考文献）
藤岡達也（2021）『SDGs と防災教育——持続可能な社会をつくるための自然理解』大修館書店。
京都大学防災研究所監修（2011）『自然災害と防災の事典』丸善出版。

2 自然現象と自然災害

1 自然現象と自然災害の違い

　地震・津波・噴火・台風・豪雨などの発生は，すぐに自然災害につながるとは限らず，これらは単なる自然現象にすぎない。災害となるのは，その現象によって人間が悪影響を受けた場合に限られる。つまり，大地震やそれに伴う大津波，大規模な火山噴火が生じても，周辺地域に人がいなかったり，極端な場合，人類の誕生以前であったりすれば，災害ではなく自然現象の域を越えない。自然災害と呼ばれるのは発生した自然現象によって人間もしくは所有物に何らかの被害や損害が生じた場合に限られるのであり，人命等に支障がなかったり，住宅や資産，生活などに影響が生じなかったりした場合は自然災害とは見なされない。ただ，4-Ⅰ-4 で述べるように，これまでも自然現象による天災か，人間活動の影響によって被害が発生したり拡大したりする人災かは，時代によっても異なり判断が難しく，議論や訴訟等が繰り返されてきた。

2 自然災害の分類

　本書で取り扱う災害を自然災害と事故災害に分け，自然災害と自然現象を整理したものが図1-1である。災害に関連した**自然現象の区分**は研究者によっても異なり，様々な区分の方法がある。本書では，地震・津波災害，火山災害，風水害（気象災害・土砂災害），雪害と便宜的に分けて紹介する。

　また，自然災害は複合的に発生することが多い。例えば，地震によって土砂災害が発生することもあり，その土砂が河川等に多量に流入したり，水をせき止めたりして，洪水等が生じることもある。火山噴火についても同様であり，爆発的な噴火によって山体崩壊が起こり，地震と同じように土砂災害が生じたり，洪水による水害が発生したりして，人間に甚大な被害を与えることも珍しくない。

　自然災害と事故災害が結び付くこともある。地震によって都市部に火災が発生したり，落雷によって山林が延焼し被害が拡大したりする事例は国内外でも頻繁に報告されている。日本では関東大震災や阪神・淡路大震災などの近代以降の**大規模な地震に伴う大火災**によって甚大な被害が発生したが，歴史地震にも大火災の発生が多数記録されている。東日本大震災では津波によって原子力発電所事故が生じた。

▷1　自然現象の区分
防災科研の災害事例データベースでは，日本全国で発生する自然災害を地震災害，火山災害，風水害，斜面災害，雪氷災害の5種類に分類している。また，その他の気象災害として落雷や長期気象災害も扱い，全体として，災害種別を6種類32項目としている。なお，防災科研とは，国立研究開発法人防災科学技術研究所（National Research Institute for Earth Science and Disaster Resilience；NIED）の略称であり，防災に関する科学技術の研究を行う文部科学省所管の国立研究開発法人である。本部は茨城県つくば市にある。

▷2　大規模な地震に伴う大火災
関東大震災，阪神・淡路大震災の火災については，2-Ⅳ-4，2-Ⅰ-7，東日本大震災での福島第一発電所事故については，2-Ⅳ-1 を参照のこと。

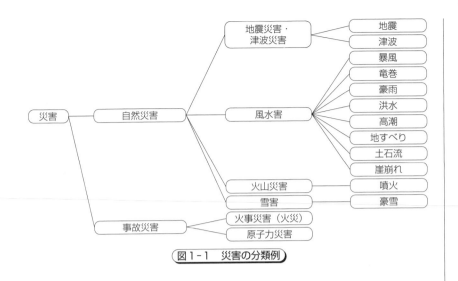

図1-1 災害の分類例

3 自然現象の二面性と災害列島の特色

　現代では大規模な洪水が発生すると深刻な被害が懸念される。しかし，洪水が周期的に繰り返されることによって，水だけでなく有機物を含んだ堆積物も運搬され，肥沃な土壌が形成されることもある。「エジプトはナイルの賜物」の言葉にも表されているが，日本でも弥生時代以降の洪水，氾濫による上流からの土砂の運搬・堆積は沖積平野等の拡大にも貢献してきた。

　降雨については，豪雨が続くと水害の可能性が高まるが，逆に雨の量が少ないと干ばつ，干害となる。雪害についても同様で，豪雪は災害にもつながるが，地域によっては，冬の多量の降雪が，田植時の水の供給源ともなる。

　有史以来の火山活動は地域に壊滅的な被害を与えたこともあり，現在もその懸念は継続されている。一方で，過去の火成活動が現代社会を支える金属資源を提供する鉱床の形成につながった。また，かつての大規模な火山活動などによって大量の火山岩が供給され，これらが石材として使用されることもある。地下深部に形成された岩石が，その後の地殻変動を伴う隆起，風化・侵食によって，地表に姿を現し利用される。日本の国立公園・国定公園，ジオパークの景観は火山活動に関連することが多く，温泉や地熱発電まで，様々な活用が期待されている（⇒ 2-Ⅱ-7 2-Ⅱ-8 ）。

　地球内部からのエネルギーによって，地震，火山活動などの地殻変動が生じ，この働きで地球表面に凹凸が形成される。一方，太陽からのエネルギーが水の循環を導き，地すべり・崖崩れ等や洪水などによって地球表面が平坦化される。そのような地球の表面の高低の均衡を整える自然現象の営力が，人間にとって時には自然災害となる。とりわけ地殻変動帯，温帯モンスーン気候（⇒ 1-5 ）に属する日本列島では，安全な場所はわずかであるといえるかもしれない。

(藤岡達也)

参考文献
藤岡達也（2018）『絵でわかる日本列島の地震・噴火・異常気象』講談社．

3 災害，感染症と危機管理

1 大規模な災害と感染症

　持続可能な社会の構築を妨げるものとして，大規模な災害が挙げられる。人間の行為によって，人間自身に壊滅的な影響を与える災害には戦災がある。戦争（国際的な軍事衝突や内戦等）は人命や経済的な損失以外にも，地球規模の最大の環境破壊を引き起こす。一方で，本書の主題でもある，人間の意図や活動を越えた，自然災害を無視することはできない。阪神・淡路大震災や東日本大震災，伊勢湾台風など昭和の三大台風と呼ばれるような暴風や豪雨などの自然現象は，日本社会に大きな影響を及ぼした。今後も南海トラフ地震，首都直下地震，富士山噴火などに起因した巨大災害の発生が想定されている。

　それだけではない。2020年頃には新型コロナウイルス感染症によって，国内外は大混乱に陥った。パンデミックは過去の歴史上のことではなく，現在も，将来も起こりうることが明確になった。今から約100年前，「**スペイン風邪**」と呼ばれるパンデミックが世界に広がり，日本でも多くの人命が失われた。感染症対策は防災教育とも無関係ではない。そこで2020年頃から日本で広がった新型コロナウイルス感染症からの教訓を改めて振り返る。

2 新型コロナウイルス感染症が教育界に与えた影響

　新型コロナウイルス感染症は経済・産業，医療，教育，レジャー・文化等にも大きな影響を与えた。学校でも2020年2月27日，第15回新型コロナウイルス感染症対策本部において，安倍晋三首相（当時）が全国全ての小学校，中学校，高等学校等に3月2日から春休みまで臨時休校を行うよう要請したことから，年度末の教育現場は大混乱に陥った。4月になっても，教育活動の制限や授業時間数確保などの対応が，学校や教職員に求められた。平成29・30年告示の学習指導要領は2020年4月に小学校から全面実施され，近年の学習指導要領では繰り返し「生きる力」の育成が求められてきた。先行き不透明どころか，現実に想定外の対応を迫られる時代に生きていく子どもたちに，必要な資質・能力育成のための教育の構築の必要性が再認識された。子どもたちだけではなく，教育行政や学校・教職員にも，GIGAスクールの推進など，学校教育の抜本的な改革が問われた。また，小学生から高校生だけでなく，大学生に対しても，オンライン授業は教育のあり方を根本的に変えた。

▷1　スペイン風邪
「スペイン風邪」は1918〜1920年にかけて，当時の新型インフルエンザウイルスによって全世界的に引き起こされた疾病である。死亡者数は，世界全体で2,000〜4,500万人，日本では38〜45万人と推計されている。

▷2　国の通知・連絡等
自然災害発生時を想定して「避難所における新型コロナウイルス感染症への更なる対応について」（令和2年4月7日付事務連絡），「災害時の避難所における新型コロナウイルス感染症対策や避難所の確保等に係る地方公共団体の取組状況等について」（令和2年5月27日付内閣府），「避難所における新型コロナウイルス感染症への対応の参考資料について」（令和2年5月21日付府政防他）などが通知された。

❸ 避難所運営と新たに生じた危機管理体制

　危機管理は，最悪の事態を想定することが鉄則であり，初動対応の重要性は述べるまでもない。通常，各都道府県の教育行政は文部科学省から直接に指示・通知を受けるのであり，地域の一般行政とともに対応を検討することは少ない。しかし，新型コロナウイルス感染症については，各地域の教育行政は，内閣府防災担当など，他の省庁から情報を入手することも必要であった。各教育行政では教育委員会以外の部局との情報共有や連携も不可欠となり，それらをもとに対策の方向性を各地域の学校に示す必要が生じた。東日本大震災以降，被災地とそうでない地域での災害への意識の差は大きかったが，新型コロナウイルス感染症の流行下では，国全体・全地域で対策が求められた。

　内閣府からの「避難所における新型コロナウイルス感染症への対応について」（令和2年4月1日付）をはじめ，地方自治体では**国の通知・連絡等**に関し，地域の情報をもとにした対応も必要であった。また，通知の法的根拠も同時に示されていたため，他の関連する法律も参照することが求められた。**避難所運営**に関して，内閣府は「冬期における避難所の新型コロナウイルス感染症等への対応について」（12月17日付）まで，状況の変化，新たな知見や検討に応じて，継続的に通知・事務連絡等を発信し続けていた。

　各地の避難所等では内閣府の通知における「災害発生前に，避難所における新型コロナウイルス感染症への対応として実施するマスク，消毒液，**段ボールベッド**，パーテーション等の物資や資材の備蓄に要する費用については，交付金の活用が可能であること。必要な物資や資材の備蓄が完了していない地方公共団体においては，交付金の活用も検討の上，備蓄を進めること」（「避難所における新型コロナウイルス感染症への対応に要する経費について」令和2年5月27日付）を参考にした。感染症の流行下で災害が発生し，学校が避難所になった場合を仮定し，従来の備品・消耗品等以外にも必要なものを検討しておくことが求められた。予算確保についても，同通知で以下のように連絡されている。「災害救助法（昭和22年法律第118号）が適用される場合においては，同法第4条第1項に規定する救助として実施するホテル・旅館等や民間施設の借上げ，当該施設への輸送等を含む避難所の設置，維持及び管理に要する費用については，同法による国庫負担の対象となること。同法第4条第1項に規定する救助に該当しない避難所における新型コロナウイルス感染症への対応に要する費用については，令和2年4月1日以降に実施される事業であれば，交付金の活用が可能であること」。このように学校の避難所運営についても，地域住民への対応も視野に入れ，文部科学省や教育委員会だけでなく，他の部署からの支援も理解し，整えておく必要があることが明確になった。

（藤岡達也）

▷3　避難所運営

従来から，日本の避難所は避難者にとって十分に配慮されているとはいえないことが指摘されてきた。例えば，国際的には被災者の権利と被災者支援の最低基準として「スフィア基準」があるが，日本の避難所はこれにも程遠いといわれていた。近年は，「避難所運営ガイドライン（平成28年4月）」に沿った事前の準備や取り組みも見られる。学校施設等の避難施設の環境改善も進んでいるが，コロナ禍なども想定した空調施設，トイレ環境改善等に向けて，教育行政や学校管理職によって災害救助法および災害救助費等負担金制度等も意識されるようになった。

▷4　段ボールベッド

段ボールベッドは，2020年に注目され始め，当初生産数は需要に追い付かなかったが，近年では安価になり，家庭用を含め，生産量が増加している。段ボールベッドは避難所生活のストレスを睡眠によって回避し，床の冷たさも枕のない寝づらさにも対応できる。

（参考文献）

　藤岡達也（2021）「新型コロナウイルス感染症対策を含めた新たな学校防災の展開」兵庫教育大学連合大学院・防災教育研究プロジェクトチーム『近年の自然災害と学校防災Ⅱ』協同出版，6～21頁。

変動帯の日本列島（地震・津波，噴火）

1 海溝型地震と津波発生のメカニズム

　日本列島は地表面の凹凸をつくるような地殻変動が著しく，地表面の平坦化につながる豪雨の多い場所でもある。ここでは前者の，世界でも有数の地震の多発地帯としての日本列島を概説する。

　日本列島を取り巻く4枚のプレート（図1-2上）同士の関係によって海溝型地震が発生する。北東日本では太平洋プレートが，西側の列島が載っている北米プレートに沈み込む（図1-2下）。その結果，北西の千島海溝，西の日本海溝に沈み込む境界部分に地震が多い。

　太平洋プレートは北米プレートのような大陸プレートに潜り込んでいるだけでなく，フィリピン海プレートと呼ばれる海洋プレートにも沈み込んでいる。北米プレートとユーラシアプレートとの列島内での境界が**糸魚川—静岡構造線**と考えられている。

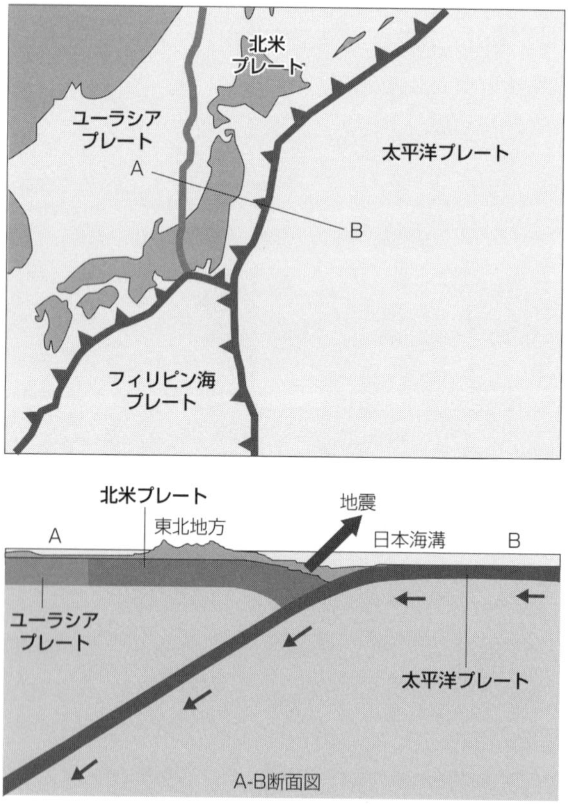

　フィリピン海プレートとユーラシアプレートとの境界で発生した地震が，東海地震，東南海地震，南海地震と呼ばれてきた。現在，これらは南海**トラフ**地震と総称されている。プレートは1枚の岩盤であり，1カ所が破壊されると連続的に破壊され巨大地震となり，津波の発生につながることも多い。フィリピン海プレートが南海ト

▷1　糸魚川—静岡構造線
糸魚川—静岡構造線は約2,000～1,500万年前にかけて日本海が誕生し，日本列島の形成とほぼ同時期につくられた。日本の地質は糸魚川—静岡構造線を境にして大きく異なっている。

▷2　トラフ
「トラフ」とは海溝ほどの深さはなく，形が船底（トラフ）のような形をしているため，このように呼ばれている。

図1-2　日本列島をめぐる4つのプレートと東北地方の断面図

ラフに沈み込んで地震が発生するメカニズムは，太平洋プレートと北米プレートとの関係とほぼ同じと考えられる。フィリピン海プレートが**ユーラシアプレート**▷3に沈み込む時に陸側に蓄積されたひずみが開放されることによる。

❷ 日本の火山噴火のメカニズムと戦後最大の噴火による悲劇

　日本列島で火山が形成されるメカニズムを図1-3に示す。前述のように海洋プレートが大陸プレートに沈み込むことが原因となっている（太平洋プレートがフィリピン海プレートに潜り込む場所でも火山が分布している）。つまりプレート同士の接触からマントルが溶けてマグマが発生し，マグマ溜まりを形成する。日本で頻発する地震や火山活動はプレート同士での関係で説明できる（プレートテクトニクス）。日本には，気象庁の**常時観測火山**▷4が50カ所存在する。活火山であれば，大規模な噴火が発生しなくても，火山ガスなどの有害成分が含まれる気体が噴出したり，火山砕屑物などの転石・落石などが発生したりする危険性を無視することはできない。

　近年の火山噴火による多くの被害の中でも，死者・行方不明者63名，負傷者69名にのぼる人的被害が生じ，20世紀以降の日本の火山噴火の中で，最大の悲劇となったのが御嶽山である。御嶽山の噴火はほとんど記録されておらず，1979年の水蒸気噴火が有史以来までといわれていたが，2014年9月27日の昼頃に突然水蒸気噴火を起こした。噴火の規模としては大きなものではなかったが，多くの犠牲者が出た。登山シーズン中の好天に恵まれた観光日和であったことに加え，避難できる場所がなかったことで，犠牲者の多くは噴石等の直撃で亡くなった。気象庁は，噴火の約40分後に火口周辺警報を発表し，噴火警戒レベルをレベル1からレベル3へと引き上げた。噴火前に警戒レベルを上げていなかったことに対し，国（気象庁）を訴えた遺族も出た。水蒸気爆発前に火山性地震が観測されていたことなど，噴火の前兆と捉えても良い現象が起きており，もし警戒レベルが上がっていれば登山する人は少なかったという根拠をもとにしている。一方，気象庁は，このレベルの火山性地震や噴煙だけで水蒸気爆発を予測することはできず，警戒レベルを上げなかった判断は非合理的だったとはいえなかった，という火山学者の見解を示して反論している。2025年3月現在でも訴訟は続いている。

（藤岡達也）

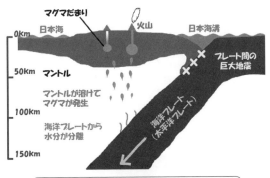

図1-3　プレートの沈み込みとマグマの発生

出所：気象庁「火山噴火の仕組み」（https://www.jma.go.jp/jma/kishou/know/whitep/2-4.html）（2025年2月14日最終閲覧）

▷3　ユーラシアプレート
ユーラシアプレートは日本海側にも北米プレートとの境界がある。これが日本海側北東部の地震や津波に関係するが，太平洋側ほどは，そのメカニズムはまだ詳しくわかっていない。

▷4　常時観測火山
気象庁によると「火山防災のために監視・観測体制の充実等が必要な火山」として火山噴火予知連絡会によって選定された50の火山。噴火の前兆を捉えて噴火警報等を適確に発表するために，地震計，傾斜計，空振計，GNSS観測装置，監視カメラ等の火山観測施設を整備し，関係機関（大学等研究機関や自治体・防災機関等）からのデータ提供を受け，火山活動を24時間体制で常時観測・監視している。

参考文献
藤岡達也（2018）『絵でわかる日本列島の地震・噴火・異常気象』講談社。
藤岡達也（2019）『絵でわかる日本列島の地形・地質・岩石』講談社。

日本列島の多様な気候，気象と地域に生じる風水害

1 複雑な気候区分と風水害

　日本列島が風水害を受けやすい理由として，まず，気象条件，地形・地質条件等の自然要因を挙げることができる。さらに，狭い国土での開発による人為要因も無視することができない。ここでは，日本列島の風水害につながる気候・気象状況について概説する。

　地域によって様々な風水害が発生する原因として，まず各地の気候の違いが挙げられる。日本全体としては温帯に属しているとはいえ，列島は南北に細長く，北は亜寒帯（冷帯）から南は亜熱帯まで，幅広い**気候区分**に属する。さらに北から南まで，ほぼ中央部に山脈が存在するなどの地形や季節風の影響もあり，冬は日本海側では曇り，雨や雪の日が多く，太平洋側では晴れの日が多くなる。日本列島の四方は海に囲まれており，海流も北からの寒流，南からの暖流が流れるところ，それらの海流が合わさるところがある。加えて内海のような地域，全く海には接しない地域，つまり瀬戸内の気候や内陸性の気候などといった地域の特色を持つ気候も見られる。それらを反映し，日本列島の中でも，気温差だけでなく降水量の多い地域と少ない地域とが生じる。以上の各地域の気候を区分すると図1-4のようになり，気候の違いから，地方によって季節ごとの天候には大きな差が見られる。これらの条件が重なり地域特有の自然災害の発生にもつながる。

▶1　気候区分
地球上に見られる色々な気候を，その共通的な特性や類似点によっていくつかに類型化することを，気候区分または気候分類という。気温や湿度・植生・地形などをもとにして，気候区・気候型に分類する。ケッペンの気候区分が最も広く知られる。

2 季節風（モンスーン）の影響と災害

　日本列島は中緯度に位置するが，前述の気候・気象，海洋・海流，地形・地質，植生などの様々な自然条件によって，自然環境は複雑になる。さらに，日本の風水害，特に気象災害に影響を与えているのが，日本列島は**温帯モンスーン気候**に属していることである。季節風は海から多量の水分を吸収し，それを日本列島で放出する。その結果，列島全体では，他国に比べ1年中湿度が高く，降水量も多くなる。気温についても，近年の温暖化の影響を受け，夏は30℃以上の高温の日が続くが，冬は比較的寒冷で，年較差が大きい。

　列島各地での気象災害の種類の多様さは，図1-4に示し

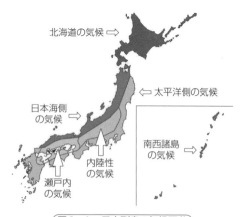

図1-4　日本列島の気候区分

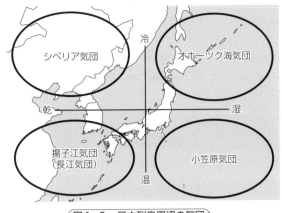

図1-5　日本列島周辺の気団

▷2　温帯モンスーン気候
温帯気候区の1つで，年中適度の降雨があり，夏のモンスーン（季節風）に関わる台風に伴う豪雨があり，秋雨，冬のモンスーンによる降雪もあって，年降水量は1,000mm以上となる。夏は高温（30℃以上），冬は比較的寒冷で年較差が大きく，四季の区別が明瞭である。そのため，日本では地域の季節に応じた伝統・文化が形成されてきたが，一方で，各時期の特徴的な気象現象が独自の災害につながりやすい。

たように地域ごとに気候が異なることにもよるが，季節や時期によっても違ってくる。日本列島は，年間を通し，世界でも降水量が多い国であるが，季節によっても各地域で異なる。降水量は夏に多いところ，冬に多いところが見られ，その差も大きい。冬の降水量の多い地域は，降雨量というよりも，むしろ降雪量による。国内で風水害が多く見られるのは，前線が発達しやすい梅雨や台風の時期である。

　日本の気象を理解するには列島周辺に存在する4つの気団▷3を無視することができない。気団とは，広い範囲にわたり，気温や水蒸気量がほぼ一様な空気の塊のことを呼ぶ。4つの気団とはシベリア気団，オホーツク気団，小笠原気団，揚子江（長江）気団のことである。4つの気団の位置を図1-5に示した。
　高気圧は，周囲よりも気圧が高い領域であり，この高気圧が特定の地域に長く滞在すると，その地域の空気の気温や湿度が同じような性質を持つようになる。シベリア高気圧，オホーツク海高気圧，北太平洋高気圧が代表的なものであり，揚子江（長江）気団の一部は偏西風によって移動する移動性高気圧となる。特定の性質を持った空気の塊である気団は，日本の気候・気象に大きな影響を与え，日本の四季はこれらの気団の関係で説明することができ，気象災害にも関係する（⇨ 2-Ⅲ-1）。

（藤岡達也）

▷3　気団
4つの気団以外にも，台風（熱帯低気圧）の原因となる熱帯気団が南から日本に接近することもある。

参考文献
　饒村曜（2012）『大気現象と災害』近代消防社。
　藤岡達也（2018）『絵でわかる日本列島の地震・噴火・異常気象』講談社。

第1部 防災と防災教育

自然の二面性（災害と恩恵）

1 自然をどう捉えるか

　東日本大震災発生後，東北地方の太平洋側に位置する沿岸部の学校では，津波による被害から免れるために，地震が発生するとすぐに海から離れることをねらいとした防災教育が実践されていた。命を守るために危険を予測し，適切に安全な行動がとれるための学習や教育は重要である。しかし，海には常に津波の危険性があり，逃げる場所を意識しておくこと，そもそも海は恐ろしいというメッセージを子どもたちに与えるのは，必ずしも効果的な教育方法とはいえない。

　岩手県釜石市では，東日本大震災前から，郷土愛の育成も含めて津波防災教育に取り組まれていた。防災教育の手引きには，「釜石市では，小中学校での津波防災教育を継続していくことにより『釜石に住むことは津波に備えるのは当たり前』という文化を形成するとともに，『津波はたまに来るけど，釜石はこれほどまでに魅力的な郷土である』という郷土愛を育んでいきたい」と記されている。この姿勢は重要であり，他の自然災害に関する防災教育についても同じことがいえるだろう。自然現象は時に，人間にとって過酷な自然災害につながる可能性があるのは事実である。しかし，日常的には，それよりも多くの恩恵を人間に与えている。食料資源やエネルギー・鉱物資源から，娯楽・レジャーや自然景観そのものによる観光資源等まで，恵みの例は数え切れない。もちろん，人間の過度な働きかけによって，自然からの予期せぬ反動が生じたことも見られた。そもそも自然は人間に都合良くできているのではなく，中立的なものである。自然災害から身を守るためには，まず自然を理解することが基本となる。それには自然は災害と恩恵の二面性を持つことも認識しておく必要があり，防災教育の中でも自然の二面性を意識した取り扱いが求められる。

▷1　釜石市教育委員会ほか（2008）「釜石市津波防災教育のための手引き」。

2 「文明が進めば進むほど天然の暴威による災害がその激烈の度合いを増す」

　これは寺田寅彦の名言である。自然災害に関する防災教育についても，子どもたちの成長の段階（特に子どもが低学年の場合など）によっては，まず自然の素晴らしさ，恩恵を知ることが大切かもしれない。その後，自然のスケールの大きさ，ダイナミクス，人間では予想もつかない長い時間・広い空間の中での働きを知り，自然に対する畏敬の念が育つことも重要である。壮大な景観をつ

▷2　寺田寅彦
寺田寅彦（187〜1935年）は地球物理学者であり，関東大震災後に現・東京大学地震研究所創設に尽力した。本文の寺田寅彦の名言は「天災と国防」1934年11月に初出（『寺田寅彦随筆集　第5巻』岩波書店）。

12

1-6 自然の二面性（災害と恩恵）

くった自然の営力が，人間や人間生活に向けられると，どうなるかを考えることができる想像力を育成することも防災教育には必要である。

大人にとっても同様で，野外活動や自然体験から日常的に見られる自然の美しさは，地球の営力からできたことを知ることができる。また，そこに存在してきた自然の計り知れないエネルギーを理解することが，防災・減災の第一歩であると言える。例えば，ダイナミクスな山の景観の形成過程には，地下で長時間かけて継続的に隆起を引き起こした地殻変動，近年に噴火した火山活動の影響も考えられる。日本列島の基盤をつくる岩体そのものも，日本が大陸の一部であった中生代の火成岩体の花こう岩がもとになっている。さらに活断層によって，平野から急に高い山が屏風のように広がっていることもある。火山噴火によってできたバランスの整った形態を示す山々や，磐梯山と銅沼▷3のように火山活動に伴って形成された湖沼すら美しい景観を示す（図1-6）（⇒ コラム6）。

図1-6　磐梯山と銅沼

▷3　磐梯山と銅沼
銅沼は，標高1,120m磐梯山の北，つまり裏磐梯側にある1888年の噴火で形成された火口湖である。磐梯山の崩落跡と湖との景観は壮大であり，神秘的である。

人間の生活の場をつくり出した沖積平野も，河川の洪水・氾濫によって生じたものである。河川の侵食・運搬・堆積の働きは，水や土砂，植物等の栄養分となる有機物をもたらすことによって肥沃な土地の形成にもつながった。

私たちは，地球の表面で生活しているが，7割の海洋に対して，陸地はわずか3割にすぎない。地球表面は常に地球内部のエネルギーの影響を受け，先述のように地震などの地殻変動による隆起・沈降，火山活動による地形の変化が生じる。一方，太陽エネルギーによる水の循環は，降雨・降雪を生じさせ，河川が氾濫・溢水し，中山間部では，地すべり，土石流，崖崩れが発生する。地表面はこのバランスのつり合いが保たれている。例えば，高い山は常に隆起しながらも，降雨等により侵食・風化され，一定の高さを維持している。それぞれの自然現象は，そこに人間がいた場合，災害に結び付く。つまり，私たちは自然災害が発生しやすい地表面の上で，わずかな安全な場所を求めて生活している。特に日本列島では，四季の恵みや景観の美しさを享受するだけでなく，災害も常に意識しておく必要がある。

科学技術も同様といえる。近年の例が福島第一原子力発電所事故であろう。日本のように石油・石炭・天然ガスなどの化石燃料がほとんど自給できない国は，他国からの輸入に頼らざるをえない。エネルギー資源の安定な供給とともに，CO_2を排出しないエネルギーとして，原子力発電は日本にとって不可欠と考えられていた。しかし，福島第一原子力発電所事故は，改めて事故が発生した場合の大変さを痛感させた。廃炉までの気の遠くなるような時間と予算，さらには事故後10年以上経っても帰還困難地域は継続して存在する。まさに冒頭の寺田寅彦の「文明が進めば進むほど天然の暴威による災害がその激烈の度合いを増す」という名言が痛感される。

（藤岡達也）

参考文献
山下文男（2008）『津波てんでんこ――近代日本の津波史』新日本出版社。

注意報・警報・特別警報

1 重要な気象庁からの情報

　個人の日常生活から経済社会にいたるまで，様々なところで，気象情報の収集は必要である。とりわけ甚大な災害につながる可能性のある豪雨・暴風などの気象に関する情報は，防災・減災に不可欠である。日本最大級のスーパーコンピュータは，気象衛星やレーダーなどから得られた国内外の観測データをもとに気象情報の膨大なデータから解析を行っている。この解析結果に基づき，気象庁は各種情報を発表している。日頃から気象庁が発表する情報の意味を正しく理解することが，気象災害の備えになる。

2 気象情報の種類

　災害につながるおそれのある気象情報には，注意報，警報，特別警報がある。[1]
　注意報とは，災害が発生するおそれのある時に注意を呼びかけて行う予報である。気象庁では表1−1の16種類の注意報を発表している。

▷1　気象庁「特別警報，警報，注意報，気象情報」(https://www.jma.go.jp/jma/kishou/know/yougo_hp/keihou.html)，気象庁「気象警報・注意報の種類」(https://www.jma.go.jp/jma/kishou/know/bosai/warning_kind.html)（2025年2月26日最終閲覧）。

表1−1　注意報の種類と発表される状況

注意報の種類	発表される状況
大雨注意報	大雨による土砂災害や浸水害が発生するおそれがあると予想したとき。雨が止んでも，土砂災害等のおそれが残っている場合には発表が継続される。
洪水注意報	河川の上流域での大雨や融雪によって下流で生じる増水により洪水災害が発生するおそれがあると予想したとき。対象となる洪水災害として，河川の増水及び堤防の損傷，並びにこれらによる浸水害があげられる。
大雪注意報	降雪や積雪による住家等の被害や交通障害など，大雪により災害が発生するおそれがあると予想したとき。
強風注意報	強風により災害が発生するおそれがあると予想したとき。
風雪注意報	雪を伴う強風により災害が発生するおそれがあると予想したとき。強風による災害のおそれに加え，強風で雪が舞って視界が遮られることによる災害のおそれについても出される。ただし，大雪により災害が発生するおそれがあると予想したとき，大雪注意報を発表される。
波浪注意報	高波による遭難や沿岸施設の被害など，災害が発生するおそれがあると予想したとき。
高潮注意報	台風や低気圧等による異常な潮位上昇により災害が発生するおそれがあると予想したとき。
雷注意報	落雷のほか，急な強い雨，竜巻等の突風，降ひょうなど積乱雲の発達に伴い発生する激しい気象現象による人や建物への被害が発生するおそれがあると予想したとき。
濃霧注意報	濃い霧により災害が発生するおそれがあると予想したとき。対象となる災害として，濃い霧により見通しが悪くなることによる交通障害等の災害があげられる。
乾燥注意報	空気の乾燥により災害が発生するおそれがあると予想したとき。具体的には，大気の乾燥により火災・延焼等が発生する危険が大きい気象条件を予想した場合に発表。
なだれ注意報	なだれによる災害が発生するおそれがあると予想したとき。山などの斜面に積もった雪が崩落することによる人や建物の被害が発生するおそれがあると予想したとき。

着氷注意報	著しい着氷により災害が発生するおそれがあると予想したとき。具体的には，水蒸気や水しぶきの付着・凍結による通信線・送電線の断線，船体着氷による転覆・沈没等の被害が発生するおそれのあるとき。
着雪注意報	著しい着雪により災害が発生するおそれがあると予想したとき。具体的には，雪が付着することによる電線等の断線や送電鉄塔等の倒壊等の被害が発生する（気温0℃付近で発生しやすい）おそれのあるとき。
融雪注意報	融雪により災害が発生するおそれがあると予想したとき。具体的には，積雪が融解することによる土砂災害や浸水害が発生するおそれがあるとき。
霜注意報	霜により災害が発生するおそれがあると予想したとき。具体的には，春・秋に気温が下がって霜が発生することによる農作物や果実の被害が発生するおそれのあるとき。
低温注意報	低温により災害が発生するおそれがあると予想したとき。具体的には，低温による農作物の被害（冷夏の場合も含む）や水道管の凍結や破裂による著しい被害の発生するおそれがあるとき。

警報は，重大な災害が発生するおそれのある時に警戒を呼びかけて行う予報である。気象庁では表1-2の7種類の警報を発表している。

（表1-2　警報の種類と発表される状況）

警報の種類	発表される状況
大雨警報	大雨による重大な土砂災害や浸水害が発生するおそれがあると予想したとき。特に警戒すべき事項を標題に明示して「大雨警報（土砂災害）」，「大雨警報（浸水害）」又は「大雨警報（土砂災害，浸水害）」のように発表される。雨が止んでも重大な土砂災害等のおそれが残っている場合には発表を継続する。
洪水警報	河川の上流域での大雨や融雪によって下流で生じる増水や氾濫により重大な洪水災害が発生するおそれがあると予想したとき。対象となる重大な洪水災害として，河川の増水・氾濫及び堤防の損傷・決壊，並びにこれらによる重大な浸水害があげられる。
大雪警報	降雪や積雪による住家等の被害や交通障害など，大雪により重大な災害が発生するおそれがあると予想したとき。
暴風警報	暴風により重大な災害が発生するおそれがあると予想したとき。
暴風雪警報	雪を伴う暴風により重大な災害が発生するおそれがあると予想したとき。暴風による重大な災害のおそれに加え，暴風で雪が舞って視界が遮られることによる重大な災害のおそれについても警戒を呼びかける。ただし「大雪＋暴風」の意味ではなく，大雪により重大な災害が発生するおそれがあると予想したときには大雪警報を発表する。
波浪警報	高波による遭難や沿岸施設の被害など，重大な災害が発生するおそれがあると予想したとき。
高潮警報	台風や低気圧等による異常な潮位上昇により重大な災害が発生するおそれがあると予想したとき。

特別警報は，警報の発表基準をはるかに超える大雨等が予想され，重大な災害が発生するおそれが著しく高まっている場合に発表され，最大級の警戒が呼びかけられる。気象庁では表1-3の6種類の特別警報を発表する。

（表1-3　特別警報の種類と発表される状況）

特別警報の種類	発表される状況
大雨特別警報	台風や集中豪雨により数十年に一度の降雨量となる大雨が予想される場合。特に警戒すべき事項を標題に明示して「大雨特別警報（土砂災害）」，「大雨特別警報（浸水害）」又は「大雨特別警報（土砂災害，浸水害）」のように発表する。
大雪特別警報	数十年に一度の降雪量となる大雪が予想される場合。
暴風特別警報	数十年に一度の強度の台風や同程度の温帯低気圧により暴風が吹くと予想される場合。
暴風雪特別警報	数十年に一度の強度の台風と同程度の温帯低気圧により雪を伴う暴風が吹くと予想される場合。
波浪特別警報	数十年に一度の強度の台風や同程度の温帯低気圧により高波になると予想される場合。
高潮特別警報	数十年に一度の強度の台風や同程度の温帯低気圧により高潮になると予想される場合。

津波，火山噴火，地震については，「大津波警報」「噴火警報（居住地域）」「緊急地震速報（震度6弱以上または長周期地震動階級4）」を特別警報に位置付けている。

（藤岡達也）

8 避難情報・避難指示と情報の収集

1 避難情報とその入手

注意報，警報，特別警報など気象庁による発表以外に，地域に危険が差し迫った時は，市町村長等から避難指示等が発令される。避難の判断を検討，準備し，実際の行動が必要となるプロセスは，図1-7の高齢者等避難から緊急安全確保まで整理されている。かつては，避難準備，避難勧告，避難指示を区別して段階的に発令されていた。**2016年台風10号**により，岩手県岩泉の老人ホームで9名が犠牲者となった。この後，避難準備・高齢者等避難開始，避難指示（緊急）・避難勧告に分けられるようになった。つまり，高齢者や障害のある人は早目の避難が促されるようになっている。また，避難指示，避難勧告のどちらが，より緊急性が高いのかを戸惑う人も多かったために避難指示（緊急）とされた。

2021年には避難勧告が廃止され，避難指示の一本化となった。現時点では，高齢者等避難，避難指示，緊急安全確保に整理され，それぞれ警戒レベルは，3，4，5となっている。また，警戒レベル1，2は気象庁の早期注意情報，大雨・洪水・高潮注意報に相当する。もっとも，警戒レベル5（緊急安全確保）が発令されている時は，非常に危険な状況になっており，この時点での避難行動は避け，警戒レベル4（避難指示）の段階までで避難行動が終わっているこ

▷1　2016年台風10号
2016年8月30日18時前，台風10号は岩手県大船渡市付近に上陸した。これは1951年に気象庁が統計を取り始めてから，東北地方の太平洋側に初めて上陸した台風である。この台風10号によって，岩手県岩泉町の高齢者グループホームで9名が死亡した。町が避難指示や勧告（当時）を出していなかった。この台風では，死者26名，行方不明者3名の犠牲が生じた（内閣府「平成28年台風10号による被害状況等について（平成28年11月16日14時00分）」〈https://www.bousai.go.jp/updates/h28typhoon10/pdf/h28typhoon10_24.pdf〉〈2025年2月26日最終閲覧〉）。

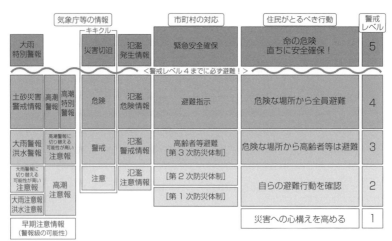

図1-7　避難情報・避難指示と住民の行動

出所：気象庁「防災気象情報と警戒レベルとの対応について」〈https://www.jma.go.jp/jma/kishou/know/bosai/alertlevel.html〉〈2025年2月8日最終閲覧〉をもとに筆者作成

とが求められる。

これらは比較的予想されやすい大雨，洪水などへの対応である。台風や前線などによって豪雨等が予想される時には，テレビ，ラジオ，インターネットを通してこれらの情報が提供される。

② 地域情報の日常的な収集

まず，地域の自然環境と自分の住宅が立地する場所の状況を理解しておきたい。近くに河川があり，溢水・破堤などの可能性がある地域，さらには急斜面の崖や山体が家の近くにあり，土砂災害発生の危険性が高い場所の把握である。これには，市町村から配布されたハザードマップ（⇨ 3-Ⅱ-3 ）が参考になるが，その記載は絶対的ではない。最新の情報をふまえながら様々な状況を想定しておくことも不可欠である。

また，自宅周辺での避難所がどこに設定されているか，日頃から意識しておいた方が良い。ここで注意が必要なのは，避難所は全ての災害に適切とは限らず，避難所が想定している災害の範囲を理解しておくことである。

避難所までの経路も重要である。避難所は安全であってもそこへ行くまでの経路が安全とはいえない場合がある。特に学校や公共施設などは河川近くや，かつての湿地帯等地形条件が良い場所に立地されていないことも珍しくない。避難所までの道路が側溝や河川との区別が付かない時もある。場合によっては自宅で**垂直避難**する方が避難所に向かうよりも安全なこともある。

③ 移動先の情報収集

災害が発生するのは自宅にいる時とは限らない。普段多くの時間を過ごす学校や勤務場所以外にいる可能性もある。そのため，旅行先・訪問先での情報もあらかじめ取得することにも意味があり，近年では，地域ごとにインターネットからの情報入手が容易であるから，気象情報や自然環境も理解しておきたい。海外への旅行や出張等では慎重に現地情報を得る人も，国内の移動では意識が弱くなることもある。ただ，自分を危険から守ったり，安全を確保したりするという消極的な目的だけでなく，その地域での特色を理解することによって，訪問前に興味を高められるという積極的な目的も持ち合わせてほしい。つまり，自然環境や社会環境の二面性の理解である。災害の可能性を考えると，どうしても他人事と捉えやすくなる。しかし，その地域の災害につながる自然景観や歴史景観の理解を積極的に行うと，自分事として捉えることもできる。

また，自分が移動先で災害やトラブルに遭って困った時の経験が，他地域からの被災者への支援に生かせることがある。ボランティア活動は遠くの被災地で行うだけでなく，地元で帰宅困難者等への支援を行うことも含まれる。

（藤岡達也）

▷2　**垂直避難**
自宅や隣接建物の2階以上へ緊急的に一時避難し，救助を待つこと。急激な降雨や浸水により，避難所などの他所への避難（水平避難）が危険な状態になった場合の選択肢である。浸水による建物の倒壊の危険がない場合には，屋外に出て避難所に向かう場合よりも安全と考えられる。

（参考文献）
気象庁「防災気象情報と警戒レベルとの対応について」（https://www.jma.go.jp/jma/kishou/know/bosai/alertlevel.html）。

自然災害とライフラインへの影響

1 二次被害の発生と拡大

　日常生活に不可欠なライフラインの損傷やその供給停止が，災害発生後に被害を拡大させることがある。大規模な地震では，地震後の火災によって犠牲者が増加する。1995年の兵庫県南部地震でもガス・電線損傷による火災の被害は大きかった。また，水道管等への悪影響のため，火災発生後の消火活動が十分に進まないことも多い。具体的には，調理準備などの火気使用だけでなく，ガス漏れ，車中のガソリン点火すら，大火災の原因となる。加えて，同じライフラインの水道管の破裂・損傷，さらには寸断された道路の影響，消防隊員の緊急参集の困難さ，住民の混乱などによって，延焼が拡大する。

　ライフラインが止まってしまい，災害後の生活に支障をきたすことも多い。平成30年北海道胆振東部地震では，ブラックアウトが発生した。台風などの暴風によって，電柱・電線が損傷し，復旧までに時間がかかり電気の供給が途絶え場合，悲惨な状況となる。現代社会では照明，冷暖房は当然ながら，冷蔵庫等の食料品への影響，他のライフラインもコンピュータ制御等，電気に大きく依存しているからである。令和元年房総半島台風では，復旧までの間は住民にとって耐えがたい状況となった。

　今日，災害による犠牲者数は直接死より災害関連死による数が圧倒的に多い。このこともライフラインの支障と全く無関係ではない。大病院などでは，自家用発電が備えられているものの，ライフラインの損傷や停止は多くの医療機関で治療・入院生活に大きな影響を与える。

2 緊急時のライフラインの改善

　近年では地震の揺れと同時に，ガスの供給が自動停止されるようになり，火災による被害の拡大は抑えられつつある。2018年の大阪府北部地震では，最大震度6弱の揺れが都市を襲ったが，火災による被害は多くなかった。これは地震による揺れを感知した場合，制御システムが働き，ガスの供給が停止するという機能が作動したことも理由の1つである。しかし，このシステムは，1軒ごとの復旧に時間がかかった。ガス会社はインターネット等で個人でも可能なガス供給設定のための方法について発信したが，高齢者等の自分で対応できない住民は，巡回の担当者を数日待つことになった。

▷1　平成30年北海道胆振東部地震
2018年9月6日，北海道胆振地方中東部を震源とするマグニチュード6.7の地震が発生。最大震度は厚真町の北海道で観測史上初の震度7。震源地周辺で大規模な斜面崩壊が生じ，札幌市などで液状化現象による被害が生じた。犠牲者44名の他，複数の発電所が停止した（札幌管区気象台「平成30年北海道胆振東部地震」〈https://www.jma-net.go.jp/sapporo/jishin/iburi_tobu.html〉〈2025年2月8日最終閲覧〉）。

▷2　ブラックアウト
大手電力会社の管轄する全地域で停電が起こる現象。電気は供給量と消費量が一致しないと周波数が乱れる。供給量が需要量を下回ると周波数が下がり，電気の供給を正常に行えず，安全装置が働き発電所が停止する。この結果，大停電になり，北海道胆振東部地震では北海道全域で停電が生じた（資源エネルギー庁〈2018〉「日本初の"ブラックアウト"その時一体何が起きたのか」〈https://www.enecho.meti.go.jp/about/special/johoteikyo/blackout.html〉〈2025年2月8日最終閲覧〉）。

18

大地震時にエレベーター内に長時間閉じ込められ，その状況で火災が発生するなど，最悪の場合を想像するだけでも恐ろしくなる。かつては，地震時，エレベーター内では，全階のボタンを押すようにといわれたが，最近では，揺れが生じると，自動的に最寄りの階に停まるようにプログラムされている。

近年，都市部では高層階からの景観が魅力とされているタワーマンションは人気があり，揺れの大きさは別としても，耐震・免震構造によって，倒壊は免れるように設計されている。しかし，もし電気が停まったら，さらには水道の供給が停止されたら，という状況を想定して日頃から様々な備えを考えておく必要がある。

また災害後，ガソリンの供給も不十分になることが考えられる。東日本大震災発生直後には，ガソリンスタンドに長蛇の列が見られた。この教訓から，ガソリンは常に満たした状態にしておくことも意味がある。ガソリンが空に近くなって帰宅しかけても，また明日入れれば良いという意識は災害に対する不十分な備えともいえるかもしれない。

ライフラインが途絶えた時に備えて，水，食料品，カセットコンロなどの備蓄の必要性もよくいわれる。多忙な日々の中でなかなか準備できるものではないが，「明日災害は起こるかも」という心構えを持つことが大切だろう。

③ 情報・通信とライフライン

大きな災害時，情報や通信が遮断されることは多い。東日本大震災では，電話等での安否の連絡すらとることができなかった。災害に備え，災害用伝言ダイヤル（⇨ 3-Ⅱ-5 ）などを考えていても，停電によって連絡が不通になることはありえる。避難訓練では災害時に職場や学校では緊急放送が想定されているが，停電時にはメガホン等を用いて連絡をせざるをえないこともある。一方，そのような状況でも津波情報を自家用車のカーステレオ等で得た例もあった。

今日，スマートフォン等の通信機能や中継地点の確保によって，大規模な災害の後でも連絡はとりやすくなっている。しかし，停電になった場合，充電が不足して，情報なども得られなくなる。意外にも，家族や職場の電話番号を覚えていないことも多い。以前とは違い，スマートフォン等に家族等の電話番号を入れておけば覚える必要がなくなったことで，災害時にスマートフォン等を紛失したり電源が消失したりした場合，連絡がとれなくなる事態に陥る。

近年では，インターネットからでも NHK のラジオ放送等は受信可能であるが，これまでと同様，電池式のラジオは緊急時に重要な役割を果たす。津波警報だけでなく，刻々と状況が変化する中での，例えば，原子力発電所事故が生じた場合などの情報の継続的な取得は，避難行動の際に不可欠である。

日常生活では便利になった分だけ，災害時では不便になる事柄があることも理解しておく必要がある。 　　　　　　　　　　　　　　　　　（藤岡達也）

▷ **3　令和元年房総半島台風**

台風第15号は，2019年9月9日3時前に三浦半島付近を通過して東京湾を進み，同日5時前に強い勢力で千葉市付近に上陸した。台風の接近・通過に伴い，伊豆諸島や関東地方南部を中心に猛烈な暴風雨となった。特に千葉市では，観測史上1位になる最大風速35.9m（最大瞬間風速57.5m）を記録した。送電線の鉄塔や電柱の倒壊，倒木等による配電設備の故障等が発生し，首都圏をはじめとして最大約93万4,900戸の大規模な停電が発生した。この復旧作業は長期化し，多くの市町村で断水等のライフラインへの被害や，通信障害，交通障害が発生した。

▷ **4　災害関連死**

当該災害による負傷の悪化又は避難生活等における身体的負担による疾病により死亡し，災害弔慰金の支給等に関する法律（昭和48年法律第82号）に基づき，災害が原因で死亡したものと認められたものを災害関連死と呼ぶ。実際には災害弔慰金が支給されていないものも含めるが，当該災害が原因で所在が不明なものは除く。

〔参考文献〕

太田敏一・松野泉（2021）『防災リテラシー［第2版］』森北出版。

自助・共助・公助

1 基本となる自助

　総務省消防庁によると「自助」とは，災害発生時に，まず自分自身や家族の身の安全を守ること，「共助」とは，地域やコミュニティなど周囲の人たちが協力して助け合うこと，「公助」とは，市町村や消防，県や警察，自衛隊などの公的機関による救助・援助である。日本は法治国家であり，災害時でも，生命や人権維持のために個人を守る社会体制は整えられている。しかし，大規模災害が発生した場合，行政の対応が間に合わないことも十分ありうる。これまでの災害でも救援・支援等が数時間どころか，数日かかる場合も見られた。そのために，「自分の命は自分で守る」ことは鉄則となる。

　近年，防災倉庫などが公共施設周辺で設置されている。備蓄品などはスーパー等でも販売されるようになっているので，家庭や個人レベルでも，関心を高めて準備しておくことが望まれる。防災リュックなども一般的な備品等だけでなく，個人に必要なものも加えて準備しておきたい。

　家族についても自分と同様に，「自分の家族は自分の家族で守る」意識も大切である。しかし，災害発生時，家族が同じ場所にいないことも多い。その時，家族を探したり家族と連絡をとろうとしたりすると，自身の避難さえ間に合わない時がある。そこで，家族それぞれの適切な避難行動によって，全員が助かることを認識することが重要である（津波てんでんこ[1]）。

　自分の住む地域や職場・学校等の環境を理解し，発生する可能性のある災害について備えることは，自助・共助の一環として不可欠である。豪雨等による河川氾濫，土砂災害の可能性は，地域の行政から配布されたハザードマップの確認や，適切な気象情報等を収集することによって，比較的備えやすい。一方，突然に発生する地震・火山噴火等に対しても日頃から地域の特色を理解し，意識しておく必要がある。

　自然現象の基礎的な知識等の習得と正確な情報の入手が，防災の基本である。しかし，気象庁や専門家が最新の情報と知見を政府等の行政やマスコミから発信しても，個人として行動すべき判断は自身に委ねられる。新型コロナウイルス感染症への対応については，多くの人がこれを痛感したといえる。確かに政府が一定の方針を出したとしても，最終判断は個人に委ねられることも多かった。また，後から考えて政府の判断は本当に正しかったのか，その時点で

▷1　津波てんでんこ
三陸の言い伝え「津波てんでんこ」（津波が来たら，いち早く各自てんでんばらばらに高台に逃げろ）の精神は岩手県釜石市で推進されている津波防災教育の基本となっている。子どもたちは津波発生時に1人でも「てんでんこ」に避難できるように学んでおり，東日本大震災でも「釜石の奇跡」と呼ばれるように多くの命が救われた。

▷2　日頃の地域連携
どこまでが自分たちにとっての助け合う地域の範囲かは，行政区とも関係していて課題も見られる。例えば，この村の住民のことはお互い助け合うが，道路を隔てた隣の村は範囲外であるというような，支援の取り組みも起きている。

▷3　相互応援協定
大規模な地震は，広域にわたって甚大な被害を及ぼすことが予想され，対策を迅速かつ的確に遂行するために，地方公共団体では相互間で，震災時等における相互応援協定を締結している。阪神・淡路大震災後の1996年7月，全国知事会において「全国都道府県における災害時の広域応援に関する協定」が締結された。

の国としての意思決定はやむをえなかったとしても，納得がいかなかった人も少なくはないことは読者も経験があっただろう。

② 近隣と助け合う共助の重要性

阪神・淡路大震災時に，自力での脱出の他，人々を救出したのは家族の次に近所の人が多かった。特に倒壊した家の中でも，住宅の内部の状況を知っている近隣の人は可能性のある場所を重点的に探し，助け出した例もあった。日頃から地域の組織的な防災訓練，避難訓練の実施，またそのリーダーとしての防災士養成のための支援が行われることが増えている（⇨ コラム 8 ）。自主防災組織に関するこれら共助の傾向は，地域防災の点で重要である。

災害の発生直後の対応から地域の復興に向けての取り組みは，行政・専門家・地域住民の連携も欠かせない。**日頃の地域連携**[2]が，災害時の助け合いや地域の復興にも重要な役割を果たした例はこれまでも見られる。

大規模災害時，近くの地域同士ではともに甚大な被害により，お互いの支援どころではないこともふまえ，東日本大震災発生以降は離れた地域と災害時の応援協定を結ぶことも見られるようになった。地方公共団体相互間での震災時等における**相互応援協定**[3]はその例である。また，それだけでなく，将来の災害発生の可能性を見据え，遠隔地の中学生同士の交流を企画する地域間連携も試行されているところもある。

③ 地域・国内の救出・援助から国際的な協力・支援まで

大規模な災害の発生時には，その地域だけでの支援・復興には時間がかかりすぎることもある。日本では災害対策基本法や災害救助法等により，被害のあった特定の地域を国が救助・支援することになっている。

国の支援には**プッシュ型支援とプル型支援**[4]がある。大規模な災害には自衛隊が派遣される。これについては，阪神・淡路大震災や中越地震の教訓をふまえて，国の整備が進められるようになってきた。かつて，寺田寅彦（⇨ 1-6 ）は，「天災と国防」の中で，日本には災害対策に特殊化した防衛隊が必要，つまり，戦争用と災害対策用の 2 つの軍隊が必要であることを述べた。今日，自衛隊はむしろ発生頻度の高い災害への対応訓練も無視できなくなっている。ただ，自衛隊の本務とは何かについても議論がされている。

災害により貧困の格差が拡大し，甚大な被災後，自国だけで復旧・復興が不可能な状況も懸念される。SDGs で述べられているレジリエンスの強化は国際的な課題となりつつある。国連防災世界会議も1994年横浜市で開催されて以降 3 回を数えるが，いずれもホスト国は日本である（⇨ 4-Ⅱ-2 ）。これまでも自然災害の発生の多い日本にとって，防災を通しての重要な国際貢献が期待されてきたが，その成果も蓄積されつつある。

（藤岡達也）

これにより各都道府県間等の応援協定では対応できないような災害が発生した場合の全国レベルでの相互応援体制が整備された。東日本大震災では，協定に基づき，全国知事会が被災 4 県からの要望等に応じ，食料品・生活用品・燃料等の救援物資を提供した。また，地方公共団体では，民間団体等との間で，物資，災害復旧，救急救護，放送要請および輸送などに関わる応援協定を締結している。

▶4 プッシュ型支援とプル型支援

プッシュ型支援とは，国が被災都道府県からの具体的な要請を待たないで，避難所避難者への支援を中心に必要不可欠と見込まれる物資を調達し，被災地に物資を緊急輸送すること。これは東日本大震災時の経験に基づき，2016年熊本地震より行われた。一方，プル型支援とは，プッシュ型とは逆に，被災地の支援物資のニーズ情報を把握した後，ニーズに応じて物資を供給する方法のこと。発災直後はプッシュ型，落ち着いてからプル型の支援が一般的である（内閣府「物資支援（プッシュ型支援）の状況」〈https://www.bousai.go.jp/jishin/kumamoto/kumamoto_shien.html〉〈2025年2月7日最終閲覧〉）。

（参考文献）

総務省消防庁「自助・共助・公助」（https://www.fdma.go.jp/relocation/ecollege/cat63/cat39/cat22/4.html）。

コラム1

復旧から復興へ

1 復旧と復興の違い

　復旧とはライフライン等を被災以前の状況に戻すことであり,早急な電気・ガス・水道などへの対応が求められる。被害を受けた鉄道等の公共機関や道路なども同様である。一方,復興とは元の生活を送れる状況に戻すことだけではない。より住みやすい,快適なまちづくりの再建の機会といっても良いだろう。これには地域住民の意思も重要であり,「思いが先,復興は後」(室﨑益輝〈2020〉「復興の歴史的展開から導き出される復興の普遍的原理」『日本災害復興学会論文集』15,29～36頁)という言葉も理解できる。

　復興には地域住民や行政担当者だけで取り組むのでなく,学識経験者や街づくりのNPOなどとの連携も重要となる。少子高齢化が進む地方にとっては,自然災害の発生によって,地域からの人口流出がいっそう進むかもしれない。そのため,大規模な災害発生後,地方の再生と災害からの復興を同時に計画される例も見られる。

2 復興による再開発の例

　大地震からの復興の例は数多く知られているが,その1つとして北但馬地震(北但地震)後の城崎温泉を挙げることができる。1925年5月23日に発生した円山川河口付近を震源とする北但馬地震は,城崎温泉を含め,地域全体(現豊岡市)に大きな被害を与えた。北但馬地震は当時の震度階では最大の6であり,犠牲者428名,倒壊家屋1,295棟と多数の犠牲者や損害が生じた。城崎の温泉街でも,ほとんどの温泉旅館が倒壊し,この地震によって温泉街は壊滅的な状況に陥った。しかし地域を元に戻す復旧だけでなく,災害に強いまちづくりを目指して復興に取り組まれたことは注目に値する。まず,緊急時に消防車や救急車が通りやすいように,現在の城崎温泉街のメイン通りともいえる大渓川の両側の道路を拡幅する必要があった。そのためには,道路に面していた建物等の所有者の理解や協力が不可欠であった(図1左)。

　河川の護岸もコンクリート等ではなく,地元の岩石である玄武岩を用いて補強を行った。城崎から南側に玄武洞と呼ばれる名勝が存在する。その景観を構成する岩石(玄武岩)も地震により,落石・転石した。これを船で円山川を使って運び,活用したのである(図1右)。

　1948年6月に発生した福井地震は,死者・行方不明者3,769名,さらに全壊家屋3万4,000棟を超えた。太平洋側だけでなく,日本海側の沖積平野においても,

図1　拡幅された道路(左),玄武洞の玄武岩の活用(右)

図2 海を臨む新たな街並み（左），浴場が設置されたJR女川駅（右）

大地震によって甚大な被害が生じることが痛感させられることになった。福井市は，第二次世界大戦の末期の1945年7月にB-29編隊による集中爆撃を受け，死者1,684名，被災8万5,603名，焼失家屋2万戸以上にのぼるほどの壊滅的な被害を受けた。福井地震では強い地震動によって多数の倒壊した木造家屋が消防活動を妨げ，戦後間もない当時の消防力と断水による消火用水の不足も原因となり，県下で4,400棟を超える地震火災が発生した。戦災からの復興が進み始めた時期ともいえる1948年6月に大地震，さらに同年7月には豪雨水害に襲われた。しかし，福井市は，この戦災，震災等から立ち直り，復興を遂げた。このことから，福井市内にはフェニックス（不死鳥）という名が多くの場所で見られる。例えば，中心市街地を縦貫する通り（旧国道8号のうち，福井市内の区間）はフェニックス通りと呼ばれたり，フェニックススタジアムやフェニックスプラザという球場，文化・福祉複合施設などが立地したりしている。

3　持続可能なまちづくりと復興

宮城県女川町も東日本大震災によって甚大な被害を受けた。被災後，街づくりの復興に取り組まれ，同時に地域の再開発や観光地化が進められた（図2左）。例えば，新築されたJR女川駅舎の中には浴場も設置され，地域に新たな潤いを与えている（図2右）。この街には，地震によっても被害を免れた女川原子力発電所があり，いわゆる「原発マネー」がこの駅舎の新築に貢献した。原発マネーとは，原子力発電所の立地等に関連して生じる資金や資本のことを示す。原発を運用する自治体が立地自治体に支払う費用など，それに関連して資金等が活用される産業など原発地域への財政的影響は大きい。しかし，地元の学校の復旧・復興には，その資金は活用されていない。

大津波によって，海に面するこの街にも多大な犠牲が生じた。その駅から海へ向かう通りも一新された。当時の惨状を残すのは，震災遺構として津波によって転倒した3階建ての交番くらいかもしれない。

震災の有無に関係なく，新たな街づくりを考えるにあたって，地方では人口減少が避けられない現状を無視することができない。そこで，重要な公共施設の場所の立地は集約させ，バス等の公共交通のルートや道路整備等もコンパクトにして，住みよい街づくりへの機能を高めようとする計画も見られる。（藤岡達也）

第 2 部

災害につながる自然現象の理解と防災

第2部　災害につながる自然現象の理解と防災

Ⅰ　地震・津波

海溝型地震と活断層型地震

▷1　スラブ内地震
海溝などから沈み込んだ海洋性プレートのことをスラブ（slab：平板）と呼ぶ。プレートが沈み込む時，自身の湾曲によって力がかかり，プレートが破断するのがスラブ内地震である（下図）。スラブ内地震は海洋プレート内で発生した地震である。

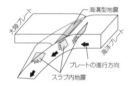

▷2　中央構造線
関東から九州に伸びる日本最大の断層。中生代から新生代にかけて形成された。中央構造線沿いに現れている活断層は今後も動く可能性は高い。なお，中央構造線は，西南日本内帯と外帯の境界を示している。

▷3　糸魚川—静岡構造線
新潟県糸魚川市の親不知付近から諏訪湖を通り，安倍川（静岡市駿河区）付近に至る断層線で，日本では中央構造線に次ぐ大きさである。西南日本と東北日本の地質構造を分断する。

▷4　フォッサマグナ
フォッサマグナとは，ラテン語で「大きな溝」を意味する。日本海がつくられ，

1　海溝型地震

日本列島は，世界でも有数の地震の多発地帯であり，その大きな原因として，1-4で紹介したように日本列島を取り巻く4枚のプレート同士の関係がある。列島およびその周辺で発生する地震は，プレートの境界で発生する海溝型地震と内陸部での活断層型地震に大別することができる。

海溝型地震のメカニズムは，図2-Ⅰ-1のように示すことができる。海洋プレートが大陸プレートに沈み込む時，大陸プレートも引きずり込まれ，大陸プレートにはひずみが溜まっていく。そのひずみが大きくなると，大陸プレートは元の状態に戻ろうとして，大きく反発し，その結果地震が発生する。海溝型地震では，境界部分のプレートが広い範囲にわたって破壊されたり動いたりするため，大規模な地震となる傾向がある。同じ理由で，揺れる時間が長い地震になりやすいことも被害を拡大させる要因となる。さらに，海底で大陸プレートが反発すると海底地形が変動し，津波が発生する。列島に甚大な被害を生じさせるのは，大きな地震動そのものよりも，むしろその後に発生する津波である。

なお，大陸プレートが反発して地震が発生するだけでなく，海洋プレート自体が沈み込む時に破壊されることによって地震が生じることもある（**スラブ内地震**）。

海溝型地震の震源は，陸から離れたプレート境界付近のため，初期微動継続時間（⇨ 2-Ⅰ-12）が比較的長い。そのため，これを利用した緊急地震速報（⇨ 2-Ⅰ-13）の活用が期待されている。また，海溝型地震が発生する周期は，

図2-Ⅰ-1　海溝型地震の発生メカニズム

出所：内閣府（2010）「平成22年版　防災白書」（https://www.bousai.go.jp/kaigirep/hakusho/h22/bousai2010/html/zu/zu026.html）（2025年2月6日最終閲覧）

活断層型に比べて短い傾向がある。現在，懸念されている南海トラフ地震の周期は約90〜150年と幅はあるものの，およそ100年ごとと考えても良い。

2 活断層型地震

日本列島では，いつ地震が生じても不思議ではないといわれる。図2-Ⅰ-2を見ると，列島内には多数の活断層が存在し，これが地震の発生に影響していることがわかる。ただ，必ずしも活断層の分布は一様ではない。

列島内では，まず中部地方から近畿，四国，九州にかけての**中央構造線**沿いに連続した最長の活断層が存在する。中央構造線そのものは，現在では動くことはないが，その周辺の活断層は，いつ動くか不明である。

次に，列島を縦断する断層帯として，**糸魚川―静岡構造線**沿いの活断層が挙げられる。糸魚川―静岡構造線は**フォッサマグナ**の西縁となっている。西側には日本アルプスの山々が存在するが，活断層とその壮大な景観は無関係ではない。

近畿地方にも多くの活断層が集中する。日本海側の若狭湾三方五湖から，琵琶湖の西側を走る花折断層，有馬―高槻活断層帯，六甲―野島断層帯と一連とも見える活断層の帯が存在する。近代都市神戸および周辺に大きな被害を与えた1995年兵庫県南部地震や2018年大阪府北部地震は，この地域で発生したことが理解できる。

日本海側にも活断層が多数見られる。地震のマグニチュードの大小が単純に地震による被害を示すわけではなく，たとえマグニチュードの値が大きくても震源が深ければ大きな揺れとはならない。逆にこの値が小さくても震源が浅ければ揺れが大きくなり，地表面に甚大な被害を生じさせることもある。以上のことから，プレート境界以外の場所，陸地内部でも多数の活断層が分布し，結果的に震源が浅い場所では大規模な揺れが生じることになる。

列島の活断層と地震との関係を整理すると，海洋側のプレート内やプレート境界の地震が海溝型地震となり，陸域の浅い地震が活断層型地震となる。これらは別のメカニズムではなく，プレートの動きから関連し合っているといえる。

（藤岡達也）

図2-Ⅰ-2 日本列島および周辺海域の活断層

出所：活断層研究会編（1991）『新編　日本の活断層』東京大学出版会

日本列島が大陸から離れて形成された時にできた。西縁は糸魚川―静岡構造線とされている。東縁は不明瞭であるが，新発田・小出構造線及び柏崎・千葉構造線などが考えられている（下図）。

（フォッサマグナミュージアム「フォッサマグナと日本列島」〈https://fmm.geo-itoigawa.com/event-learning/fossamagna_japan-archipelago/〉〈2025年2月6日最終閲覧〉をもとに筆者作成）

参考文献

山下昇編著（1995）『フォッサマグナ』東京大学出版会。

第2部　災害につながる自然現象の理解と防災

Ⅰ　地震・津波

　世界の大規模地震と日本

1　世界の地震発生分布

　図2-Ⅰ-3は、世界で発生した地震の分布を示したものである。地震の発生しやすい地域はプレート境界の変動帯に多く、大陸内部には少ないなど、世界の中でも偏りがあることがわかる。国や地域別に見ても、地震は日本を含めたアジアに多い。世界の自然災害による犠牲者はアジアに集中している。これは歴史的に見て、軟弱地盤の沖積平野に稲作農業の発達に伴った人口や生活基盤が密集していることにもよる。気象災害の影響に加え、大規模な地震や火山活動による被害もアジアでは多い。世界各地に影響を与える風水害に比べ、地震や津波、火山活動による自然災害は世界においても発生場所が限られている。特に、日本は世界の国土面積のわずか0.25％にすぎないが、地震の発生頻度は10％を超えている。日本列島を含め、いわゆるプレート境界では、頻繁に地震が発生していることが理解できる。

　ただ、プレートの境界といっても、2つのプレートが衝突したり、一方のプレートが他方のプレートに沈み込んだりするなどのいわゆる「収束する境界」だけではない。図2-Ⅰ-4のようにプレート同士が離れ合う「拡大する境界」、さらには「すれ違う境界」が見られる。なお、図2-Ⅰ-3中のA、B、Cは、拡大する境界の一例として、それぞれ中央海嶺、大西洋中央海嶺、アフリカ地

▷1　地震を起こす断層の種類

地震を発生させる断層には、正断層、逆断層、横ずれ断層の3つがあり、下図の4つの動きに分けられる。

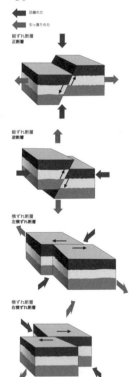

（地震本部「正断層・逆断層・横ずれ断層」〈https://www.jishin.go.jp/resource/terms/tm_fault/〉〈2025年2月6日最終閲覧〉）

図2-Ⅰ-3　世界の地震発生場所

出所：気象庁「地震発生のしくみ」（https://www.data.jma.go.jp/eqev/data/jishin/about_eq.html）（2025年2月6日最終閲覧）をもとに筆者作成

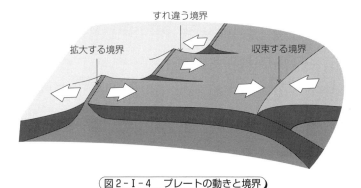

図2-I-4 プレートの動きと境界

出所：地震本部「プレートテクトニクス」(https://www.jishin.go.jp/main/yogo/e.htm)
(2025年2月6日最終閲覧) をもとに筆者作成

溝帯を示している。拡大する境界は海底だけでなく，大陸中にも見られる。アフリカ地溝帯によって，大陸が現在引き裂かれているといえる。

「拡大する境界」や「すれ違う境界」でも地震が発生しているが，それぞれの境界で**地震を起こす断層の種類**は異なる。「収束する境界」では逆断層型の地震が多いが，「拡大する境界」では正断層型，「すれ違う境界」では横ずれ断層型（トランスフォーム断層）の地震が多い。

❷ 世界で発生した巨大地震と日本

2004年，スマトラ島の西方でマグニチュード9.3の超巨大地震が発生した（1960年チリ地震のマグニチュード9.5に次ぐ）。犠牲者の総数は，22万6,566名に達し，津波による被害史上というだけでなく，自然災害の記録としても最悪の惨事である。震源はスンダ海溝に位置し，インド・オーストラリアプレートがユーラシアプレートの下に沈み込むことによる海溝型地震と考えられている。地震後に発生した大津波は，インドネシアから，インド，スリランカ，タイ，マレーシアなど東南アジア全域を中心に甚大な被害をもたらした。

また，地球の反対側で発生した上述の**チリ地震**による津波では，日本は他の太平洋沿岸地域と比べても被害が大きかった。地震発生から約22時間半後の5月24日未明に最大で6.1mの津波が三陸海岸沿岸を中心に襲来し，死者・行方不明者142名，住宅の流失・全壊は2,830棟，半壊は2,183棟，浸水は3万7,195棟などの甚大な被害が生じた。海底で発生した地震では，津波についても十分警戒する必要があり，国際的な情報ネットワークが不可欠であることが，この地震により明らかとなった。その後，UNESCOの政府間海洋学委員会（IOC）によって，**太平洋津波警報システム**国際調整グループ（ICG/ITSU, 現ICG/PTWS）が1968年に設立された。現在では，気象庁は日本国外で発生した海洋型巨大地震に対しても津波警報・注意報などを出すようになっている。最近では2023年12月3日，フィリピン沖の地震でも発表されている。

（藤岡達也）

▷2 チリ地震
チリ地震は，南米プレートの下にナスカプレートが沈み込むチリ海溝の，長さ約1,000km・幅200kmの領域を震源域とし，マグニチュード9.5の観測史上最大の地震であった。津波は地震発生から15時間後にハワイ，23時間後に日本に到達した。その7時間前にハワイ島に津波が到達し死者61名などの被害を生じ，その情報は伝えられていたにもかかわらず，日本への津波到達が真夜中であったこともあり，日本でも多数の犠牲者が生じた。

▷3 太平洋津波警報システム
気象庁は，国連教育科学文化機関・政府間海洋学委員会（UNESCO/IOC）の下部組織である「太平洋津波警戒・減災システムのための政府間調整グループ（ICG/PTWS）」のもと，北西太平洋での地震を監視し，津波を生じる可能性のある地震が発生すると，地震や津波に関する情報を迅速に周辺各国に通知する「北西太平洋津波情報センター」を運営している。同センターは，太平洋全域の地震・津波の監視および情報提供を行う米国・ハワイの太平洋津波警報センター等と協力し，太平洋諸国の津波防災体制を構築している。

参考文献
東京大学地震研究所監修（2008）『地震・津波と火山の事典』丸善出版。

第2部 災害につながる自然現象の理解と防災

Ⅰ 地震・津波

3 東日本大震災の教訓

1 東日本大震災の衝撃

▷1 東北地方太平洋沖地震
各地で観測された震度の詳細は，以下の気象庁ウェブサイトで確認できる。気象庁「平成23年（2011年）東北地方太平洋沖地震」（https://www.data.jma.go.jp/svd/eqev/data/2011_03_11_tohoku/index.html）（2025年2月6日最終閲覧）。

▷2 警察庁（2021）「特集1 東日本大震災から10年を迎えて 1東日本大震災の被害状況及び主な警察活動 (1)概要及び被害状況」(https://www.npa.go.jp/hakusyo/r03/honbun/html/xf111000.html)（2025年2月6日最終閲覧）。

　2011年3月11日に発生した**東北地方太平洋沖地震**によって，宮城県栗原市で震度7，宮城県，福島県，茨城県，栃木県の4県37市町村で震度6強を観測し，北海道から鹿児島まで日本列島全体が揺れた（図2-Ⅰ-5）。特に太平洋側を中心に東日本一帯に大きな振動が観測された。地震動の衝撃に加え，その後の津波（福島県相馬で高さ9.3m以上，宮城県石巻市鮎川で高さ8.6m以上の非常に高い津波が観測された）による被害や福島第一原子力発電所事故のために，東日本大震災と呼ばれる未曽有の災害となった。東日本大震災による犠牲者数は，死者1万5,900名，行方不明者2,525名（2021年6月10日時点）と甚大な数字にのぼり，犠牲者の大部分は津波による。図2-Ⅰ-6を見れば東北部沿岸部ではいかに高い津波に襲われたかが明らかである。

　さらに住家被害も，建物の全壊半壊一部損壊が合わせて115万4,893棟と膨大な数字となった。社会資本・住宅・民間企業設備への直接的被害額は，約16.9兆円と推計されており，阪神・淡路大震災（約9.6兆円）の1.7倍以上の被害額である。

図2-Ⅰ-5 地域震度分布（×印は震央）
出所：気象庁「平成23年（2011年）東北地方太平洋沖地震」(https://www.data.jma.go.jp/eqev/data/2011_03_11_tohoku/index.html)（2025年2月6日最終閲覧）

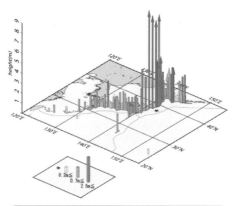

図2-Ⅰ-6 津波観測施設で観測された津波の高さ
出所：気象庁「災害時地震・津波速報 平成23年（2011年）東北地方太平洋沖地震」(https://www.jma.go.jp/jma/kishou/books/saigaiji/saigaiji_201101/saigaiji_201101_01.pdf)（2025年2月6日最終閲覧）

❷ 学校での被害

図2-I-7 津波後の戸倉小学校

東北地方太平洋沖地震では，東北地方各地で大きな揺れが観測されたが，校舎の倒壊によって子どもたちが犠牲になった例は報告されていない。死者・行方不明者はいずれも地震動の後に生じた津波によるものであった。避難所となる安全なはずの学校においても，児童生徒等の学校関係の犠牲者は600名を越え，中でも石巻市立大川小学校では，児童74名（校外2名を含む），教員10名が犠牲となり，1つの学校としては最多の犠牲者数となった。大川小学校の教訓からも，2次避難所の設定，地域の危険性の理解，危機管理マニュアルの見直し，ハザードマップの検討等が学校でも求められるようになった（⇒ 4-I-4 ）。

一方で，地震の発生が平日の授業時間帯であったため，教職員の適切な誘導によって，津波から免れた学校も多かった。例えば，南三陸町立戸倉小学校（図2-I-7）では，学校長の当日の判断による地震後の裏山避難が功を奏し，自宅に戻った教員1名を除き，児童・教職員は全員無事であった。もし，屋上に避難していたら，大川小学校以上の犠牲者数が考えられた。石巻市立門脇小学校も津波が押し寄せ，校舎自体が大きな被害を受けたが，学校にいた児童・教職員は校舎裏の日和山の高台に避難し，全員が無事であった。すでに下校しており，教師や大人の指示がなかったにもかかわらず，自主的に避難した例も見られた。雄勝町立小学校，中学校の帰宅後であった子どもたちも，その教訓が身についていたため高台に避難し，犠牲者は生じなかった。「釜石の奇跡」と呼ばれるように学校外にいた児童生徒が率先して高台に避難し，子どもたちだけでなく，住民の犠牲者も少なかった地域も存在した。同時に「津波てんでんこ」（⇒ 1-10 ）の教訓も生かされた。子どもたちは過去に津波を経験していなくても，日頃の学びを行動に移したのである。

❸ 災害を自分事として捉えることの大切さ

2004年のスマトラ沖地震に対し，日本は5億ドルの支援を始め，様々な支援を行った。遠い地域の災害ほど自分事としては実感しにくく，大規模な自然災害が発生しても，被災地が自分たちから離れていると他人事のように思えていた。しかし，この津波から7年後に東日本大震災が起き，地震や大津波が日本にとって他人事でなかったことを痛感することになる。

また，自分たちの住んでいる地域で起きた災害でも，過去のことは風化しやすい。自然現象は繰り返され，過去に発生した大きな自然災害は，再び起きる可能性がある。過去の災害を忘れないため，人々は昔から石碑等をつくって教訓を伝えてきた。東日本大震災においても，先述の大川小学校などを将来の教訓とするため，**震災遺構**の保存や検討が見られる。

（藤岡達也）

▶3 国土交通省（2021）「令和3年度 国土交通省白書」（https://www.mlit.go.jp/hakusyo/mlit/r02/hakusho/r03/pdf/np101100.pdf）（2025年2月6日最終閲覧）。

▶4 震災遺構
震災遺構とは，震災によって壊れた建物など，被災の記憶や教訓を後世に伝えるための構造物である。東日本大震災の被災地では，津波で被災した建物などの保存を求める声があがり，県や市町村で保存が決定されたり，検討がされたりしている。一方，撤去してもらいたいと思う遺族も多く，行政も維持のための長期にわたる経費の問題もあり，被災地でも震災遺構についての思いは様々である。下図の石巻市立大川小学校のように多くの学校も震災遺構となっている。

【参考文献】

佐竹健治・堀宗朗編（2012）『東日本大震災の科学』東京大学出版会。

I 地震・津波

東北地方太平洋側における地震・津波

❶ 繰り返されてきた東北地方の地震・津波

　東北地方の太平洋側は東日本大震災以前にも頻繁に地震・津波に襲われてきた。例えば，近代以降に限っても，1896年の明治三陸地震津波（犠牲者数約2万2,000名），1933年の昭和三陸地震津波（同3,074名）の大きな被害が生じている。なお，明治以降の日本列島を襲った地震では，1923年の関東大震災の人的被害（死者・行方不明者約10万5,000名）が最大である。

　明治三陸地震津波は，1896年6月15日午後8時頃，三陸沖で発生した地震に伴う大規模な津波により，三陸沿岸を中心に死者約2万2,000名，流出・全半壊家屋1万戸以上という，近代日本の津波災害史の中でも最悪の被害が生じた。そして，明治三陸地震の発生から37年後の1933年3月3日午前2時31分頃，先の地震津波とほぼ同じ地域で，三陸沖を震源とするM8.1の地震が発生した。地震発生から約30〜40分後には津波の第一波が押し寄せ，岩手県気仙郡綾里村（現大船渡市）では遡上高海抜約28.7メートルの地点まで津波が到達した。三陸沿岸と北海道南岸の被害は死者・不明者3,064名，流出家屋4,034戸，倒壊1,817戸，浸水4,018戸に及んだ。真夜中の大規模な地震にもかかわらず，昭和三陸地震津波の犠牲者が明治三陸地震津波の時と比べて7分の1にすぎなかったのは，先の津波の教訓が生きていたからといわれる。津波から命を守るには，一刻も早く高台を目指して避難するしか方法はない。

❷ 記録に残された東北地方の地震・津波

　東北地方の太平洋側には古くから地震津波の記録がある。三陸地震・津波としての平安・貞観地震は869年7月13日（貞観11年5月26日）に発生した非常に大きな津波を伴う地震であり，この時の津波を貞観津波という。「陸奥国で，城郭・倉庫・門櫓・垣壁・民家などの倒壊無数。崩れ落ち倒潰するもの無数。人々は倒れて起きることができないほどであった。津波襲来し，海水城下（多賀城）に至り溺死者1,000。流光昼のごとく隠映した」と『三代実録』に記載されている。ここで，記載されている「流光」は，日本で最古の発光現象の記録である。東日本大震災によって，この貞観地震が改めて着目された。その教訓をもとに「1000年後に備える」という意味を込めた「千年希望の丘」（宮城県岩沼市）が築かれた。ここでは，東日本大震災の津波により人が住めなく

▷1　明治三陸地震津波
明治三陸地震は，M8.2〜8.5という巨大地震であり，海抜38メートル以上の大規模な津波が発生し，宮城県〜北海道の太平洋岸に大規模な被害を与えた（国立公文書館「明治三陸地震と昭和三陸地震」〈https://www.archives.go.jp/exhibition/digital/saigai/contents〉〈2025年2月6日最終閲覧〉）。

図2-I-8　避難丘（左），津波の高さが記録された倉庫（右）

なった土地を活用し，市の沿岸約10kmにわたって6つの公園と園路が整備されている。避難丘の土台などには震災ガレキが用いられ，大津波の痕跡が残る倉庫を移転させるなど，被災者の想いを後世に伝え，震災の記憶や教訓を国内外に発信するメモリアル公園と防災教育の場として活用されている（図2-I-8）。

東北地方，特に太平洋側は大陸プレートと海洋プレートとの関係上，有史以来，頻繁に地震が発生しているはずではあるが，近世以前の記録は意外と少ない。貞観地震以降は，1611年10月にマグニチュード8.1と推定される三陸・北海道東岸地震が起きるまで，目立った地震の記録は見られない。この地震でも，津波によって大きな被害が生じた。津波は陸中の現山田町で波高15〜25mに達し，伊達領内で死者1,783名，三陸海岸と，海水が阿武隈川を遡上した陸前岩沼周辺で流出家屋多数との記録がある。5年後にはマグニチュード7と想定される1616年の仙台地方地震が記録に残っており，詳細は不明だが，この地震では，津波を伴ったとの説もある。

3 生かされなかった教訓

東北地方太平洋側には海溝型地震だけでなく，活断層型地震の懸念もある。1978年宮城県沖地震の教訓は住宅地にも見られ，特に注目されたのは，丘陵地から中山間地にかけての宅造地である。ここでは，いわゆる雛壇状に住宅が建てられた。擁壁を築き，その上に家屋を建てるが，擁壁は盛土を覆ったにすぎず，地盤としての強度は十分でなかったため，その上の住宅は倒壊しやすかった。また，谷部分では尾根部分から土を移動させて平坦化するが，切土・盛土のそれぞれに建てられた住宅の被害の差は明らかであった。阪神・淡路大震災においても，丘陵地などでは同様の被害が多数見られた。

さらに宮城県沖地震の特色として，コンクリートブロックの倒壊によって多数の犠牲者が生じたことが挙げられる。2018年の大阪府北部地震においてもブロック塀の倒壊により2名の犠牲者が生じ，高槻市をはじめ，大阪府ではコンクリートブロックの撤去が進んだ。このように過去の離れた地域での教訓は，なかなか生かされにくいのが大きな課題である。

（藤岡達也）

▷2　1978年宮城県沖地震
1978年6月12日17時14分に発生したマグニチュード7.4（震度5）の地震。この地震では，現在の仙台市域で，死者16名，重軽傷者1万119名，住家の全半壊4,385戸，一部損壊8万6,010戸の被害が生じた。都市型地震の被害特徴とするブロック塀倒壊が生じ，死者16名のうち，11名が犠牲となった。

▷3　大阪府北部地震
2018年6月18日7時58分，大阪府北部を震源地とする，マグニチュード6.1，震度6弱の地震が発生した。大阪府内で死者6名，2府5県で負傷者462名（うち重傷者62名），住家の全壊21棟・半壊483棟の被害を出した。高槻市では小学校のプール沿いのブロック塀が倒れ，登校途中の小学生が下敷きになって死亡した。大阪市東淀川区でも児童見守りに向かっていた男性が民家のブロック塀崩壊に巻き込まれ犠牲となった。

【参考文献】
斎野裕彦（2021）『東日本大震災と遺跡に学ぶ津波防災』同成社．

コラム2

石碑が語る将来への教訓

1　石碑に込められた災害伝承

　大きな災害が発生した時，その教訓を引き継ごうとすることは，どの国や地域でも見られる。想定外の自然現象の凄まじさ，自分たちの苦難などを伝えるだけでなく，将来二度と同じ被害で苦しむ人が出ないことを願っての伝承でもある。災害大国の日本では，その方法の1つになりうる，各地に建立された祈念碑が現存する。本書で度々取り上げる地震・津波災害の教訓を伝えている碑を紹介しよう。

○安政南海地震

　1854年12月24日に発生した安政南海地震によって和歌山県をはじめ伊豆から四国までの広範な地帯に死者数千名，倒壊家屋3万軒以上という甚大な被害が生じた。現大阪市内でもこの地震時に発生した津波によって，多くの河川で津波が遡上し，大坂の街を襲った。この地震後に建てられた石碑に書かれた内容（大地震両川口津浪記）によると「大地震が起こり，家々は崩れ落ち，火災が発生し，その恐ろしい様子がおさまった日暮れごろ，雷のような音とともに一斉に津波が押し寄せてきた」（図1）。つまり，現大阪市内においても大津波は発生しているのである。

　このような地震や津波が大阪を襲ったのは初めてではない。 2-Ⅰ-5 の年表にもあるように，1707年，わが国最大級の地震と考えられる宝永地震によっても大津波被害に遭っている。先述の石碑にも「大地震の時も，小舟に乗って避難したため津波で水死した人も多かったと聞いている。長い年月が過ぎ，これを伝え聞く人はほとんどいなかったため，今また同じように多くの人々が犠牲となってしまった」と書かれている。宝永の地震や津波による災害や悲劇は，安政の時代に語り伝えられることなく忘れられてしまったのである。石碑の最後には「毎年墨を入れよ」と書かれており，掘った文字に墨を足す作業を行うことで，被害を語り継ぐように促している。

　被害にあった人々がそのつらさから話題にすることを避け，そのうち人々の記憶から消えていってしまうということは実際にあるだろう。現代においても，大きな災害に遭った人やその回りの人は，その経験を他人に話したり，聞いたりすることをためらう。だからこそ，記憶を記録し，風化させずに伝えていくことが，防災教育の大きな役割である。

○東北地方太平洋側の津波

　三陸沖では繰り返し津波が発生し，大きな被害が発生している。岩手県では明治以降も1888年，1934年，そして2011年と祈念碑が建立された。図2は，その3回の津波災害について，それぞれ災害後に建立された碑が同じ場所に存在する。また，これらの津波災害に対して，他の場所でも多くの碑が建てられている。この場所より低いところに家を建てるなという教訓が記された碑も見られる。

　図3は石巻市の日和山公園に建てられた1960年チリ

図1　安政南海地震石碑「大地震両川口津浪記」（大阪市浪速区）

注：石碑は安政南海地震（1854年12月24日）による被災後，1855（安政2）年7月に建立された。この地震後に，嘉永を安政に改元された。なお，以下にこの碑は現代文にして記されている（浪速区「『安政大津波』の碑」〈https://www.city.osaka.lg.jp/naniwa/page/0000000848.html〉〈2025年2月6日最終閲覧〉）。

図2　岩手県3地震祈念碑（釜石市唐丹町本郷地区）

注：明治，昭和の大津波，そして東日本大震災の三つの祈念碑が並んでいる。写真では右から明治「海嘯遭難記念之碑」（1928年建立），中央に「昭和八年津浪記念碑」，左に平成の地震津波の碑となっている。なお，明治と昭和の碑がこの地に移されたのは2008年であり，東日本大震災後に平成の祈念碑が建立された。

図3　チリ地震記念碑（石巻市日和山公園）

図4　善光寺地震時の地震塚（長野県長野市）

注：善光寺地震は1847（弘化4）年，マグニチュード7.4の内陸直下型地震であり，善光寺領とその周辺は建物の倒壊，火災，土砂災害，崩壊土砂による水害など各種災害が複合的に発生し，1万人前後の犠牲者が生じるなど甚大な被害が生じた（内閣府〈2007〉『報告書（1847　善光寺地震）』〈https://www.bousai.go.jp/kyoiku/kyokun/kyoukunnokeishou/rep/1847_zenko_jishin/index.html〉〈2025年2月6日最終閲覧〉）。

図5　鬼怒川堤防決壊（茨城県常陸市）

地震津波碑に刻まれた内容である。「ほら　こんなにまるで慈母のように穏やかな海も　ひと度荒れ狂うと」から始まり，「常に心しよう　海嘯(つなみ)はまたやってくることを」で締めくくられている。この言葉の通り，この地はほぼ50年後に同じような光景に見舞われることになる。

○日本各地の地震に関する祈念碑

石碑は大規模な津波の発生を伴う太平洋側の地震に関わるものだけではない。日本海側にも多数見られる。コラム3では1983年日本海中部地震時の碑を紹介している。

列島では，津波を伴わない地震による被害後にも碑が建てられている。1948年の福井地震だけでなく，歴史地震ともいえる長野県善光寺内の善光寺地震（1847年5月8日（弘化4年3月24日））の地震塚もある（図4）。

2　近年の様々な種類の災害の祈念碑

ここでは，主に地震や津波に関する碑の一部を紹介してきた。しかし，各地域を越え，日本全体としても将来の教訓のために残したい碑は，数多く存在する。他の地震・津波災害，風水害や火山噴火等の教訓を記す貴重な石碑も残っており，最近の例としては，図5の2015年関東・東北水害時の碑がある。本書では，関連したそれぞれの項目でも触れているが，読者の皆様も身近な石碑に気付いたり，調べたりしてもらえればと願う。

（藤岡達也）

Ⅰ 地震・津波

5 南海トラフ地震

1 懸念される南海トラフ地震

日本の巨大地震は，列島の載っている大陸プレートに海洋プレートが沈み込むことに起因する。東北地方の太平洋側沿岸部で巨大地震が発生してきたのは，このメカニズムによるが，西日本太平洋側でも海溝型の巨大地震が繰り返されてきた。近い将来，西日本でも大規模地震の発生が懸念されているのが南海トラフ地震（かつて東海地震，東南海地震，南海地震などと呼ばれていた地震は，現在では南海トラフ地震とまとめられている）である。中央防災会議（⇨4-Ⅰ-1）は，最大クラスの南海トラフ地震（南海トラフ巨大地震）が発生した際の被害を想定している。それによれば，南海トラフ巨大地震が発生すると，静岡県から宮崎県にかけての一部では震度7となる可能性がある他，隣接する周辺の広い地域では震度6強から6弱の強い揺れになると想定されている。また，関東地方から九州地方にかけての太平洋沿岸の広い地域に10mを超える大津波の襲来が想定されている。実際，過去の地震では，後述するように津波の被害は大きかった。また，日本海溝から日本列島までの距離に比べ，南海トラフから陸地までの距離は近いため，地震発生後，津波が襲来するまでの時間はより短いことが考えられ，避難時間をいかに短くするかが課題となっている。

2 過去の東海・東南海・南海地震

図2-Ⅰ-9は，「南海トラフの地震活動の長期評価（第2版）」（地震調査研究推進本部）に掲載されている内容である。表2-Ⅰ-1は，これまでの南海トラフ地震と考えられる巨大地震である。

▷1 三河地震
東南海地震発生から37日後，1945年1月13日午前3時に内陸直下型の三河地震が生じ，死者は2,306名に達した。三河地震は，岡崎平野南部や三ヶ根山地周辺に最大震度7の大被害をもたらした。プレート内活断層から発生し，地表地震断層の出現，多数の前震等が確認されたが，戦争中でもあり，東南海地震と同様に「隠された地震」であった（内閣府〈2007〉「報告書（1944東南海地震・1945三河地震）」〈https://www.bousai.go.jp/kyoiku/kyokun/kyoukunnokeishou/rep/1944_tounankai_jishin/index.html〉〈2025年2月6日最終閲覧〉）。

図2-Ⅰ-9 南海トラフ地震の想定震源域
出所：大阪管区気象台「南海トラフ地震特設ページ」
（https://www.data.jma.go.jp/osaka/jishinkazan/nankai/index.html）（2025年2月26日最終閲覧）

2-Ⅰ-5 南海トラフ地震

この地域で発生した地震を500年前くらいから遡ってみる。1498年の明応地震は M8.2〜8.4と推定され、東海道全域で発生し、津波による被害が大きい。三重県、静岡県の村落で1万名、2万6,000名の溺死者といわれているが、当時の人口から考えると、この数字は疑問である。近世に入っても、1605年の慶長地震は M7.9と推定され、東海南海西海（犬吠崎から九州までの太平洋沿岸）に津波が発生し、各地で溺死者が記録されている。1707年の宝永地震は M8.4と推定され、死者2万人余、倒壊家屋6万戸余と記録され、わが国最大級の地震と考えられている。1854年には、中部、紀伊を襲った安政東海地震、その32時間後に近畿中南部を中心とした安政南海地震が発生している。ともに M8.4の巨大地震であり、両地震では、その後に大規模な津波によって多数の犠牲者が生じた。

20世紀に入ってからは、1944年12月7日に、M7.9の地震が東海道沖に発生し、昭和の東南海地震と呼ばれている。これは、静岡・愛知・三重で甚大な被害が生じ、死者行方不明1,223名、倒壊家屋1万7,599戸、流失家屋3,129戸と記録に残される。1946年12月21日には M8.0の地震が南海道沖に発生し、昭和の南海地震と呼ばれている。中部以西の被害は甚大であり、死者1,330名、倒壊家屋11,591戸、焼失家屋2,598戸の記録が残る。共に津波が発生し、地盤沈下も発生した。この2つの地震の間の1945年には三河地震＊1も発生した。

この流れから南海トラフ地震の周期はおよそ90〜150年と考えることができる。そのため、最短で2035年と、周期だけから考えても現在から30年以内に南海トラフ型の巨大地震が発生する可能性は非常に高い。想定される南海トラフ地震では、安政南海地震と同レベルの津波が発生することが考えられている。現在、津波想定地域にはユニバーサル・スタジオ・ジャパンや、2025年大阪・関西万国博覧会の会場が立地している。

戦前の国定教科書では「稲むらの火」＊2が掲載され、東日本大震災後にも注目を浴びた。これは安政南海地震時の和歌山県広川村の事例をもとにした物語で、主人公の庄屋「五兵衛」のモデルは濱口梧陵とされている。地元では「稲むらの火」の祭りなどを開催し、伝承に努め、「稲むらの火の館」（⇨ 3-Ⅱ-13）には「濱口梧陵記念館」や「津波防災センター」が設置されている。また周辺では、「稲むらの火」に関連する廣神社や濱口梧陵が築いた広川堤防なども整備されている。

（藤岡達也）

表2-Ⅰ-1 これまでの南海トラフ地震

684	白鳳（天武）地震
887	仁和地震
1096	永長東海地震
1099	康和南海地震
1361	正平（康安）東海地震
1361	正平（康安）南海地震
1498	明応地震
1605	慶長地震
1707	宝永地震
1854	安政東海地震
1854	安政南海地震
1944	昭和東南海地震
1946	昭和南海地震

出所：内閣府「南海トラフ地震臨時情報が発表されたら！」（https://www.bousai.go.jp/jishin/nankai/rinji/index1.html）（2025年2月6日最終閲覧）をもとに筆者作成

▷2 「稲むらの火」
下図は「稲むらの火の館」と広川堤防。

参考文献

木村玲欧（2014）『戦争に隠された「震度7」1944東南海地震、1945三河地震』吉川弘文館。

I 地震・津波

6 日本海側における地震津波

1 日本海側のプレート境界と津波

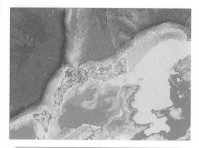

図2-Ⅰ-10 南北を逆にして見た列島

プレートの関係から，太平洋側を中心に海底地震によって発生する津波のメカニズムは，2-Ⅰ-4 で説明した通りである。太平洋プレートは約8cm/年，フィリピン海プレートは約4cm/年で日本列島に向かって移動し，海溝やトラフに沈み込む。一方，日本海は図2-Ⅰ-10のような内海的な状況で，日本海溝や南海トラフのようにプレートの関係から津波が発生するとは，日本海側ではほとんど考えられていなかった。北米プレートが日本列島の北東部まで範囲に含まれると推定されるようになったのも近年である。

確かに太平洋側に比べ，日本海側で津波を生じさせた地震は多くない。しかし，全くなかったわけではなく，明治以降に日本海側で津波が発生した地震は少なくとも18回あり，そのうち被害が生じた昭和以降のものを表2-Ⅰ-2に示した。それ以前の1833年12月7日（天保4年10月26日）には庄内沖地震が発生している。この地震の規模は，M7.5と推定され，能登半島にまで津波による被害が及んでいる。庄内地方で倒壊家屋475戸，津波による溺死者38名，輪島で溺死者47名（100名という数字もある）が記録されている。

表2-Ⅰ-2 日本海側の地震で発生した津波と状況

発生年月日	発生地域［地震名］	M	津波の高さ
1940.8.2	積丹半島沖［神威岬沖地震］	7.5	利尻島2.9m，沿海州3.5m
1947.11.4	北海道西方沖	6.7	利尻島2m，羽幌で70cm
1964.6.16	新潟県沖［新潟地震］	7.5	最大約5m
1983.5.26	秋田県沖［日本海中部地震］	7.7	峰浜村14m
1983.6.21	青森沖	7.1	吉岡98cm，江差55cm
1993.7.12	北海道南西沖［北海道南西沖地震］	7.8	奥尻島30m
2024.1.1	能登半島沖	7.6	珠洲市，1.2m

出所：日本海における大規模地震に関する調査検討会（2014）「日本海における大規模地震に関する調査検討会　報告書」（https://www.mlit.go.jp/river/shinngikai_blog/daikibojishinchousa/）（2025年2月6日最終閲覧）をもとに筆者作成

▷1　日本海東縁ひずみ集中帯

日本海の東縁を南北にのびる，幅数百kmの地質学的なひずみの集中帯。日本海東縁変動帯とも呼ばれている。日本海側（ユーラシアプレート）が日本列島（北米プレート）の下に潜り込む運動をしている場所と考えられている。このプレート境界は糸魚川─静岡構造線につながっていると推定されている。

▷2　液状化現象

強い地震動が発生して，主に砂層などからできている地盤が液体状になる現象のこと。液状化が生じると，砂の粒子が地下水の中に浮かんだ状態になり，水や砂を噴出することがある。また，建物や地上の建造物を支える力も失われ，ビルや道路などが傾いたりする。

❷ 日本海側のプレート境界地震

ユーラシアプレートと北米プレートとの境界,つまり**日本海東縁ひずみ集中帯**の地域では,図2-Ⅰ-11のように大きな地震も発生している。逆にこれらの地震からプレート境界が発見されたともいえる。2024年能登半島地震もこの領域で発生したと考えられている。

1993年北海道南西沖地震では,津波によって230名の死者・行方不明者が生じた。これは,M7.8という巨大地震であり,特に震源に近

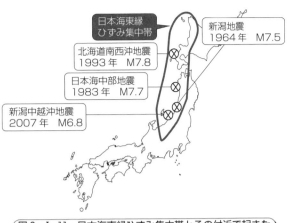

図2-Ⅰ-11 日本海東縁ひずみ集中帯とその付近で起きた主な地震

かった奥尻島では,地震発生後約5分で津波が到達した。避難するための時間が不十分であったこともあり,死者・行方不明者は198名にものぼった。さらに津波と直後に発生した火災のため,壊滅に近い状況になった町もあった。また,住宅家屋は全半壊が1,009棟,地震動による斜面崩壊のため,犠牲者が20名にもなったホテルもあり,灯台も倒壊した。離島であり,空港・港湾も被害を受けたため,人的・物的運搬が困難な状況となり支援が遅れた。2024年能登半島地震でも犠牲者506名(うち関連死276名〈2025年1月現在〉)という大規模な災害となったが,道路が寸断されたため,被災地に迅速に支援物資が届かなかった。日本海側での地震津波については,1983年日本海中部地震を無視することはできないが,この地震については,コラム3で紹介する。

❸ 日本海側に発生した地震

海溝型地震ではないが,1964年新潟地震(死者26名,住家全壊1,960棟,半壊6,640棟,浸水1万5,297棟等の被害)においても津波が発生した。この地震では,信濃川を津波が遡上したり,新潟市等の低湿地帯で**液状化現象**が見られたりした。液状化現象によって新潟市内では鉄筋コンクリートの建物の多くが傾いたり沈んだりしたことが世界から注目を浴びた(新潟市では2024年能登半島地震でも液状化現象が発生した)。さらに**新潟水俣病**が,地震を原因として争われるなど,地域内外に様々な影響を与えた。

内陸部の活断層型地震として,2004年には新潟県中越地震(⇨2-Ⅰ-10)が発生した。日本海側での地震の発生メカニズムについても少し触れてみよう。東北地方の太平洋側では日本海溝からも西の方向へ少しずつ移動している。日本海側でも北米プレートが日本列島に移動するような力が働いている。そのために圧縮によるひずみが集中して,内陸型の地震が多発していると考えられている。なお,中越地震3年後の2007年に**新潟県中越沖地震**が発生した。

(藤岡達也)

▷3 **新潟水俣病**
化学工場からのメチル水銀の阿賀野川への流出が原因となった新潟水俣病を工場側が新潟地震による川沿いの倉庫の崩壊によるものと弁解したため,日本で初めての公害訴訟となった。

▷4 **新潟県中越沖地震**
2007年新潟県中越沖地震では,柏崎刈羽原子力発電所から放射線が漏出したため,風評被害が起き,地元の産業界に悪影響を与えた。遡って江戸時代にも,新潟県では死者が1,000名を越える大規模な地震が3度発生している。このように日本海側でも,新潟県をはじめ数多くの地震が発生している。

【参考文献】
大竹政和・平朝彦・太田陽子(2002)『日本海東縁の活断層と地震テクトニクス』東京大学出版会。

コラム3

日本海中部地震の教訓と防災訓練

1 日本海側に発生した地震津波の衝撃

　太平洋側だけでなく，日本海側でも甚大な被害を与える地震津波が発生することは本書で繰り返し述べている通りである。特に1983年5月26日11時59分，男鹿半島の北西約70kmで起きたM7.7の日本海中部地震が全国に与えた衝撃は大きかった。この地震・津波により死者104名（100名は津波による），家屋の全半壊3,049棟の他，船舶沈没・流失706隻など大きな被害が生じた。北海道から九州にかけての広い範囲の日本海沿岸で津波が観測され，日本海沿岸の8道県に及んだ。中でも79名という最大の犠牲者が生じた秋田県では，男鹿半島を中心に，この震災を教訓とするために多くの石碑が建立されている（図1）。

　当時，日本海では津波が発生しないと考えられていただけに，そのメカニズムが追究された。日本海東縁変動帯の日本列島の乗る島弧地殻（北米プレート）と日本海の海洋地殻（ユーラシアプレート）との境界付近で発生した地震であり，後の分析でプレート境界型に近い地震発生様式である可能性が高いことが明らかになった（⇨ 2-Ⅰ-1 ）。また，今回だけでなく，約1,000年前にも同様な大地震が発生していた可能性も指摘された。

　この地震以降，地震が発生した場合の津波情報はテレビ，ラジオ等ですぐに流されるようになった。気象庁では津波警報等の迅速化に取り組み，現在は地震発生から3分を目途に津波警報等を発表している。実際，テレビのテロップや報道で，「この地震による津波の影響はありません」と示されるのは，日本海中部地震以降である。

2 遠足中の小学生の悲劇

　日本海側に大規模な津波は発生しないと思われていたために，関係する領域の学界を含め，日本海中部地震は列島全体に大きな衝撃をもたらした。津波警報が発表される前に，男鹿半島では第1波の津波に襲われた（図2）。男鹿半島へ遠足中の北秋田市立合川南小学校（当時）の児童13名が津波によって犠牲になった。このことは，安全配慮義務として学校の引率責任等についても議論がなされた。

　図3は，その現場の加茂青砂海岸であり，ちょう

図1　男鹿半島各地に残る日本海中部地震記念碑

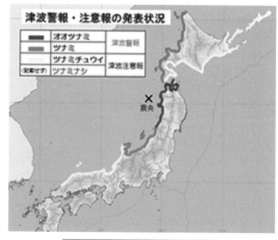

図2　当時の津波警報等の発表状況

出所：秋田地方気象台「1983年（昭和58年）日本海中部地震」（https://www.jma-net.go.jp/akita/data/saigai/saigai_tyubu.html）（2025年2月7日最終閲覧）

図3 加茂青砂海岸

図4 合川南小学校児童地震津波殉難の碑
（秋田県男鹿半島）

図5 男鹿半島に建てられた津波避難タワー

ど、弁当の時間から自由時間であっただけに、海で楽しい時間を過ごしていた子どもたちにとって、津波はどのように映ったのかは、考えるだけでも痛ましい。加茂青砂海岸の近くには、子どもたちの名前を記した石碑が建てられている（図4）。また、この年11月同校裏の高台に「合川南小学校児童地震津波殉難の碑」が建立された。合川南小学校はその後統合され合川小学校となっている。現合川小学校では、毎年5月26日を前に、旧合川南小学校近くの慰霊碑を清掃している。

3　秋田県の取り組み

　地震による津波は高潮とは異なり、晴天で、海が穏やかであっても発生する。日本海中部地震の当日も好天のため、野外業務中やレジャー目的などの多数の人が海岸にいた。その結果、釣り客17名、湾岸工事関係者41名が津波の犠牲になった。

　日本海中部地震をきっかけに5月26日は秋田県の「県民防災の日」と定められ、防災訓練や啓発活動が実施されている。特に、地震発生40年後となった2023年には、全県で防災訓練に取り組んだ。例えば、県庁では、日本海を震源として、M7.7の地震が発生し、男鹿市や大潟村等で最大震度6弱を観測したという具体的な想定のもとに防災訓練を行った。さらに沿岸に約10mの大津波警報が発表され、数分で第1波が観測されるなど、1983年日本海中部地震とほぼ同じ規模の地震が発生した状況での対応に取り組んだ。県から市町村への連絡、県外からの緊急消防援助隊や自衛隊の派遣要請の手順を確認し、通信や電気などのインフラについての作業も行ったと広報されている。これらは重要なことであるが、休日や夜間に発生した時の行政対応も求められる。

　日本海中部地震から10年後の1993年にも、日本海中部地震震源域の北側で北海道南西沖地震（M7.8）が発生した。太平洋側に比べ発生数は少ないとはいえ、日本海中部地震などが発生した日本海東縁部は、将来的にも大きな地震とそれに伴う津波が発生することが考えられる（⇨ 2-Ⅰ-6 ）。さらに、日本海では、津波を発生させる可能性が高いプレート境界に存在する震源域が陸地に近く、地震発生から津波到達までの時間が比較的短くなる懸念もある。そのため、秋田県だけでなく、日本海側の沿岸近くでも、地震の揺れを感じた場合には大至急高台や津波避難タワー（図5）等に避難する必要がある。

（藤岡達也）

I 地震・津波

7 阪神・淡路大震災の教訓

1 20世紀の近代都市を襲った阪神・淡路大震災

1995年1月17日，午前5時45分に発生した兵庫県南部地震では，M7.3を記録し，国内史上初となる震度7が観測された。20世紀の近代都市・神戸をはじめとした阪神地域・淡路島を襲い，犠牲者は6,434名に及んだ。内陸の活断層型地震による被害としては戦後最大であり，震源地は淡路島北部，震源の深さは約14kmと推定されている。阪神高速道路が転倒したり（図2-I-12），新幹線の高架や近代ビルが倒壊したりするなど，大都会の被災は国内外に強い衝撃を与えた。また，淡路島での被害も大きく，約40名の犠牲者が生じた。神戸市周辺は図2-I-13のように活断層が多い地域であり，海岸から比較的近い六甲山地[1]などが，その影響で景観をつくっていた。

阪神・淡路大震災では，「震災の帯」（図2-I-13）と呼ばれる周辺より大きな地震の被害が生じた特定の帯状の場所が注目された。震度7とされたこの震災の帯は，40kmにも及び，平行した直接的な活断層の動きとは別であったため，様々な原因が探られた。新たな活断層の存在も検討されたが，現在では，沖積平野の地盤の弱さや六甲山地から反射された地震波の重なりなどが原因として考えられている。

さらに，この地震では，全体で7,000棟近い建物が焼失している。上水道が断水し消火活動ができず，火災の発生が拡大した。地震動により主要道路が破壊されたり，倒壊家屋等が道をふさいだりしたため，消防自動車の到着等も遅れた。木造住宅が密集していたのも，大火災の要因の1つであった。

▷1 六甲山地
六甲山地は下図のように約100万年の間に断層の動きにより隆起して形成された。中生代に火成活動によって形成された花こう岩が六甲山の基盤の岩石である。

（神戸市教育委員会「兵庫県南部地震データ集」〈http://www2.kobe-c.ed.jp/shizen/strata/equake/mtrokko/index2.html#0601〉〈2025年2月7日最終閲覧〉）

▷2 内閣府「阪神・淡路大震災教訓情報資料集」

図2-I-12 阪神高速道路の転倒

図2-I-13 震災の帯と活断層

出所：神戸市教育委員会「兵庫県南部地震データ集」（http://www2.kobe-c.ed.jp/shizen/strata/equake/undergrd/index.html#0304）（2025年2月15日最終閲覧）

❷ 震災の教訓とボランティア活動

地震動によって倒壊した木造家屋も多く（図2-Ⅰ-14），内閣府「阪神・淡路大震災教訓情報資料集」によると，本震災による死亡者の9割以上は死亡推定時刻が当日6時までとなっており，ほとんどが即死状態だったとされている。死因の多くは家屋の倒壊や家具などの転倒による圧迫死だった。火災，精神的ショック，閉じ込めによる死者や，停電による人工呼吸器の酸素供給停止で病院の患者が死亡した例も報告されている。焼死が死因全体の約1割とされているが，圧死後の可能性もあった。震災後，家屋の耐震性強化と家具転倒防止に取り組むことが求められた（重いブラウン管テレビ等の直撃もあった）。家屋が全・半壊した住民は学校や公共機関の建物に避難し，最大時には約31万の人が避難所で生活を送った。被災者は，体育館・教室などで避難する他にも，公園内のテントや自家用車で生活した。

図2-Ⅰ-14　木造住宅の倒壊

この年は「ボランティア元年」ともいわれる。被災地での様々なボランティア活動の重要性について一般の人々の認識が，全国的に高まった。ボランティアの経験がなかった人が多数参加したこと，ボランティアが行政を補完する重要な役割を果たしたこと，などが注目された。阪神・淡路大震災のボランティア活動に参加した人は，1日平均2万人を超え，3カ月間でのべ117万人ともいわれる。活動では避難所となった学校等の公共施設だけでなく，公園等への避難者にも食料等の配給が行われた。また，現地に赴かなくても，被災負傷者のための献血・義捐金拠出・物資提供などに携わった人も多かった。

災害時には「自助」「共助」「公助」の言葉が聞かれる。まずは自分のことは自分で守るという「自助」の姿勢が必要である。一方，阪神・淡路大震災では，近所の人に助けられた場合も多く，日頃のつながりによる「共助」の大切さが明確になった。地震発生直後における地域コミュニティーによる救助活動の重要性も指摘された。平時からの地域での自主防災組織の構築である。

しかし，これほどの大規模な震災では，組織的な「公助」の重要性も明確になった。当時，**災害時の自衛隊派遣**は知事の要請が必要であったが，この震災を機会に，都道府県知事以外にも市町村長または警察署長などからも行えるよう制度が改められた。また，災害時におけるハンディキャップを持った人への対応も新たな課題となった。県としても，「福祉施設の利用」「車いす等介護・福祉機器の利用」など福祉に関わる相談に応じる必要があり，対応が求められた。これ以降，**福祉避難所**に取り組まれるようになった。

（藤岡達也）

(https://www.bousai.go.jp/kyoiku/kyokun/hanshin_awaji/data/detail/1-1-2.html)（2025年2月7日最終閲覧）。
これによると，死者は6,434名に及び，高齢者，低所得者，外国人などが多く犠牲になったとされている。

▶3　災害時の自衛隊派遣
阪神・淡路大震災以前は，自衛隊は，都道府県知事等の要請に基づき，防衛大臣またはその指定する者の命令により派遣されることになっていた。しかし，現在では，特に緊急を要する場合は，都道府県知事等の要請を待たずに，捜索・救助，水防，医療，防疫，給水，人員や物資の輸送など，様々な災害派遣活動を行うことが可能となっている。

▶4　福祉避難所
福祉避難所は，以下のように規定されている。
「主として高齢者，障害者，乳幼児その他の特に配慮を要する者（以下この号において『要配慮者』という。）を滞在させることが想定されるものにあっては，要配慮者の円滑な利用の確保，要配慮者が相談し，又は助言その他の支援を受けることができる体制の整備その他の要配慮者の良好な生活環境の確保に資する事項について内閣府令で定める基準に適合するものであること」（災害対策基本法施行令第20条の6第5号）。

（参考文献）
日本地形学連合編（1996）『兵庫県南部地震と地形災害』古今書院。

Ⅰ　地震・津波

　西日本の内陸の活断層型地震（熊本地震）

1　連続して震度7の揺れが襲った熊本地震

　近年の地震では，2016年に発生し，九州に甚大な被害を及ぼした熊本地震の記憶が新しい。日本での震度7の観測は4度目そして5度目であった。2016年4月14日21時26分，熊本県熊本地方でM6.5の地震が発生し，熊本県益城町で震度7を観測した。その約28時間後の4月16日1時25分，同じ熊本県熊本地方でM7.3の地震（以下，本震）が発生し，熊本県西原村と熊本県益城町で再び震度7を観測した。このように，2日間のうちに同一観測点で二度も震度7が観測されたのは，震度7が設定された1949年以降初めてのことであった。また，気象庁の地震についての特別警報が4回以上発表されたのも，熊本地震が初めてである。

　1回目の地震の翌朝，筆者が熊本県益城町で行政に携わっていた知人に安否の連絡をとったところ，以下の返事があった。臨場感に溢れており，ご本人の許可も得ているのであえてそのまま記載する。

　「報道で伝えられているとおり，本県益城町を中心に周辺地域で激しい揺れに見舞われました。（略）益城町は本事務所から15分足らずの本管内の地域となります。午後9時26分頃，立つこともできないほどの激しい揺れを感じ，机の下に潜り込みました。ロッカーは倒れ，ものが飛び出し，ガラスが割れる，天井崩落，停電の状況に，改めて自然災害の恐ろしさを，身をもって知ることとなりました。その後続く余震の恐怖……今日も続いています。朝になり，被害状況もすこしずつ明らかになってきました。学校関係としては，児童生徒，教職員，そしてその家族，学校施設に被害が広がっている状況にあります。自分自身，『まさか熊本で』，そういう気持ちを持っていたことに気づいた日でもありました」（下線は筆者による）。

　以下は，別の知人への筆者のメールに対する2通の返信である。「熊本県教育委員会〇〇課の〇〇です。（略）皆無事です。今回震度7という大きな揺れを体験し，自然の驚異を改めて感じています。現在，各学校から大きな被害報告も上がってきておらずほっとしているところです。これからも余震が続くようですが，これ以上1人の人命も奪われないように祈っております」（1度目の地震後）。「信じられない地震が起こってしまいました。被害の拡大に心を痛めておりますが，自分ができることをしっかりやっていかなければならないと決

▷1　熊本地震
熊本県を中心に，山口県，福岡県，佐賀県，長崎県，大分県，宮崎県で，死者267名（関連死含む），重軽傷者2,804名および全壊8,673棟を含む20万5,878棟の住家被害を生じた。土石流，地すべり，崖崩れ等の土砂災害発生は190件の報告があった（国土交通省〈2017〉「平成28年（2016年）熊本地震について（第54報）」〈https://www.mlit.go.jp/common/001206321.pdf〉〈2025年2月7日最終閲覧〉）。

▷2　日本での震度7の観測
震度7の観測は，兵庫県南部地震（1995年），中越地震（2004年），東北地方太平洋沖地震（2011年）に次いで，熊本地震は4度目，5度目となる。その後は北海道胆振東部地震（2018年），能登半島地震（2024年）と2024年10月現在で計7回である。

▷3　特別警報
地震については「緊急地震速報」（震度6弱以上または長周期地震動階級4を予想したもの）を特別警報に位置付けている。

図2-Ⅰ-15 2016年熊本地震と2つの活断層

出所：地震本部「布田川断層帯・日奈久断層帯」（https://www.jishin.go.jp/regional_seismicity/rs_katsudanso/f093_futagawa_hinagu/）（2025年2月7日最終閲覧）

意しています」（2度目の地震後）。大地震後、落ち着きを取り戻し始めた頃に、再び大地震の揺れに襲われた衝撃は想像もつかない。

2　熊本地震によって明確になった課題

　連続した地震の原因として、図2-Ⅰ-15で示した日奈久断層と布田川断層の2つの活断層の連動が考えられている。熊本地震以降、前震・本震・余震等の言葉は地震直後にはあまり使われなくなった。つまり、本震と思われる大きな揺れが、後からの地震によって前震であったと判断され、その時生じた地震が前震か本震かは、一連の地震活動が終わるまではわからない。そのため、近年では、大地震が発生すると1週間以内は同程度の地震が発生する可能性も考え、気象庁は注意を呼びかけるようになっている。また、熊本地震の特色としては、**余震**の回数が多かったことも付記しておく。震度1以上を観測した地震の回数が半年間で4,000回を超えるなど、地震回数が多くなっている。

　熊本地震では、災害関連死の多さも注目された。熊本県によると、熊本地震による死者273名のうち、エコノミークラス症候群を含む「震災関連死」はその5分の4にあたる218名に達する（2021年12月13日まで）。また、この地震では、**エコノミークラス症候群**への対応が注目された。先述のように同一地域で震度7を立て続けに発生したのはそれまでの記録になく、地震の発生後も長期間強い余震が続いた結果、避難者が多くなり、避難生活も長期化を余儀なくされた。避難所への避難者は熊本県では最大で18万3,882名、大分県では最大で1万2,443名に達した。そのため、被災者は指定された避難所だけでなく、テントや車中泊など、比較的狭い空間でストレスを抱えながら生活してきたことも、エコノミークラス症候群の発生の多さにつながった。

（藤岡達也）

▷4　余震
震源近くで引き続いて発生する、最初に発生した地震よりも規模の小さい地震。最初に発生した最大の地震を本震と呼び、これは「本震一余震型」で一般的である。連続的な地震の発生には「前震一本震一余震型」と「群発的な地震活動型」がある。

▷5　ウェザーニューズ（2024）「熊本地震から8年 死者の8割を占めた災害関連死の教訓から学ぶ」（https://weathernews.jp/s/topics/202404/050215/）（2025年2月7日最終閲覧）。

▷6　エコノミークラス症候群
長時間、飛行機のエコノミークラスに座っていることで引き起こされる急性肺塞栓症が、名称の由来であるが、避難所などでも起こりうる。避難所では水分の摂取量やストレスもこれに影響する。

▷7　内閣府（2017）「平成29年版　防災白書　特集 熊本地震を踏まえた防災体制の見直し」（https://www.bousai.go.jp/kaigirep/hakusho/h29/honbun/0b_1s_00_00.html）（2025年2月25日最終閲覧）。

参考文献
内閣府（2024）『令和6年版　防災白書』日経印刷。

Ⅰ 地震・津波

9 都市部（沖積平野）における地震被害

1 福井平野を襲った戦後の大地震

1948年6月に発生したM7.1の福井地震は，死者・行方不明者3,769名，建物の全壊3万4,000棟を超えるなど，長らく戦後最大の被害を生じた地震であった。その後にこれ以上の犠牲者が出たのは，1995年の阪神・淡路大震災と2011年の東日本大震災以外はない。震源地は福井市内で，被害が集中的に発生する**直下型地震**であり，地震直後から火災が多発し，福井市の2,407棟を含む4,100棟以上が焼失した。沖積平野での地震動による被害の大きさから，この地震によって震度7（激震）が創設された。

現在も地震発生当時の傷跡が残っている。典型的な例が福井城の石垣である。図2-Ⅰ-16では石垣が波打っているのがわかる。2024年に北陸新幹線が開通し，福井城周辺の復元が進むが，天守閣を新たに建てるとすれば，石垣の組み直しから始めなくてはならず，再築の困難さは感じられる。震災記念碑が建設され（図2-Ⅰ-17），福井市立歴史博物館，福井県立博物館でも福井地震が紹介されるなど，その教訓を伝える取り組みが見られる。

2 懸念される首都直下地震

活断層型地震は，海溝型地震に比べて，被災範囲が大きな地震となることは少ないかもしれない。しかし，震源地が浅いため，直上での揺れは大きくなり，沖積平野など人口が密集している場所では，マグニチュードの大きさにもかかわらず，甚大な被害が生じる。なお関東大震災は海溝型地震である。

現在，懸念されているのは，日本の政治・経済の中心となっている東京都を

▷1 内閣府（2011）「報告書（1948 福井地震）」(https://www.bousai.go.jp/kyoiku/kyokun/kyoukunnokeishou/rep/1948_fukui_jishin/index.html)（2025年2月7日最終閲覧）。

▷2 直下型地震
一般的に「直下型地震」とは都市部などの直下で発生する地震で，大きな被害をもたらすものを指すが，「直下型地震」に地震学上の明確な定義はない。

図2-Ⅰ-16 石垣に見られる福井地震の跡

図2-Ⅰ-17 福井地震の記念碑「震災記念碑」

中心とした首都直下地震である。この被害想定と対策について中央防災会議防災対策実行会議（⇨ 4-I-1 ）を構成する，首都直下地震対策検討ワーキンググループによる「首都直下地震の被害想定と対策について（最終報告：2013年12月）」は次のような内容を報告している。[3]

被害が大きく首都中枢機能への影響が大きいと考えられる都心南部直下地震（M7.3）では，揺れによる全壊家屋は約17万5,000棟，建物倒壊による死者は最大で約1万1,000名，揺れによる建物被害に伴う要救助者は最大約7万2,000名と推定されている。そこで，この対策として，M7クラスの地震の震源は想定できないため，首都圏全般での耐震化が求められたり，首都圏を混乱に陥らせるインフラ・ライフライン等の被害が検討されたりしている。

ただ，この推定による対策を検討してから10年経った現在では，科学技術の発展や社会体制の整備などが進んでいる。加えて，その後の各地での災害の発生とその復旧・復興からも教訓が導かれており，新たな想定や試算もされ，これらをもとにした防災・減災対策による被害軽減効果が検討されている。

例えば，東京都が2022年5月に公表した「首都直下地震等による東京の被害想定」では，東日本大震災発生後に策定した「首都直下地震等による東京の被害想定（2012年公表）」および「南海トラフ巨大地震等による東京の被害想定（2013年公表）」を10年ぶりに見直し，「首都直下地震等による東京の被害想定」報告書をとりまとめた。ここでは，建物被害は19万4,431棟，死者は6,148名と[4]都内で最大規模の被害が想定される「都心南部直下地震」，建物被害は16万1,561棟，死者は4,986名と想定される「多摩東部直下地震」などが詳細に取り上げられている。また，前者の場合，時間帯によっては帰宅困難者が500万名近くになることも試算されている。

❸ 直下地震を意識した都市住民の対応

関東大震災の教訓は大きく，100年経った現在でも，それを生かす必要がある。沖積平野に人間活動が集中する日本列島では，首都近辺だけの備えではなく，全国共通の課題もある。まず，地震による揺れから身を守るために，自宅の耐震化，家具の固定，「最低3日間，推奨1週間」の水・食料等の備蓄等を心がけたい。地震後に遅れて発生する市街地火災を想定し，適切に避難するために火災を認知してからではなく，火災発生の可能性が考えられる時に避難行動を開始する。特に高齢者等は，より早めの避難準備が必要である。さらに住んでいる地域や状況にもよるが，一般的には，深刻な交通渋滞による復旧の遅れや救急車両の遅滞を防ぐため，地震発生後の自動車利用は自粛することへの理解と協力が求められる。また，企業活動等の回復・維持として，交通インフラの損傷による「通勤困難」が一定期間発生することも想定しておく。コロナ禍で在宅勤務が増えたことは，災害時に生かせる可能性もある。　（藤岡達也）

▷3　中央防災会議防災対策実行会議，首都直下地震対策検討ワーキンググループ（2013）「首都直下地震の被害想定と対策について（最終報告）」（https://www.bousai.go.jp/kohou/kouhoubousai/h25/74/special_01.html）（2025年2月7日最終閲覧）。

首都直下地震による建物の焼失は最大で約41万2,000棟，建物倒壊等と合わせると最大で約61万棟とされ，犠牲者数も最大で約1万6,000名，建物倒壊等と合わせ最大で約2万3,000名と見積もられている。

最終報告では，国全体としての発災時の対応への備えとして，以下のように記載されている。①発災直後の対応（概ね10時間）「国の存亡に係る初動」：災害緊急事態の布告，災害応急対策実施体制の構築，交通制御，企業の事業継続性の確保等。②発災からの初期対応（概ね100時間）「命を救う」：救命救助活動，火災対策（初期消火，火災情報の発信），治安対策等。③初期対応以降「生存者の生活確保と復旧」：被災者，災害時要配慮者への対応，避難所不足等の対策，計画停電の混乱の回避，物流機能低下対策等。

▷4　東京都防災会議（2022）「首都直下地震等による東京の被害想定報告書」（https://www.bousai.metro.tokyo.lg.jp/_res/projects/default_project/_page_/001/021/571/20220525/n/002n.pdf）（2025年2月7日最終閲覧）。

I 地震・津波

中山間部における地震被害と復興

中越地震と中山間部の被害

　日本列島では，地形の特色により斜面崩壊が発生しやすく，地震による山体崩壊から崖崩れに至るまで，歴史的に見ても種々の被害が記録されている。近年の地震において，多数の斜面災害が注目されたのは2004年10月に発生した新潟県中越地震であろう。最大震度7を観測したこの地震では，中山間部を中心に死者68名，全壊家屋3,175棟，半壊家屋1万3,810棟の甚大な被害が生じた。ライフラインはもとより，集落によっては道路が寸断されて取り残され，避難すら困難であった（図2-Ⅰ-18）。また，崩壊した土砂などで川がせき止められて，集落そのものが水没した地域も見られた（現在は木籠メモリアルパーク〈図2-Ⅰ-19〉となっている）。

　大規模な斜面崩壊が生じ道路が遮断されると，村落は孤立して，救援物質すら届けることができなくなる。地震当時には，上空から発見してもらえるようSOSの文字を道路に記した地域もあり，それに気づいた自衛隊が水・食料等を背負って徒歩で救助に向かった。中山間部に学校があり，ヘリポートとしてグラウンド等が使用できた場所では，そこから救助活動が開始された。

　中越地震における記憶を風化させず，さらには復興のプロセスを明確にするために，被災市町では連携して「**中越メモリアル回廊**」（図2-Ⅰ-20）を設置した。この取り組みは，中越地震の重要な地域や場所をメモリアル拠点として結び付け，中越地域を情報の保管庫とする試みとされている。図2-Ⅰ-21は，そのうちの1つ「やまこし交流復興館」の内部の当時の状況を示した展示である。「山は崩れ，道は消えた」が取り残された人の切実な気持ちを伝えている。

▷1　中越メモリアル回廊
中越メモリアル回廊は図2-Ⅰ-20の4施設，3公園から構成されている。各施設・公園の詳細は以下を参照のこと。中越防災安全推進機構「中越メモリアル回廊」（https://www.cosss.jp/memorial/）（2025年2月7日最終閲覧）。

▷2　栗駒山麓ジオパーク
同ジオパークは「自然災害

図2-Ⅰ-18　崖崩れによって寸断された道路（旧山古志村）

図2-Ⅰ-19　河道閉塞により水没した木籠集落（長岡市）

また，震央には，記念碑が建てられた。被災した町の中には，その後合併されたところもあり，日本海側の地域は少子高齢化が進み，限界集落としての維持さえ危ぶまれる。これらのメモリアル回廊拠点の施設には，地震からの復興だけでなく，地域の新たな活性化に向けての姿勢や取り組みも見られる。

その後2007年7月に発生した新潟県中越沖地震を受け，中越メモリアル回廊は，中越メモリアル回廊・中越沖地震メモリアルとして新たに整備された。それまでと共通するのは，これらの施設を開設するにあたり，既存の施設やスペースを再利活用していること，災害の記録と記憶，復興の経験を後世に伝えるだけでなく，地域に新しい価値と賑わいを創出することを意図していることである。中越沖地震は中越地震後，3年も経たないうちに発生し，中越地震からの復興が終わりかけた時に震災を受けた地域もあった。中越沖地震での最大の被害といえるのは，柏崎刈羽原子力発電所から放射線が漏出し，風評被害が日本海側の漁業や周辺の柏崎米をはじめ，農産物に悪影響を与えたことである。地震による原子力発電所の被害といえば，2011年東北地方太平洋沖地震による福島第一原子力発電所事故を多くの人が考える。しかし，その4年前にすでに地震によって原発に影響を与えた被害が生じていたのである。

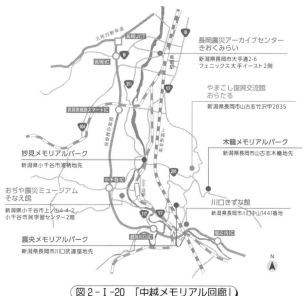

図2-Ⅰ-20 「中越メモリアル回廊」
出所：▷1参照

図2-Ⅰ-21 「やまこし交流復興館」館内展示

❷ 岩手・宮城内陸地震からの新たな復興

2008年6月14日に岩手県内陸南部でM7.2（最大震度6強）の岩手・宮城内陸地震が発生した。この被害は犠牲者18名，建物全壊28棟，半壊141棟という甚大な被害をもたらしたが，その原因の1つとして，大規模な地すべりや山腹崩壊が発生したことが挙げられる。しかし一方で，斜面変動の累積が宮城・秋田・岩手の三県にまたがる栗駒山麓の雄大な自然環境を構築しているというのも事実である。栗駒山は国定公園内にある名山で花の山としても知られており，一帯は「栗駒山麓ジオパーク」として認定されている。災害を風化させない教訓の伝承と同時に，このような自然の二面性を観光資源として地域の振興に活用することも復興のための1つの方法であるかもしれない。　　（藤岡達也）

との共生と豊穣の大地の物語」をテーマとしている。2008年岩手・宮城内陸地震により，多くの場所で斜面災害が生じた。また，河川の氾濫・洪水による水害や冷害なども繰り返されてきた。一方で，これらの多数の自然災害を生み出す自然の営力は，この地域に様々な恵みを与え，自然と人間との関わりは多様な文化を培ってきた。同ジオパークでは，これらを地域の未来や他地域にも伝えるために，栗駒山麓の地形・景観を教育，研究，さらには防災，観光などに活用し，持続可能な地域づくりを目指すと発信している（栗原市役所商工観光部ジオパーク推進室「栗駒山麓ジオパーク」〈https://www.kuriharacity.jp/geopark/〉〈2025年2月7日最終閲覧〉）。

(参考文献)

長岡市災害対策本部編集(2005)『中越大震災——自治体の危機管理は機能したか』ぎょうせい。

Ⅰ　地震・津波

地震の予知・予測

1　地震予知へのアプローチ

　地震に関しては予知・予測が話題になることは多く，そのための取り組みも行われてきたのは事実である。しかし，そもそも地震の予知は可能であるのか。気象庁によると，「予知」とは「地震の起こる時，場所，大きさの3つの要素を精度よく限定して予測すること」と示されている。例えば「1年以内に近畿地方で震度3以上の地震が発生する」は，過去の状況から考えて確率は高いが予知とは言い難い。2016年熊本地震以降，大規模な地震の発生後，気象庁は「1週間は同じ程度の地震が起こる可能性があります。注意してください」と呼びかける場合もあるが，地震が必ずしも発生するとはいえない。阪神・淡路大震災後には，**地震の前兆現象**が注目され，一般からの情報も収集された。しかし，動物等による前兆現象については，科学的に十分解明されていない。

　「空白域」を手がかりとすることは地震予知の古典的な手法の1つともいえる。これは海溝型地震が発生しやすい地域では，海溝に沿って大規模な地震が生じてきたことをもとにする。過去の震源域を地図上にプロットしていくと，それらは並び，その震源域の間に隙間が見られることがある。このような場所が空白域と呼ばれ，現在まで地震は生じていないが，ひずみが溜まっており，今後，大地震が発生する可能性が高いと考えることができる。例えば，東北地方の太平洋側ではプレート境界で過去に起こった地震は，日本海溝に沿って震源域が並んでいる。つまり，地震が発生していない領域では，将来地震が生じる可能性があると考えられる。南海トラフでの地震も空白域がある。このように，近年は長い間大きな地震が発生していないが，今後大地震を発生する可能性のある空白域を第1種空白域と呼ぶ。また，被害をもたらすような大地震はまれにしか発生せず，小さな地震が日常的に多数発生する地域において，一時的に地震活動が低下し，「地震活動の静穏化」が生じる。このような地域を第2種空白域と呼ぶ。この地域では，一時的に地震発生数が低下し，その後大地震が発生する場合がある。

2　地震の発生確率の評価

　南海トラフ地震が30年以内に発生する確率は80%以上といわれている。一般に海溝型地震はプレートのひずみの蓄積から推定される。一方，活断層型地震

▷1　気象庁「地震予知について」（https://www.jma.go.jp/jma/kishou/know/faq/faq24.html）（2025年2月7日最終閲覧）。

▷2　地震の前兆現象
阪神・淡路大震災直後，前兆現象への関心が高まった。例えば，動物の普段とは異なる行動，地震雲の発生などである。地震の発生は地下深部での岩盤破壊時の大きなエネルギー集中や放出，岩盤の変形や地下水位の変位につながる。微弱な音，電気，電磁波などを感知する力が人間より優れている動物のみが通常との違いを感じる可能性も否定できない。しかし，動植物の行動・反応は必然か偶然か，その特性すら不明な点が多い。同様に「地震雲」についても不確かである。

▷3　気象庁「地震の空白域とは何ですか？」（https://www.jma.go.jp/jma/kishou/know/faq/faq7.html）（2025年2月7日最終閲覧）。

では、1000年単位の周期とも考えられ、発生の確率は断層ごとに示されているが、人間が求める予知・予測の周期とはほど遠い。かつて大地震が発生しやすい活断層付近で発掘調査が行われ、過去の地震の痕跡等からその時期を特定し、周期を求めようと試みられたが、その年代幅の大きさのため、予知として検討されることは少ない。

地震の発生確率は、**地震調査研究推進本部**[4]

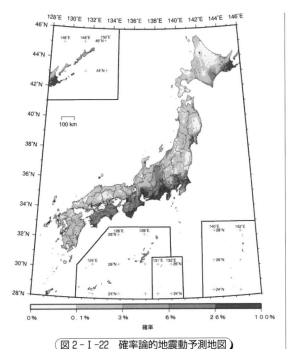

図2-Ⅰ-22　確率論的地震動予測地図

出所：防災科研「全国地震動予測地図とは」(https://www.j-shis.bosai.go.jp/shm)（2025年2月25日最終閲覧）

によって長期的に評価されている。将来日本で発生するおそれのある地震による強い揺れを予測し、予測結果を表したものが「全国地震動予測地図」である。これは、地震発生の長期的な確率評価と強震動の評価を組み合わせた「確率論的地震動予測地図」と、「震源断層を特定した地震動予測地図」の2種類の性質の異なる地図から構成されている。

「確率論的地震動予測地図」（図2-Ⅰ-22）は、日本および周辺で起こりうる全ての地震に対して、発生場所、発生可能性、規模を確率論的手法によって評価し、一定の期間内に、ある地点が、ある大きさ以上の揺れに見舞われる確率を計算することにより作成されている。地点ごとに地震ハザード評価を実施し、地震動の強さ・期間・確率のうち2つを固定して残る1つの値を求めた上で、それらの値の分布を示す。確率論的地震動予測地図の代表的なものとして、今後30年以内に各地点が震度6弱以上の揺れに見舞われる確率を地図として示したものがある。

「震源断層を特定した地震動予測地図」は、ある特定の断層帯で発生する地震について、その地震が起きた時に断層周辺で生じる揺れの大きさを予測し、地図で示したものである。この予測地図では、断層破壊の物理モデルに基づき、複雑な地下構造を考慮した地震波動伝播のシミュレーションを実施することにより、断層周辺で発生する強い揺れを予測することが期待されている。

（藤岡達也）

▷4　**地震調査研究推進本部**
阪神・淡路大震災を契機として、日本の地震調査研究を一元的に推進するため、地震防災対策特別措置法に基づき、1995年7月に設置された政府の特別な機関。目標は「地震防災対策の強化、特に地震による被害の軽減に資する地震調査研究の推進」である（文部科学省「地震調査研究推進本部」〈https://www.mext.go.jp/a_menu/kaihatu/jishin/1285728.htm〉〈2025年2月7日最終閲覧〉）。

参考文献
京都大学防災研究所監修(2011)『自然災害と防災の事典』丸善出版。

I 地震・津波

12 地震波

▷1 P波とS波

震源から離れた位置で最初に観測される地震波がP波（Primary Wave：最初の波）で、P波が継続しつつある中で続いて観測されるのがS波（Secondary Wave：第二の波）である。P波とS波の伝わり方は下図のようになっている。

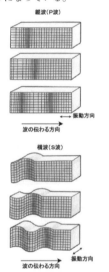

（文部科学省〈2004〉「地震の発生メカニズムを探る」〈https://www.jishin.go.jp/

1 地震波とは

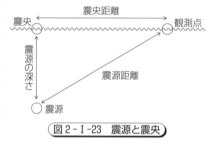

図2-I-23 震源と震央

地震の揺れ（地震動）は波動であり、地震によって震源から伝播される。震源の真上の地表の地点を震央と呼ぶ（図2-I-23）。

地球内部を伝わる地震波にはP波とS波がある。地震動を感じた時、最初に揺れる震動あるいは突き上げるような震動と表現されるのがP波であり、P波を感じてからしばらくの後に大きく横方向に揺れるのがS波である（P波を縦波、S波を横波とも呼ぶ）。

P波とS波の伝播速度は地下の岩石や地盤の弾性率や剛性率などによって決まり、一般に地殻内では硬くて亀裂の少ない地下深くの岩盤ほど伝播速度は大きくなる。また、地下の岩石の状態や種類の違いによって、波の屈折や反射も生じる。ごく浅い部分を除いた地殻内でのP波の伝播速度は毎秒6～7km程度でS波の伝播速度は毎秒3.5～4.5km程度である。どのような条件であっても必ずP波の速度がS波の速度よりも速く、震源から最初に到達する波は常にP波である。図2-I-24に示したように、観測地点に到達したP波による震動が初期微動であり、S波が到着後の大きな震動が主要動である。また、観測地点にP波が到達してからS波が到達するまでの時間を初期微動継続時間（S-P時間）と呼ぶ。

初期微動継続時間は、地震の観測地点によって異なり、初期微動時間は震源

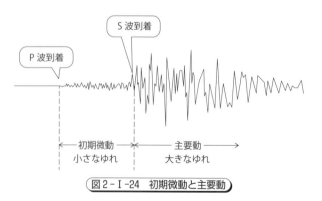

図2-I-24 初期微動と主要動

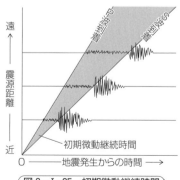

図2-I-25 初期微動継続時間

からの距離に比例するので震源距離を概算するのに用いられることがある。図2-I-25のグラフは，縦軸が震源からの距離，横軸は地震が発生してからの時間であり，複数の観測地点で，同じ地震を観測した結果を模式的に表している。つまり，この図では，下にある地点ほど震源に近く，上にある地点ほど震源から遠いことを示している。図2-I-25から，初期微動継続時間は，震源に近い地点では短く，震源から遠い地点では長くなっていることがわかる。これは，初期微動を引き起こすP波と主要動を引き起こすS波との地面を伝わる速さの違いが関係する。P波はS波よりも速く伝わるため，震源からの距離が遠い地点ほど，P波とS波が到着するまでの差が大きくなる。なお，地震波が震源からある地点に到達するまでに要した時間を走時と呼び，縦軸に走時をとり，横軸に各観測点の震央距離をとった時に描かれる曲線のことを走時曲線と呼ぶ。

❷ 地震波による地球の内部構造の推定

　P波は固体・液体・気体すべての物質中を伝わるが，S波は固体しか伝わらない。地震波のこの性質によって，地球の内部構造が推定された。例えば，図2-I-26で地球内部の深さ2,900kmから5,100kmには，外核が存在しており，S波は伝わらないことから，液体と推測された。一方，外核よりさらに内側に存在する内核（5,100kmから6,400km）は，S波が伝わることから，固体と考えられている。

　この図から，地球内部の密度は，深さ約2,900kmと約5,100kmを境に変化していることがわかる。地球は深部ほど密度の大きい物質で構成され，圧力は深くなるにつれて高くなっていく。外核，内核は，鉄・ニッケルが主成分であると推測されている。核として，組成は変わらないが，内核は外核よりも高圧であるため，金属が溶けず，固体となっていると考えられている。

　図2-I-27のように，震央距離103°以遠にはS波が伝わらない部分が見られる。また，P波は外核で屈折するため，震源から伝わらない角度（103〜143°）も存在し，これを影の部分（シャドーゾーン）と呼ぶ。

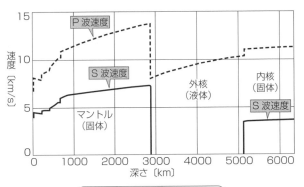

図2-I-26　地震波の速度分布

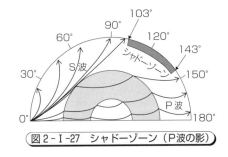

図2-I-27　シャドーゾーン（P波の影）

main/pamphlet/eq_mech/index.htm〉〈2025年2月15日閲覧〉）

▷2　P波とS波の伝播速度
P波とS波の波の到達する時間の差を活用して「緊急地震速報」が発表される（2-I-13）。気象庁の緊急地震速報は，2007年10月から一般提供が始まった。他に，この時間差を利用したものに，JRの早期警報システム「ユレダス（UrEDAS）」もある。

▷3　震央距離
震央距離が非常に長い地震では，震央距離を，震央—地球中心—観測点と結んでできる角度で表す。

参考文献
　藤岡達也（2018）『絵でわかる日本列島の地震・噴火・異常気象』講談社。

（藤岡達也）

コラム 4

震度階とマグニチュード

1　地震動と震度階

　地震動の揺れは震度階で示され，これは気象庁によって，図1のように10段階で表されている。

　大規模な地震の発生後に震度階が変わることもある。例えば，1948年福井地震の後に震度7が設定され，1995年兵庫県南部地震の後に震度5，6にそれぞれ強弱が設定された。現在，気象庁が発表している震度は，原則として地表や低層建物の1階に設置した震度計の観測値による。阪神・淡路大震災前までは，図1に記載されているような，ある震度が観測された場合に起きる現象や被害を基準に震度が決められていた。今日では，図1のそれぞれの震度に記述される現象から震度が決定されるものではない。現実の地震では必ずしも記載されている全てのことが発生するわけでなく，違う震度の状況が生じることもある。図1では，気象庁がある震度が観測された際に発生する被害の中で，比較的多く見られるものを例示しているにすぎない。また同じ市町村であっても，震度が異なることがあるのは，震度計が置かれている地点での観測値が違っているためである。この図は，気象庁が，主に近年発生した被害地震の事例から作成したものであり，気象庁によると，今後，5年程度で定期的に内容を点検し，新たな事例が得られたり，建物・構造物の耐震性の向上等によって実状と合わなくなったりした場合には変更するとのことである。

　地震動は，後述のマグニチュードとは異なり，地震が観測された場所での揺れを示すため，自然条件としての基盤の岩石，地質などの地盤や地形に大きく影響される。震源の深さ，つまり震源からの距離によっても違ってくる。また，人工的な要因としては，鉄筋コンクリートと木造建築物などの建造物や構造の違いにより震度は異なる。さらに同じ建築物の中であっても，中高層建物の上層階では一般に地表より揺れが強くなるなど，震度に差が生じる。

　以上の自然条件や建造物の違いから，震度が同じであっても，図1のように周辺に与える被害は異なる場合もある。さらに地震動の振幅，周期および継続時間などによっても被害は異なってくる。

　図2は阪神・淡路大震災時に，野島断層直上に建ち，震度7の地帯にもかかわらず，建築構造によって倒壊を免れた家である。

図1　地震とゆれの状況

出所：気象庁「震度について」（https://www.jma.go.jp/jma/kishou/know/shindo/index.html）（2025年2月7日最終閲覧）

図2　メモリアルハウス（北淡町）

2　日本で使用されるマグニチュード

マグニチュード（M）と地震波の形で放出されるエネルギーとの間には，標準的にはMの値が1大きくなるとエネルギーは約32倍に，Mの値が2大きくなるとエネルギーは約1,000倍になる。マグニチュードとエネルギーは，対数を用いた $\log_{10}E = 4.8 + 1.5M$ の関係式（グーテンベルク・リヒターの関係式）で示される。Eはエネルギー（ジュール），Mは（マグニチュード）である。ただ，マグニチュード自体がデータ（観測する地震計の種類や，地震波形のどの部分を用いるかなど）や計算手法によっても異なる。後述のようにマグニチュードは地震の規模そのものを示すが，気象庁の発表でも，地震発生後から値が後になって変更されることがある。2011年東北地方太平洋沖地震では，当初M7.9と発表されたが，最終的にはM9.0となった。地震の発生は，地下の断層の破壊やずれが開始した時から終了までの間継続される。そのため，発生した地震波が伝播して，震源により近い観測点から順次到達し，時間が経過するにつれ，観測点数やデータの種類も増えていくことになる。そこで地震を感知してから継続的に進められる解析により，地震のマグニチュードはより正確な値に修正される。

マグニチュードについて補足をしておく。本書でも世界で発生した大規模な地震のマグニチュードを記述している（例えばチリ地震のM9.5やスマトラ沖地震のM9.3）。確かにマグニチュードは世界共通で使用されるが，地震観測網や計算式が異なるため，統一されてはいない。日本では，気象庁による気象庁マグニチュード（Mj）とモーメントマグニチュード（Mw）の2種類がそれぞれ状況によって使用されている（Mjの「j」は気象庁〈Japan Meteorological Agency〉の頭文字，Mwの「w」はwork〈仕事：力×距離〉に由来する）。気象庁によると，それぞれの特徴と利用場面は次の通りである。Mjは地震波形から振幅を読み取れば短時間で決定することが可能である。一般的には，地震の規模を精度良く反映しており，地震発生後すぐに発表されるのはMjである。これは約100年間にわたって一貫した方法で決定されている。一方，Mwは地震を起こす岩盤のずれの規模（ずれ動いた部分の面積×ずれた量×岩石の硬さ）をもとにして計算したものである。巨大地震の規模を求めることが可能となっているが，データの集約，計算等に少し時間がかかる。地震の発生から時間の経過により更新された例として，先述の2011年東北地方太平洋沖地震では，速報値7.9（Mj）から，同日の16時00分に8.4（Mj），17時30分に8.8（Mw），さらに3月13日12時55分に9.0（Mw）と変化したことが記憶に新しい。

報道でも，これらを区別して使われることがあるが，一般的には，「気象庁マグニチュード（Mj）」を単に「マグニチュード」と呼んで用いられることが多い。大規模な地震が発生した時にも，多くの人が混乱することがないように「モーメントマグニチュード（Mw）」も「マグニチュード」と表されることが多い。

（藤岡達也）

I 地震・津波

緊急地震速報と対応

1 緊急地震速報とは

近年は，避難訓練でも緊急地震速報の報知音を活用することが多く，ほとんどの人がそれを聞いたことがあるだろう。**緊急地震速報**は，地震の発生直後に，各地での強い揺れの到達時刻や震度，長周期地震動階級を予想し，可能な限りすばやく知らせる情報のことである。

気象庁が，緊急地震速報（警報）を発表する条件としては，地震波が2点以上の**地震観測点**で観測され，最大震度が5弱以上または最大長周期地震動階級が3以上と予想された場合が挙げられる（長周期地震動階級の追加は2023年2月1日から）。気象庁によると，緊急地震速報には，全国約690カ所の気象庁の地震計・震度計および，防災科学技術研究所の地震観測網（全国約1,000カ所）を利用しているとのことである。緊急地震速報が流れると強い揺れに襲われる前に，個人レベルでは机の下に潜ったり，頭を覆ったりすることによって自らの身を守ることができる。また，公的な機関では，鉄道であればスピードを落としたり，工場等であれば機械制御を行ったりするなどの活用が取り入れられている（図2-I-28）。今日，避難訓練に緊急地震速報が活用されているのは，瞬時に身を守るための行動がとれるかどうかのトレーニングを行うためともいえるだろう。

▶1 緊急地震速報
気象庁は2007年10月1日から，緊急地震速報（警報）の発表を開始した。緊急地震速報には，大きく分けて「警報」と「予報」の2種類がある。「警報」のうち，震度6弱以上または長周期地震動階級4の大きさの地震動が予想される場合は「特別警報」に位置付けられている。

▶2 地震観測点
緊急地震速報のための観測点で得られたデータの活用によって，地震の発生をすばやく捉える観測体制がとられている。ただし，地震観測網から比較的遠い場所（100km程度以遠）で発生する地震では，震源やマグニチュードの推定値の誤差が大きくなる可能性もある。

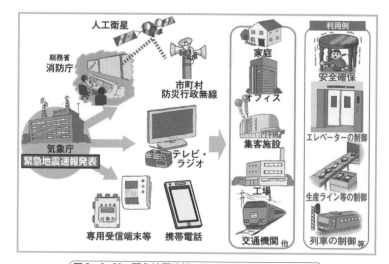

図2-I-28 緊急地震速報の入手手段と利用のイメージ

出所：気象庁「緊急地震速報の入手方法について」（https://www.data.jma.go.jp/eew/data/nc/katsuyou/receive.html）（2025年2月7日最終閲覧）

2-I-13 緊急地震速報と対応

② 緊急地震速報のしくみ

　緊急地震速報は，地震波であるＰ波とＳ波との伝わる速さの違いを利用したものである（⇨ 2-I-12 ）。Ｐ波が最初に到達するため，Ｐ波を先に地表面で捉えた時，次の大きな揺れを伴うＳ波に備えて緊急地震速報が流れる。

　発生した地震の被害を削減するために，緊急地震速報の精度を上げるだけでなく，地震の予測や予知についても長期的な観点で検討されている。特に，海溝型の地震では，地下にひずみが溜まり，それが発散される時に地震が発生するため，巨大な地震の発生の周期を推測することが試みられる。ただ，発生時期を想定するのは容易ではない。活断層型の地震についても，活断層の場所によって，どのあたりで地震が発生するのかをある程度予想できることはできるが，いつ発生するのかを推測するのはより困難になる。

③ 緊急地震速報の限界

　震源地が観測地に近い場合，Ｓ波とＰ波の伝わる時間差は少なく，緊急地震速報の連絡を受ける前に大きな揺れが生じる場合がある。また，Ｓ波とＰ波の伝わる時間差が大きいということは，観測値が震源よりも離れているため，地震の揺れも小さくなっている。これらの場合は，緊急地震速報の効果は薄いかもしれない。特に震源地が近い場合に緊急地震速報の効果に疑問を持つ人もいる。ただ，不意に地震に襲われ何もしないよりは，少しでも安全な行動をとることに意義はある。急に物が落ちてきて体に当たるより，落ちてくることを想定して身構えた上で当たる方が，ダメージが少ないだろう。

　そのためには，地震が発生した場合，とっさに避難の行動がとれるように，日頃からどう反射的に動けば良いのかを頭だけでなく，身体で理解しておくことが求められる。その行動となるのが，「落ちてこない」「倒れてこない」「移動してこない」場所を瞬時に見つけ，移動することである。実際に地震の時に怪我をしやすいのは，落下，転倒である。

　地震による落下物や転倒物から身を守るために「非構造部材」についても理解しておく必要がある。現在の鉄筋コンクリートでつくられた学校などの公共施設は大地震等が発生しても倒壊する可能性は低い。しかし，構造体に被害がなくても，非構造部材が損傷し，それが人的被害につながることもある。非構造部材とは，一般的には天井材等の建築非構造部材を指すが，設備機器や家具等も含めることがある。時計や額縁，液晶プロジェクター，テレビ画面，掲示物等など，近年では様々なものが挙げられる。地震時に備え，日頃からこれらの点検を行っておくことも重要ではあるが，緊急地震速報と同時に転倒，転落の可能性のある場所から一刻も早く離れる必要がある。屋外では，車や人が移動してこないところを意識することも不可欠である。　　　　　　（藤岡達也）

▷3　非構造部材
柱，梁（はり），床などの構造体ではなく，天井材や外壁（外装材）など，構造体と区分された部材を指す。

参考文献
　気象庁（2024）「緊急地震速報について」（https://www.data.jma.go.jp/eew/data/nc/index.html）。

I 地震・津波

14 津波発生時の避難と訓練

1 津波の発生と避難

　東日本大震災では，多くの人々が犠牲となったが，警察庁の「平成24年 警察白書」によると，津波による溺死が全体の死因の90％を越え，津波から逃げ遅れたため，助からなかった人が多かったと考えられる。海岸部で大きな揺れがあった場合は，地震が落ち着いたら，すぐに次の事態に備える必要がある。

　まず，津波が発生するメカニズムを簡単に説明する。大規模な地震が海底下の比較的浅い場所で発生すると，断層運動により海底の地盤が隆起したり沈降したりする。この海底地形の急な変動に伴って海面が大きく変化し，波動となって四方に伝播する。これが津波である（図2-I-29）。

　2-I-5 で紹介する「稲むらの火」では，主人公は潮が引いたために津波が来ると予想し村人を助けたストーリーがあるが，必ずしも初動が引き波となるとは限らない。地震を発生させた地下の断層の傾きや方向，津波が発生した場所と海岸との位置関係によっては，潮が引くことなく最初に大きな波が海岸に押し寄せる場合もある。

　津波の伝わる速さは海の深さにより異なり，海が深いほど速くなる。図2-I-30は，沖合いから海岸までの津波の速さとそれに対応した例である。この図からも分かるように，沖合ではジェット機と同じくらいの速さ，陸に近づいてからも乗用車レベルの速さで近づいてくる。さらに水深が浅くなるほど津波

▷1　津波の伝わる速さ
水深に比べて十分に波長が長い波の場合，波の進む速さ v は，海の深さ h と関係する。数式では $v = \sqrt{gh}$ と示される（g は重力加速度である）。

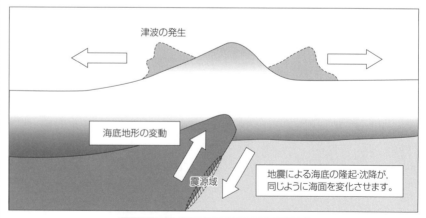

図2-I-29　海底地形の変動と津波の発生

出所：名古屋地方気象台「津波発生のしくみ」(https://www.data.jma.go.jp/nagoya/shosai/info/mini-jishin/tsunami_sikumi.html)（2025年2月7日最終閲覧）

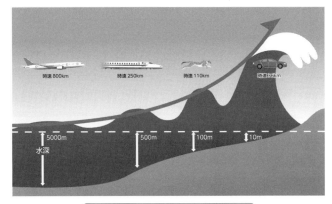

図2-I-30 津波の伝わる速さと高さ

出所：気象庁「津波発生と伝播のしくみ」(https://www.data.jma.go.jp/svd/eqev/data/tsunami/generation.html)（2025年2月7日最終閲覧）

は高くなる。これは，図2-I-31のように津波が陸地に近づくにつれ，津波の速度が遅くなるため，後方の波が減速した前方の波に追い付くことによる。このことから海岸付近では，津波注意報が発表されたり，地震の揺れを感じたりしたら，海から上がって速やかに海岸から離れ，いかに迅速に避難するかが生死を分けることになるか理解できる。

図2-I-31のように津波の波長は，強風などによって生じる波浪よりも長いため，巻き込まれると逃げ切ることは難しい。

図2-I-31 波浪（左）と津波（右）の違い

出所：気象庁「津波について」(https://www.jma.go.jp/jma/kishou/know/faq/faq26.html)（2025年2月7日最終閲覧）

❷ 地形による津波への影響

津波の高さは海岸付近の地形でも大きく変化する。例えば，海岸線から，津波が河川を海から陸の方へ流れる場合（**津波の遡上**という），広い海から狭い河川を遡上するために，河川近辺では波の高さが大きくなる。岬の先端やV字型の湾の奥など**海岸線に特色を持つ地形**の場所では，波が集中するためその高さはより大きくなる。

加えて津波は反射を繰り返すことで何回も押し寄せたり，複数の波が重なったりして著しく高い波となることもある。このため，最初の波が一番大きいとは限らず，後で来襲する津波のほうが高くなることもある。

（藤岡達也）

▷2 津波の遡上
下図は石巻市雄勝町の川沿いに立地する学校である。東日本大震災時の津波が遡上によって校舎の3階まで押し寄せた。

▷3 海岸線に特色を持つ地形
東北地方太平洋沖地震時に，例えば三陸海岸のようなリアス海岸では，水深が浅くなることに加え，V字型の地形によって海水が湾の奥に集中した。そのため地震発生の数十分後に波の高さが30m以上に達した。

参考文献
首藤伸夫ほか編集(2011)『津波の事典』朝倉書店。

Ⅱ 火山噴火

日本の火山帯

1 火山とプレート運動

　日本列島には，111の活火山がある。活火山とは「概ね過去1万年以内に噴火した火山及び現在活発な噴気活動のある火山」と定義されている。以前は，現在噴火していない火山を「休火山」や「死火山」といった言葉で表現し，活火山・休火山・死火山の3分類であったが，現在は廃止され，活火山とそれ以外の火山の2分類である。その理由として，火山活動の寿命は長く，数百年，数千年噴火していないからといって，今後噴火しないとは限らないといった考え方がある。現在では，噴火からの被害を減らすために，111の活火山のうち，今後100年程度の中長期的な噴火の可能性及び社会的な影響をふまえて，火山防災のために監視・観測体制を充実させる50の火山が選定され，24時間体制で常時観測・監視が行われている火山と，それ以外の火山に分けられる。

　これら111の活火山の分布を見ると，列状に配置していることがわかる（図2-Ⅱ-1）。その理由は，火山の存在がプレートの運動と密接な関係を持つからである。

▷1　気象庁（2013）『日本活火山総覧［第4版］』（一財）気象業務支援センター。

▷2　噴気
水蒸気と火山ガスが出ている状態のことで噴火はしていない。

▷3　気象庁（2003）「火山噴火予知連絡会による活火山の選定及び火山活動度による分類（ランク分け）について」（https://www.jma.go.jp/jma/press/0301/21a/yochiren.pdf）（2025年2月6日最終閲覧）。

▷4　火山噴火予知連絡会（2010）「火山観測体制等に関する検討会報告」（https://www.data.jma.go.jp/svd/vois/data/tokyo/STOCK/kaisetsu/CCPVE/kansoku/kansoku_houkoku.pdf）（2025年2月6日最終閲覧）。

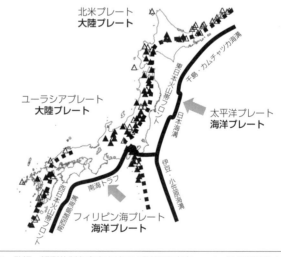

図2-Ⅱ-1　日本周辺の活火山分布

出所：気象庁「火山の監視」（https://www.jma.go.jp/jma/kishou/intro/gyomu/index92.html）（2025年2月27日最終閲覧）をもとに筆者作成

2-Ⅱ-1 日本の火山帯

日本列島は海洋プレートである太平洋プレートやフィリピン海プレート，大陸プレートであるユーラシアプレートや北米プレート上に存在し，プレートが沈み込んでいく，沈み込み帯に位置している。東日本では，太平洋プレートが，千島海溝と日本海溝で北米プレートに沈み込んでいる。西日本では，フィリピン海プレートが，南海トラフと南西諸島海溝でユーラシアプレートに沈み込んでいる。トラフとは，沈み込み方が海溝を造るほど深くない，細長い舟形をした窪地のことである。また，伊豆大島や新島など，伊豆七島や小笠原諸島周辺では，太平洋プレートが，伊豆・小笠原海溝でフィリピン海プレートの下に沈み込んでいる。

❷ 火山フロント

最初に生まれるマグマは，**マントル**[5]を構成する**かんらん岩**[6]質の岩石が溶融して，液体のマグマに変わる。岩石が溶けるためには，圧力は変わらず温度が上昇する場合と，温度は変わらず圧力が下がる場合があるが，その他に，水の力により融点を下げることもある。

海洋プレートの**沈み込み帯**[7]を構成する岩石には，水を含む鉱物（含水鉱物）が存在する。液体の水は，周りの岩石と比べて密度が低いために地球の深い場所へ入り込むことができないが，水を含む鉱物が海洋プレートとともに沈み込むことで，地下深くで水が絞り出されて，沈み込まれる側のマントルに水が提供される。マントルに水が提供されると，かんらん岩質のマントルの融解温度が下がり，地下深さ約100km辺りから，かんらん岩がいっせいに溶け始めて，液体のマグマに変化する。そのマグマが地上に向かって上昇することで火山を生む。そのため，沈み込み帯の火山は，ほぼ一定の距離で海溝から平行に，海溝と反対側（大陸側）に列をなして配列している。その海溝に沿って並ぶ火山列のことを「火山フロント」と呼ぶ。したがって，日本海側から火山フロントを過ぎると，太平洋側には火山が見られない。日本では，北海道，東北，関東，中部，伊豆の東日本にある東日本火山帯フロントと，山陰地方，九州，南西諸島に伸びる西日本火山帯フロントの2つに大別されている。

東北地方に火山が多いのは，プレートの沈み込む角度と海溝からの距離に理由があると考えられている。東北地方では，太平洋プレートが緩やかな角度（約30〜40°程度）で沈み込む。また，日本海溝から火山列までの距離も長い（約250km）。そのため，より広い範囲で火山活動を引き起こす可能性が高くなり，活火山が多く存在する。一方，紀伊半島から四国の範囲で火山が少ないのは，プレートの沈み込む角度が浅いため（約15°以下），かんらん岩が融解する温度まで達することができず，マグマが生成できないためと考えられている。

（佐藤真太郎）

▶5 マントル
地球は，地殻，マントル，核に分けられる。そのうち，地球の体積の約80％を占めるのがマントルである。地表から深さ400km辺りまでは，主にかんらん岩でできていると考えられている。個体であるが，長い時間をかけて圧力が加わると流動する性質を持つ。

▶6 かんらん岩
地球のマントルを構成する主要な岩石である。日本では，北海道のアポイ岳で綺麗なかんらん岩を見ることができる。宝石名ではペリドットと呼ばれる。海外では，ハワイ島のグリーンサンドビーチで，ペリドットの砂浜を歩くことができる。

▶7 沈み込み帯
地殻とマントルの最上部は，10数枚のプレートに分かれている。それぞれのプレートは，別々の方向に動いている。プレートとプレートの境界では，近づいたり，離れたりするため，様々な地学的な現象が発生する。密度の大きいプレート（海洋プレート）が密度の小さいプレート（大陸プレート）の下に沈み込む場所を沈み込み帯と呼んでいる。

参考文献
藤岡達也（2018）『絵でわかる日本列島の地震・噴火・異常気象』講談社。
吉田武義・西村太志・中村美千彦（2017）『火山学（現代地球科学入門シリーズ7）』共立出版。

Ⅱ　火山噴火

火山噴火のメカニズムと火山噴出物

1　火山噴火のメカニズム

　地下深さ約100km辺りで，水の提供によって，かんらん岩の一部が溶け始めてできた液体のマグマは，周囲にある個体のかんらん岩よりも密度が小さい。その密度差のため，浮力が生まれマグマは上昇する。しかし，そのまま直接地上まで登り，噴火するのではない。地上に向かって上昇してきたマグマは，マグマの密度と周囲の物質の密度が釣り合った，地殻の浅い所（深さ3～10km程度）に溜まり，一時的に蓄えられると考えられている。このマグマが蓄えられている場所は「マグマ溜まり」と呼ばれている。

　マグマがマグマ溜まりで停滞すると，周囲の岩石に冷やされて，マグマ中の鉱物が結晶化する。マグマ中に個体である結晶の割合が多くなると，マグマの粘性は大きくなり，流動しにくくなる。その結果，噴火できない状態になる。マグマが噴火可能な状態となるためには，深部から新たなマグマが提供されるなどし，結晶が50％（体積比）より少ない割合になる必要があると考えられている。マグマが噴火可能な状態になったとしても，噴火には，マグマ溜まりに影響を与える何らかの原因が必要である。例えば，地震によりマグマ溜まり周辺の割れ目を伝って圧力が逃げ，マグマ溜まりの内部が減圧されることなどが考えられる。

　残った液体のマグマには，水（H_2O），二酸化炭素（CO_2），硫黄（S）などの揮発性成分が含まれている。マグマに含まれている水などは，マグマが上昇することで減圧されると，マグマ中に含むことができなくなり，溶けきれなくなったものが気泡となる。その結果，マグマ溜まりの中で泡立ちが起きる。マグマの中に気泡が多くなると，その分密度が小さくなるため，マグマはさらに上昇することができるようになる。これは，炭酸飲料のペットボトルをよく振り，蓋を開けた時の様子を想像すると良い。ボトルの蓋を開けると液体中の二酸化炭素が減圧し，液体から分離して発泡するのと似ている。気泡が割れて，マグマの外に出たガスは火山ガスと呼ばれている。この火山ガスは，地表に達するまでの間，地下水と接触するなどの様々な要因により，成分や濃度を変えていく。

　一方，マグマは，その多くが，二酸化ケイ素（SiO_2）と金属の酸化物から成るケイ酸塩からできている。通常のマグマでは，二酸化ケイ素が全体の重量の

▷1　東宮昭彦（2016）「マグマ溜まり——噴火準備過程と噴火開始条件」『火山』61（2），281～294頁。

40％を占める。二酸化ケイ素の割合が多いマグマほど粘性が大きく，少ないマグマほど粘性が小さい。例えば，粘性の高いマグマであれば，揮発性成分は簡単に外に逃げ出すことができないため，内部の圧力が高くなる。その場合，火口近くで，マグマ内の水や二酸化炭素が一気に発泡して，体積を膨張させ，マグマ片とともに，火口から爆発的に噴出される。マグマが地下深くから上昇し，地表に噴出する現象を噴火と呼ぶが，このような噴火では，マグマが粉々に砕かれた火砕物を多量に放出し，山体の一部が破壊されたりする。このように，どのような噴火が起きるのかは，噴出した時の環境，粘性や揮発性成分の量などマグマの性質，火口付近の様子等によって様々であり，非常に多様である。

❷ 火山噴出物

　噴火により，マグマが粉々に砕かれた物質を火砕物（火山砕屑物）と呼ぶ。火砕物には，火山灰（2 mm以下），火山礫（2～64mm），火山岩塊（64mm以上）など大きさによって区別されているものもあれば，軽石，スコリア，火山弾など，形状や内部組織の違いや特徴によって分けられているものもある。

　爆発的な噴火時に，マグマが噴出する力と，マグマの破片により暖められた空気が上昇気流を生み，火山ガス，火山灰，軽石や溶岩の破片が柱状に空高く噴き上げられたものを噴煙柱と呼ぶ。2021年8月13日に発生した福徳岡ノ場火山噴火では，上空16～19kmまで噴煙を上昇させたと考えられている[2]。これら上空に吹き上げられた火砕物は，上空の風の影響を受け，風下側に流されて降下する。一方，上昇に必要な浮力を獲得できなくなると，噴煙柱は崩壊し，地形に沿って，山の斜面を高速で流れ下る。この現象を火砕流と呼ぶ。そして，積雪期に火砕流が発生した場合には，融解水などと混ざり，土石流のような流れとなって高速で流下する融雪型火山泥流が発生することもある。さらに，火山噴火による現象は，これらの現象が同時に発生する**複合災害**[3]になることがある。

　また，マグマが火口を上昇する過程で，マグマ内の水，二酸化炭素，硫黄などの揮発性成分が抜けると，マグマは破砕されずに，液体状態のままで山の斜面を流れる。これを溶岩流と呼ぶ。溶岩流の流れる速さは，一般に30m／秒以下であり，それほど速くはない。特に，日本の溶岩流の多くは粘性が高いため，流速は遅い。

　他に，火口を埋めていた古い岩石を破壊して，岩石が放射線軌道を描き，上空に放出される。これを噴石と呼ぶ。また，火口から放出された新鮮なマグマが，空中で冷やされてラグビーボール型の形をしてものが降下する。これを火山弾と呼ぶ。

　このように，マグマに溶けている揮発性成分の発砲とガスの抜け具合によって，マグマは溶岩流として流れたり，火山灰や軽石となって空を舞ったり，様々にその姿を変える。

　　　　　　　　　　　　　　　　　　　　　　　　　　　　（佐藤真太郎）

▷2　産業技術総合研究所（2021）「福徳岡ノ場，2021年8月13-15日の活動と噴出物量の推定（第149回火山噴火予知連絡会）」。

▷3　複合災害
火山灰の降下や火砕流などで，大量の土砂が提供され，それにより土石流が発生するなど，複数の現象が同時にもしくは短時間に立て続けに発生する災害のこと。

【参考文献】
　鎌田浩毅（2004）『地球は火山がつくった』岩波書店。
　ハンス－ウルリッヒ・シュミンケ（2016）『新装版　火山学』古今書院。

Ⅱ 火山噴火

3 火山噴火の予知・予測

1 噴火予知・予測の現状

　国内における火山噴火の予知・予測に関する研究は，1974年から**火山噴火予知計画**のもとで推進された。2009年には，地震予知計画と統合し「地震及び火山噴火予知のための観測研究計画」として建議された。現在，全国の火山活動の評価等を行っている**火山噴火予知連絡会**は，火山噴火予知計画発足のために設置された機関である。この「地震及び火山噴火予知のための観測研究計画」の中で，火山噴火予知計画の目標として3つの発展段階が示されている。

段階1：観測により，火山活動の異常が検出できる。
段階2：観測と経験則により，異常の原因が推定できる。
段階3：現象を支配する物理法則が明らかにされており，観測結果を当てはめて，将来の予測ができる。

　これについて，科学技術・学術審議会は，観測がなされている火山の多くは段階1にあり，活動的で数多くの噴火履歴があり，多項目観測や各種調査が実施されているいくつかの火山でも段階2に留まっていると述べている。しかしながら，それから15年が経過した現在においても，「火山防災のために監視・観測体制の充実等が必要な火山」として，火山噴火予知連絡会が選定した50の火山（⇨ 2-Ⅱ-1 ）であっても，段階3には至っていない状況といえる。

2 火山観測の方法

　図2-Ⅱ-2は，伊豆大島にある北の山総合観測点である。総合観測点とは，地震計，空振計，傾斜計の3つが揃っている観測点のことである。地震計は，マグマが上昇し，通り道の岩を押す時などに，火山体とその周辺で発生する火山性地震や火山性微動を捉えることができる。特に，二酸化ケイ素（SiO_2）の割合が多く，粘り気が強いマグマは，前兆現象として地震が観測されることが多いため，火山観測においても地震計は重要な役割を持つ。空振計は，噴火等による空気の振動を観測することができる。傾斜計は，火山体の下にあるマグマの動きによる山体の傾斜を計測することができる。マグマが地表に向かって上昇する時に，火山の山体は膨らむ。傾斜計は，このような地殻変動を捉えることができる。

　地殻変動を捉えることができる装置は，他に，GNSS（Global Navigation Satellite Systems）観測装置がある。GNSSとは，GPSなどの衛星測位システ

▶1　火山噴火予知計画
火山噴火予知の実用化を目標として，個々の火山の活動度把握，火山噴火の仕組みや構造理解などの総合的な解明を目指した計画。

▶2　火山噴火予知連絡会
学識経験者および関係機関の専門家から構成され，全国の火山活動等について総合的に評価することなどを通して，噴火災害を軽減することを目的に活動している。

▶3　科学技術・学術審議会（2008）「地震及び火山噴火予知のための観測研究計画の推進について」（https://www.mext.go.jp/content/20210202-mxt_jishin01-000012539_20.pdf）（2025年2月6日最終閲覧）。

のことである。人工衛星を用いて、高精度で位置を計測でき、地殻変動をcm単位で捉えることが可能である。複数のGNSSが連動すると、1mm単位で地形の変化を捉えることができる。このような方法で、傾斜計やGNSSは、地下のマグマの深さを推定するのに役立つデータを得ることができる。また、監視カメラにより直接観測する遠望観測もある。

このような火山観測データや監視カメラ画像は、インターネット上に一般公開されており、誰でも閲覧することができる。火山観測データ等の見方を学ぶことで、自分の住む地域にある火山や登山する火山の噴火可能性を検討し、災害からの被害を減らす行動選択を行う防災リテラシーの育成が期待できる。

3 噴火警戒レベル

これらの複数の火山観測データをもとに、火山別に異なる判定基準で、防災機関や住民のとるべき防災対応を5段階に区分した噴火警戒レベルが決められている（表2-Ⅱ-1）。2015年5月29日、口永良部島では火砕流が集落近くの海岸付近まで達した。それを受けて、全国で初めて、噴火警戒レベル5が発表された。この噴火では、口永良部島を含む自治体である屋久島町が避難命令を発令し、屋久島へ全島避難した。しかしながら、火砕流発生前に噴火警戒レベルを5に引き上げることはできなかったのかなど、噴火警戒レベル判定への課題も見られる。今後のさらなる研究、技術開発を期待したい。

図2-Ⅱ-2　総合観測点（伊豆大島）

▶4　気象庁「火山観測データ」（https://www.data.jma.go.jp/svd/vois/data/tokyo/open-data/data_index.html）（2025年2月5日最終閲覧）。

参考文献

宇井忠英（1997）『火山噴火と災害』東京大学出版会。

表2-Ⅱ-1　噴火警戒レベル

対象範囲	噴火警戒レベルとキーワード	説明		
		火山活動の状況	住民等の行動	登山者・入山者への対応
居住地域およびそれより火口側	5　避難	居住地域に重大な被害を及ぼす噴火が発生、あるいは切迫している状態にある。	危険な居住地域からの避難等が必要（状況に応じて対象地域や方法等を判断）。	
	4　高齢者等避難	居住地域に重大な被害を及ぼす噴火が発生すると予想される（可能性が高まってきている）。	警戒が必要な居住地域での高齢者等の要配慮者の避難、住民の避難の準備等が必要（状況に応じて対象地域を判断）。	
火口から居住地域近くまで	3　入山規制	居住地域の近くまで重大な被害を及ぼす（この範囲に入った場合には生命に危険が及ぶ）噴火が発生、あるいは発生すると予想される。	通常の生活（今後の火山活動の推移に注意。入山規制）。状況に応じて高齢者等の要配慮者の避難の準備等。	登山禁止・入山規制等、危険な地域への立入規制等（状況に応じて規制範囲を判断）。
火口周辺	2　火口周辺規制	火口周辺に影響を及ぼす（この範囲に入った場合には生命に危険が及ぶ）噴火が発生、あるいは発生すると予想される。	通常の生活（状況に応じて火山活動に関する情報収集、避難手順の確認、防災講座への参加等）。	火口周辺への立入規制等（状況に応じて火口周辺の規制範囲を判断）。
火口内等	1　活火山であることに留意	火山活動は静穏。火山活動の状態によって、火口内で火山灰の噴出等が見られる（この範囲に入った場合には生命に危険が及ぶ）。		特になし（状況に応じて火口内への立入規制等）。

出所：気象庁「噴火警戒レベルの説明」（https://www.data.jma.go.jp/vois/data/tokyo/STOCK/kaisetsu/level_toha/level_toha.htm）（2025年2月5日最終閲覧）をもとに筆者作成

（佐藤真太郎）

Ⅱ 火山噴火

火山噴火時の避難

① 避難計画と実際の避難

　日本の50の火山では，監視・観測が行われていることは 2-Ⅱ-1 で述べたが，その結果，いくつかの観測システムにおいて，噴火の可能性を示すような異常現象が確認された場合には，気象庁から通報または臨時の解説情報が発表される。さらに，状況に応じて噴火警戒レベルの引き上げが行われる。都道府県や市町村は，出された噴火警戒レベルに応じて，火口周辺を規制したり，登山者の避難誘導を行ったりするなどの防災体制を整える。これらの防災や避難の情報は，LINE等の携帯電話のアプリケーション，テレビ，防災ラジオ，野外スピーカーからの放送などで住民に伝達される。住民は，これらの情報をもとに，どのように行動すれば良いのか，どこに避難すれば良いのかなどを考え，命を守る行動をとる。

　火山噴火は，対象となる火山によって，想定される現象や影響が及ぶ範囲が多様であるため，火山ごとにその特徴に応じた避難計画が作成されている。例えば，富士山では，発生する噴火現象として，大きな噴石，火砕流・火砕サージ，溶岩流，融雪型火山泥流，小さな噴石，降灰，火山ガスなどが想定されている。そのうち，大きな噴石，火砕流・火砕サージおよび融雪型火山泥流の影響を受ける可能性のある地域は，命を失う危険性が高く，発生から避難までの時間的猶予が無いため，噴火前に立ち退き避難を行うことになっている。一方，溶岩流は，移動速度が速くないために，時間的猶予があるので，現象発生後に避難を行うことになっている。そのため，避難対象エリアを第1〜6の6つに区分し，第1次避難対象エリアは，想定火口の範囲，第2次避難対象エリアは，火砕流や大きな噴石など発生から避難までの時間的猶予がない範囲とされ，第3〜6次避難対象エリアは溶岩流の到達予想時間により分けられている。◀1

　他に，鹿児島県桜島では，火山災害単独で発生する場合と，火山災害と風水害，震災，津波災害等の自然災害又は海上輸送を妨げる台風等の火山災害以外の自然現象（強風，濃霧等）が火山災害とほぼ同時に発生する場合（複合災害）に分け，対応することになっている。◀2 火山災害単独で発生する場合は，昭和火口・南岳山頂火口の噴火活動活発化，昭和噴火のような片山腹噴火，大正噴火クラスの両山腹噴火，その他の4つのパターンに分けて，全島避難になるの

▶1　富士山火山防災対策協議会（2023）「富士山火山避難基本計画」(https://www.pref.shizuoka.jp/_res/projects/default_project/_page_/001/053/271/kihonkeikaku_1.pdf)（2024年7月5日閲覧）。

▶2　鹿児島市（2023）「鹿児島市地域防災計画火山災害対策編」(https://www.city.kagoshima.lg.jp/kikikanri/kurashi/bosai/bosai/bosai/documents/02kazansaigaitaisakuhen.pdf)（2024年7月5日閲覧）。

か，島内避難になるのかを検討することになっている。実際に，桜島では，2022年7月24日，南岳山頂火口で爆発的な噴火が発生し，大きな噴石が火口から2.5kmまで達したことから，気象庁が噴火警戒レベルを3から5に引き上げた。それを受けて鹿児島市は，火口から3km以内の居住地域であった有村町，古里町の一部に避難指示を発令した。この時，避難指示を受け，避難対象住民の約7割が島内避難している。その後，7月27日に噴火警戒レベルが3に引き下げられ，鹿児島市が避難指示を解除した。

　一方，噴火警戒レベルが1の状態で突発的に噴火することもある。このような噴火では，多くの登山者やスキー客などが被害を受けている。2014年9月27日に発生した御嶽山噴火では，犠牲者58名，行方不明者5名，負傷者69名という甚大な被害を生んだ。また，2018年1月23日，草津白根山でも犠牲者1名，負傷者11名の被害が起きている。信濃毎日新聞社は，御嶽山が噴火した日，山上にいた登山者たちから，当時の状況を聞きとっている。それによれば，隣の人が見えないほどに暗闇に包まれた。そして，熱を帯びた大量の火山灰が雨のように降り，火山灰が口や鼻に入ったという。噴石が飛び，それが地面に当たると大きな振動があった。これらの状況からは，生死を分ける行動選択には一瞬の判断が求められることがわかる。火山が噴火するとどのような現象が起きるのかを事前に知っていなければ，自らの命を守ることは難しい。

❷ 噴火からの被害を減らすために

　図2-Ⅱ-3は，鹿児島県桜島にある退避壕である。このような退避壕は，登山者が突発的な噴火に遭遇した際に，緊急的に身を隠すことで命を守ることを目的とした設備である。退避壕は，様々な火山噴火による現象全てに対して安全を保障するものではないが，緊急に避難する際には大変重要な設備といえる。活火山を登る際には，避難壕がどこにあるのか，入山前に確認しておくべきである。

　火山活動は，魅力ある風景をつくり，多くの人がその眺めを楽しむ。活火山の登山やスキーなどはまさに自然の恩恵の1つである。しかしながら，本節で述べた通り，活火山は時々噴火し，被害をもたらす場合がある。このことをよく理解し，災害からの被害を少しでも減らせるように日頃から学び，準備しておくことが，火山とともに暮らす私たち日本人に必要な火山との付き合い方ではないだろうか。

（佐藤真太郎）

図2-Ⅱ-3　桜島の退避壕

▷3　桜島
1914年に発生した大正噴火では，南岳西および東山腹から大規模噴火し，噴火開始から約8時間後，マグニチュード7.1の地震が発生し，鹿児島市を中心に多くの被害を生んだ。地震・噴火による死者は58名，負傷者112名。
1946年に発生した昭和噴火は中規模噴火であり，昭和火口から溶岩が流れた。溶岩は山麓で東北方向と南方向に分かれ，共に海岸まで達した。死者1名。

▷4　消防庁（2015）「御嶽山の火山活動に係る被害状況等について（第40報）」（https://www.fdma.go.jp/disaster/info/assets/post760.pdf）（2024年7月5日閲覧）。

▷5　消防庁（2018）「本白根山の火山活動による被害及び消防機関等の対応状況等（第9報）」（https://www.fdma.go.jp/disaster/info/assets/post872.pdf）（2024年7月5日閲覧）。

▷6　信濃毎日新聞社（2015）『検証・御嶽山噴火　火山と生きる――9.27から何を学ぶか』信濃毎日新聞社。

参考文献
　信濃毎日新聞社（2015）『検証・御嶽山噴火　火山と生きる――9.27から何を学ぶか』信濃毎日新聞社。

コラム 5

大規模な火山噴火と気候への影響

1 気候変動と噴火の影響

近年,気候変動への対応が着目され,二酸化炭素（CO_2）の排出量削減は国際的に取り組まれている地球温暖化対策の1つである。地球温暖化のメカニズムは,太陽からの紫外線が地球表面に到達した後,波長の長い赤外線として再び宇宙空間に放出される。その時,地球表面の空気中に赤外線を吸収するCO_2が増加すると,地球の表面温度が上昇する,と考えられている。しかし,気候変動の原因はCO_2だけではない。大規模な火山噴火が発生すると,逆に地球全体の気温が降下することがある。気温低下の主なメカニズムは図1に示した。噴火により高度約10～15km以上の成層圏に放出される二酸化硫黄（SO_2）は,大気中の酸化化学反応により,粒子サイズ0.5μm以下の硫酸エアロゾル（液滴）を形成する。硫酸エアロゾルは太陽光を散乱するため,地上に到達するエネルギーが減少することが分かっている。

例えば,フィリピンのピナツボ火山（⇨ 2-Ⅱ-5 ）は1991年6月に20世紀最大と呼ばれるほどの噴火を起こし,成層圏の下層に多量の硫酸エアロゾルを放出した。翌年には全球平均地上気温が最大約0.6℃低下したことが観測されている。この噴火後には,1991年12月から1992年1月頃にかけて,ピナツボ噴火直後から硫酸エアロゾル密度は急激に高まり,約半年後最大となった後,一挙に減少した。平均した気温偏差は噴火後1年目と2年目の夏に大きく低下した。

また,図2はピナツボ火山の他,1963年2月にインドネシアのアグン火山,1982年3月にメキシコのエルチチョン火山が噴火した際の地球大気への影響を示したものである。火山噴火によって,二酸化硫黄等の火山ガスが成層圏に大量に放出され,その結果,成層圏が長期間混濁したことが読み取れる。縦軸の大気混濁係数とは,大気中のエアロゾル,水蒸気,オゾン,二酸化炭素などの吸収・散乱による日射の減衰を表す指標で,値が大きいほど減衰が大きいことを示す。

2 噴火による気温低下と国際的な被害

火山の爆発的な噴火によって,火山灰や霧状の硫酸エアロゾルが太陽光を遮って気温が上昇しない場合は,「火山の冬」と呼ばれることがある。

他にも人間生活へ影響を与えた噴火の例として,1815年4月に起きたインドネシアのタンボラ火山（⇨ 2-Ⅱ-5 ）の噴火が挙げられる。この火山では,有史以来最大級といわれる噴火が起こり,多数の犠牲者が生じた。それによって村が丸ごと壊滅し,地球全体の気温は数度低下して,世界中に飢饉と疫病をもたらしたとされている。歴史上最大規模の噴火であり,現時点でもこれ以上の噴火は報告されていない。莫大な量の火山灰が噴出され,成層圏にまで達する噴煙や火山灰のエアロゾルによって世界平均気温が約1.7℃も低下し,世界中で「夏のない年」と呼ばれるほどの

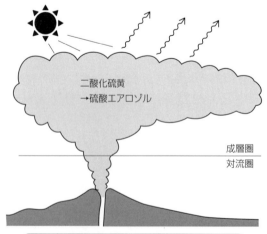

図1 火山噴火が気候に影響を与えるメカニズム

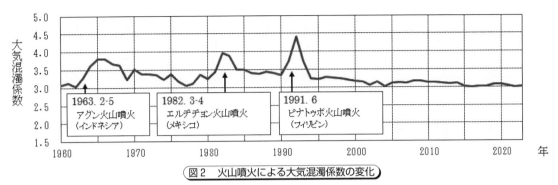

図2　火山噴火による大気混濁係数の変化

出所：気象庁「エーロゾル：大気混濁係数とエーロゾル光学的厚さの経年変化」(https://www.data.jma.go.jp/env/aerosolhp/aerosol_shindan.html)
（2025年2月7日最終閲覧）

冷夏となった。北ヨーロッパは異常気象となり、アメリカ合衆国北東部でも7月に雪が観測され、世界的に深刻な農作物の不作となった。

歴史を遡ると、1315年から1317年にかけたヨーロッパでの大飢饉は、ニュージーランドにあるタラウェラ山の5年ほど続いた火山活動（カハロア噴火）によって引き起こされたものであったと考えられている。1886年6月10日にも爆発的噴火が発生し、100名以上の犠牲者が生じた。19世紀末の気温低下に、当火山も含め、複数の火山の噴火が原因として指摘されている。

3　近年の海底火山の噴火と日本への影響

南太平洋に位置し、海底火山であるフンガトンガ・フンガハアパイ火山は、2022年1月15日、噴火を起こした。この噴火で過去100年間で最大規模となる10km³分の岩石が噴き上げられた。さらに噴き上げられた超高温のガスと灰は、観測史上最高の高度57kmまで上昇した。また、146Tg（1Tgは10億kg）という莫大な水蒸気が大気に放出され、一時的にわずかな温暖化が見られたとの報告もある。ただ、同火山噴火による二酸化硫黄の放出量は大きくなかったと推定されている。大規模な噴火の割には、気温低下など火山噴火の気候への影響は限定的であると見られている。

むしろ、この噴火の影響では、発生した津波の方が日本に大きな影響を与えた。気象庁は噴火の翌日16日すぐに津波警報・注意報を発表した。気象庁は16日未明の会見で、「地震に伴い発生する通常の津波とは異なる」としながらも、この現象による災害を防ぐため、津波警報の仕組みを使って防災対応を呼びかけたと説明した。気象庁は同年7月より火山噴火に伴う気圧波による潮位変動の名称を「津波」に統一することや、噴煙高度が1万5,000mを超過する大規模噴火が発生した場合に「遠地地震に関する情報」の枠組みを使用して情報発信を開始することなどを発表した。この津波の影響で、日本では高知県で27隻、徳島県でも5隻の船舶が転覆、沈没した。

（藤岡達也）

第2部　災害につながる自然現象の理解と防災

Ⅱ　火山噴火

5 世界の火山と災害

1　世界の火山

　米国スミソニアン博物館の調べによると、世界には約1,500の活火山が存在する。その数の多い順に、米国、ロシア、インドネシア、日本の順番となる。これらの国は環太平洋火山帯という太平洋を取り巻く地域に存在している。
　歴史時代の大規模火山災害について、噴火に特徴があるものを年代順に紹介していこう。

2　世界の火山災害

　◯ヴェスヴィオ火山（79年，イタリア，標高1,282m）
　イタリア半島の南部に位置するこの火山名は知らなくとも、多くの人は「ポンペイの悲劇」は知っているだろう。歴史時代、火山の災害が文字情報として残された初めてのケースである。
　ヴェスヴィオ火山は8月24日に噴火を開始し、噴煙は14～26kmの高さまで上昇し、南東方向に大量の火山灰や軽石を運んだ。風下に位置していたポンペイは数m、ヘルクラネウムは10m以上の噴出物で埋まり、歴史の中に消えた。その後、18世紀に入り、ヘルクラネウムとポンペイが発掘された。なぜ、ポンペイの遺跡はそのまま残っていたのか。それは、町を覆った火山灰にあった。火山灰が湿気を吸収し乾燥剤の効果をもたらしたのである。

　◯ラキ火山（1783年，アイスランド，標高812m）
　アイスランドの南西部に位置する。6月8日に、北東から南西方向に割れ目噴火を開始し、噴火は7月29日まで続き、約12km³のマグマを噴出した。これに加えてエアロゾルという火山ガスが大気中に大量に放出され、それが数年間も滞留し地表への日射量を少なくして寒冷化を招いた。同年8月5日には、日本の浅間山が噴火をし、その噴火が原因で寒冷化し、日本で多くの餓死者を出したと以前はいわれていたが、実はその原因のほとんどは、ラキ火山によるものであることが近年の研究でわかった。噴火の規模は浅間山より桁違いにラキの方が大きく、この年は北半球の多くの地域で多数の餓死者が出た。

　◯タンボラ火山（1815年，インドネシア，標高2,850m）
　首都ジャカルタのあるジャワ島の東のスンバワ島に位置する。4月10日の大噴火で50km³のマグマが噴出し、直径6km、深さ700mの**カルデラ**が形成された。

▷1　カルデラ
一度に大量のマグマが噴出して、地下のマグマ溜まりが空洞となり、陥没してできる直径2km以上の円形の窪地。

人類史上最大の火山災害と考えられている。**火砕流**で1万2,000人，飢餓で8万人が犠牲となった。大量のエアロゾルが放出され，地球の気温は約3℃低下した。欧州や北米では翌1816年は「夏のない年」として知られている。

○ プレー火山（1902年，西インド諸島・マルティニーク島，標高1,397m）

モン・プレーとも呼ぶこの火山は，マルティニーク島の北西端に位置する。5月8日に山頂の溶岩ドームが爆発し，火砕流が南へ時速150kmで流れ下り，6km先のサンピエール市を襲った。この火砕流で2万9,000人が死亡した。助かったのは2人だけである。こういった火砕流を巨大火砕流と呼ぶ。

○ セント・ヘレンズ火山（1980年，米国，標高2,549m）

米国のカスケード山脈の北部に位置する。3月から小規模な水蒸気爆発が始まり，次第に火山体の山頂部付近で亀裂が入り，5月18日にその部分が山体崩壊をして**岩なだれ**を発生させた。その瞬間の様子が撮影され，岩なだれ研究が進んだ。磐梯山との比較研究も行われた。20世紀では2番目に大きな噴火であったが，噴火以前にハザードマップがつくられ，住民に対し避難勧告が出されていたため，犠牲者は57人であった。

○ ネバド・デル・ルイス火山（1985年，コロンビア，標高5,321m）

南アメリカ大陸の西側にはアンデス山脈があり，その北部にある火山がネバド・デル・ルイスである。標高が高いため，赤道直下でも山頂は氷河に覆われていた。11月13日に噴火が始まり，その噴火の熱で氷河は解けて融雪泥流となり，麓の町アルメロを襲った。人口2万2,000人の町は壊滅した。噴火の1カ月前にはこの火山のハザードマップが研究者によってつくられ，地元の行政に渡されていた。しかし，このマップを住民は理解していなかった。噴火から泥流が到達するまで2時間の猶予があったが，誰も避難をしていない。火山噴火による自然災害だが，ある意味人災でもある。この火山の噴火をきっかけに，多くの火山研究者が火山防災に積極的に関わるようになった。

○ ピナツボ火山（1991年，フィリピン，標高1,600m）

ルソン島の中央部で首都マニラから北西1,000kmに位置する。1990年7月にルソン島を襲ったM7.8の大地震が，翌年のピナツボ火山の巨大噴火の引き金となった。

1991年4月上旬から火山活動が活発化し，フィリピン火山地震研究所から米国の地質調査所に応援の依頼が入り，複数の研究者が向かった。ネバド・デル・ルイスの悲劇を教訓とし，5月には火山ハザードマップをつくり，ピナツボに近い地域で，火山の説明会を開いた。段階的に火口に近いところから避難指示を出し，大規模噴火の6月15日までに約6万人の住民を避難させた。そのため，20世紀最大の噴火であるにもかかわらず，人的な被害は最小限に留めることができた。

（佐藤　公）

▷2　火砕流

火砕流とは高温の火山噴出物の破片が火山ガスと混じって，高速で流下する現象。

1991年の雲仙普賢岳では，溶岩ドームが崩落することで発生した小規模な火砕流が流下し，その通り道に多くの人がいたために，甚大な被害となった。

▷3　岩なだれ

正式名称は岩屑なだれという。水蒸気噴火やマグマ噴火や地震などを原因として，不安定な山体が大きく崩れる現象。

参考文献

マウロ・ロッシほか (2008)『世界の火山百科図鑑』柊風舎。

ディック・トンプソン (2003)『火山に魅せられた男たち』地人書館。

石弘之 (2012)『歴史を変えた火山噴火』刀水書房。

Ⅱ　火山噴火

火山分布と地震帯

1 火山帯と地震帯との共通性

　図2-Ⅱ-4は世界全体の火山分布である。日本列島には火山が集中しているが，日本列島を含めた太平洋沿いに多く，これらは環太平洋火山帯（Ring of Fire）と呼ばれている。図2-Ⅱ-4から火山噴火が生じると甚大な被害が発生することが予想される地域は，日本やアメリカ西部，地中海に面したヨーロッパ南部，ニュージーランド北部などの先進諸国から，フィリピン，インドネシア，南アメリカ西部，アフリカ東部などの開発途上国まで，世界各地に分布する。偏りはあっても，経済への影響から国際的な課題といえる。

　また，これらの活火山の分布を見ると，世界で頻繁に地震が発生している地域と重なっていることが理解できる。この理由として，2-Ⅰ-1 に示したプレートの境界部分に地震や火山の分布が多いことがある。

　地震と同様に，火山が発生するメカニズムとして，プレートの動きを無視するわけにはいかない。まず，プレートは拡大地域としての**海嶺**で誕生する。形成されたプレートは海嶺の両側に移動し，別のプレートと衝突したり，他のプレートに沈み込んだりする。また，太平洋では中央海嶺から生成したプレートが日本海溝に沈み込むまでの間に，ハワイ島のような**ホットスポット**がある。

▷1　**海嶺**
下図は太平洋プレートが生成される東太平洋の中央海嶺を模式的に示したものである。マグマ溜まりが形成され，そこから両側に，より軟らかい流動性の高いアセノスフェアの上を固いプレート（リソスフェア）が動く。海嶺は海底からの高さ約3km，幅約1,000kmの大地形といえる。

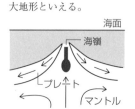

▷2　**ホットスポット**
マントルの上昇によってマグマが生成され，プレートのある場所で火成活動が生じる。ホットスポットは，ほとんど場所が変わらないという性質があり，その上をプレートが通過すると，ホットスポットで形成された火山島または海山の列となって海底に見られる。

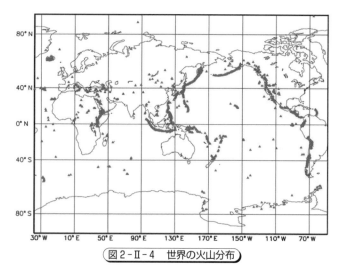

図2-Ⅱ-4　世界の火山分布

注：火山は過去概ね1万年間に活動のあったもの
出所：内閣府「1　世界の火山」（https://www.bousai.go.jp/kazan/taisaku/k101.htm）
（2025年2月7日最終閲覧）

世界では、プレートの沈み込みによって発生した火山は多い。その他中央海嶺の例で示したように、プレートが拡大する地域での火山活動もある。これは海の中だけでなく、陸地においても見られ、東部アフリカの**グレート・リフト・バレー**▷3が典型的な例である。アフリカでは地震活動は少ないが、火山活動は頻繁に起きている。アイスランドも大西洋中央海嶺に沿って地表に向かって溶解物質が上昇する、プレートの拡大地域である。

2 日本での地震と火山分布との違い

繰り返し紹介してきたように、日本列島は4枚のプレートが影響し合っているために地震や火山噴火の多発地帯である。しかし、その地震の活動（発生した地震の震央の位置）と活火山の分布範囲は異なる。列島ではいたるところに活断層が存在し、内陸部も含め、ほぼ列島全域にわたっている。しかし、活火山の分布、特に気象庁の常時観測火山が存在しない地域も見られる（図2-Ⅱ-5）。例えば、近畿地方、四国地方、中国地方である。これは、プレートの沈み方から説明されることがある。古い年代のプレートは厚く重くなり、その結果、他のプレートに急角度で潜り込むことになり、マグマが発生し、火山活動が生じやすくなる。

▷3 グレート・リフト・バレー
アフリカ大陸の東側に存在し、大地溝帯とも呼ばれる。周辺では多数の火山が活動しており、南北に火山帯を形成している。マントル上昇流が、大地溝帯周囲の地殻を押し上げ、さらにマントル対流の両側への移動によってアフリカ大陸が東西に裂かれているとされる。

参考文献
東京大学地震研究所監修（2008）『地震・津波と火山の事典』丸善出版。

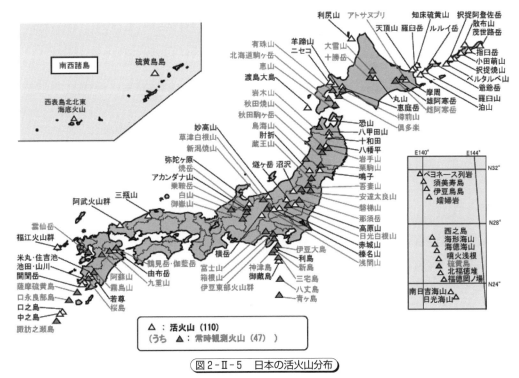

図2-Ⅱ-5 日本の活火山分布

出所：気象庁「活火山とは」(https://www.jma.go.jp/jma/kishou/know/kazan/katsukazan_toha/katsukazan_toha.html)（2025年2月7日最終閲覧）

（藤岡達也）

Ⅱ 火山噴火

7 火山の恩恵（1）（国立公園・国定公園・ジオパーク）

1 火山は2つの顔を持っている

　火山が噴火した場合，その火口の周りに多くの人がいると甚大な被害につながる。2014年9月27日に噴火した御嶽山がその例である。

　そのため，多くの人は火山と聞くと災害の源と考えがちである。ごく一部の火山は，年に何回も噴火を発生させるが，多くの火山ではめったに噴火が起きない。それどころか，たくさんの恵みを私たちに与えてくれている。その最たるものが，火山がつくり出す美しい景観ではないだろうか。

　以下，表記を火山とするが，これは活火山のことである。

2 火山の恵み

○国立公園

　日本の国立公園は，日本を代表する自然の風景地として，1957年につくられた自然公園法に基づいて国の指定を受け，管理されている。世界で初めて国立公園をつくったのは，1872年の米国のイエローストーンで，その後世界に広まった。ちなみに，イエローストーンは火山である。

　日本は米国の国立公園制度を参考に，1934年に初めて3つの国立公園（瀬戸内海・雲仙・霧島）を指定した。この3カ所のうち2カ所が火山である。2024年現在，日本には35カ所の国立公園が存在する。その中で，火山があるものは，北海道には5カ所（利尻礼文・知床・大雪山・阿寒摩周・支笏洞爺），次に東北には3カ所（十和田八幡平・磐梯朝日・尾瀬），中部地方には5カ所（糸魚川・妙高戸隠連山・中部山岳・上信越・白山），関東地方には2カ所（日光・富士箱根伊豆），九州地方には4カ所（阿蘇くじゅう・雲仙天草・霧島錦江湾・屋久島）の計19カ所で，国立公園全体の半分以上を占める。日本国内の111の活火山のうちの56が国立公園内に存在している。

○国定公園

　国定公園とは，日本において国立公園に準じる景勝地として自然公園法に基づき環境大臣が指定した公園である。2024年現在，58カ所の国定公園が存在している。その中で，火山があるものは，北海道には1カ所（大沼），東北地方には5カ所（下北半島・津軽・栗駒・蔵王・鳥海山），中部地方には1カ所（八ケ岳中信高原）の計7つで，国定公園全体の約1割を占める。

▷1　活火山
過去1万年以内に噴火した山か，現在噴気活動が活発な山。

2-Ⅱ-7 火山の恩恵（1）（国立公園・国定公園・ジオパーク）

◯日本のジオパーク

ジオパークとは，地質や地形が見どころの大地の公園のことである。世界では20世紀後半からジオパーク活動が始まり，日本には21世紀の初頭に入ってきた。日本には2024年現在，国内ジオパークとユネスコ世界ジオパークが合わせて47カ所ある。火山が含まれている地域は，北海道が3カ所（洞爺湖有珠山・とかち鹿追・十勝岳），東北地方は3カ所（鳥海山・栗駒山麓・磐梯山），関東地方は4カ所（浅間山北麓・箱根・伊豆大島・伊豆半島），中部地方は3カ所（糸魚川・立山黒部・白山手取川），中国地方は1カ所（萩），九州は5カ所（島原半島・阿蘇・霧島・桜島錦江湾・三島村鬼界カルデラ）で，合計19カ所となり，国内のジオパークの約4割を占める。この中で，ユネスコ世界ジオパークは10カ所で，火山地域は6カ所（洞爺湖有珠山・糸魚川・白山手取川・伊豆半島・島原半島・阿蘇）である。

◯国立公園・国定公園とジオパーク

国内の47のジオパークのうち，28カ所が国立公園で，全体の6割を占める。火山地域はその中の14カ所（洞爺湖有珠山・とかち鹿追・磐梯山・浅間山北麓・箱根・伊豆大島・伊豆半島・糸魚川・立山黒部・白山手取川・島原半島・阿蘇・霧島・桜島錦江湾）で全体の3割を占める。

国内の47のジオパークのうち，7カ所（栗駒・鳥海山・佐渡・山陰海岸・秋吉台・室戸・三好）が国定公園であり，火山地域はその中の2カ所（栗駒・鳥海山）である。国立公園に比べて，国定公園の火山の割合が少ないのは，国土軸や都市部の自然保護の一環として指定していることなどによる。

◯国立公園と国定公園とジオパークの類似性と相違性

3つの公園の共通の考え方は，素晴らしい景観を高く評価し，それをもとに公園を認定していることだろう。しかし，ジオパークが他の2つの公園と異なる点は，景観の成り立ちに着目していることにある。その大地がどのように形成されてきたかを学ぶ場がジオパークである。大地の成り立ちを理解することで，なぜそこでは自然災害が発生したかも学ぶことになる。ジオパークでは学校教育に力を入れていて，子どもたちに自分たちの地域の大地を学ばせている。こういった活動が，その地域の防災にもつながっていく。

また，ジオパークはその地域の保全をすることだけでなく，活用にも当初から力を入れてきた。環境省が制定する国立公園や国定公園と日本ジオパーク委員会が認定するジオパークは，当初はあまり近い関係ではなかった。しかし，近年は国立公園や国定公園とジオパークが連携する活動が強化されてきている。全ての公園がジオパークになる必要はないが，大地を学び伝えるジオパーク的な活動や，その地域を活用する手法を国立公園や国定公園で取り入れていくことはとても重要である。国立公園にある各地のジオパークでは，自然保護官事務所と連携した活動を強めている。

（佐藤　公）

Ⅱ 火山噴火

8 火山の恩恵（2）火山のエネルギーと地熱，金属鉱床，温泉

1 火成活動と金属鉱床

　火山噴火の恐ろしさは，一瞬にして都市を壊滅させ，多数の人命や財産を奪うことである。しかし，噴火につながる火成活動は人間の文明を支えてきた面もある。地下資源としての金属鉱床の形成がその一例である。日本は鉱物資源のない国といわれるが，それは正しい表現ではない。むしろ現在も含め，日本列島が形成された時代以降，火成活動の影響による鉱物資源の種類と量は豊富であり，国土面積から考えると資源大国であったといえる。

　国際的に最も重視される金鉱脈について紹介する。かつて日本は「ジパング（黄金の国）」と呼ばれ，大航海時代が始まる一因ともなった。これは佐渡金山の本格的な開鉱以前の記述であり，奥州平泉の金をはじめ漂砂鉱床のことを示していると考えられている。近世以降，金・銀・銅などの産出量・輸出量は大きく，菱刈金山等は現在も操業中である。閉山等で稼行を終えた金銀鉱山などは，世界遺産やジオパークとなっており，地下資源から地域の観光資源へと新たな開発拠点となっている。

　日本の金銀銅山として代表的な佐渡金山の歴史を遡ると，1603年には徳川幕府直轄の天領として佐渡奉行所が置かれていた。明治維新後は官営佐渡鉱山となり，1896年に三菱合資会社（当時）に払い下げられた。維新以降，導入された西洋の科学技術により，日本の鉱山開発は近代化が進んだ。佐渡金山も欧米の技術者によって東洋一の選鉱場や火力発電所が設置された（図2-Ⅱ-6）。

2 地熱発電への期待

　地熱発電も火成活動がもたらす恩恵の1つである。地球温暖化対策としても循環型エネルギーの開発と活用とが求められている現在，地熱エネルギーの利

▷1　ジパング
マルコ・ポーロ（1254年頃～1324）は「東方見聞録」の中で，日本をそのように紹介した。

▷2　菱刈金山
1985年の出鉱以来，商業規模で操業を継続している国内の最大の金鉱山。埋蔵量は約260tと推定され，佐渡金山の産出量と比べても産出量の多さが理解できる。熱水性鉱脈型鉱床に類し，鉱床の形成は約100万年前と金属鉱床としては新しい（住友金属鉱山「菱刈鉱山」〈https://www.smm.co.jp/〉〈2025年2月7日最終閲覧〉）。

▷3　佐渡金山
上杉景勝が家臣の直江兼続に命じて佐渡金山（現在の佐渡島）を支配下に置き，その後，豊臣秀吉，徳川幕府と時の権力者が所有してきた。1989年3月操業を休止。400年の間に約78t金を産出したと推定されている。ただ，銀の産出量も2300tに上がることから，「佐渡金銀山」とも呼ばれている。

図2-Ⅱ-6　佐渡金山の選鉱場跡（左）と火力発電所跡（右）

2-Ⅱ-8　火山の恩恵（2）火山のエネルギーと地熱，金属鉱床，温泉

用は有望視されている。安定的で安全な再生エネルギー開発の中でも，地熱発電は火山帯に位置する日本列島にとって，大きな可能性を秘めている。

地熱発電のメカニズムを図2-Ⅱ-7に模式的に示す。地下に高温のマグマが存在するところでは，地熱によってタービン（高温の蒸気やガス等を動翼に吹き付け，それによって羽根車を回転させることで動力を得る原動機）を回転させてエネルギーを発生させることができる。日本の地熱発電所は，東北と九州に立地しており，全国の地熱発電所の発電設備容量を合計すると約51万kW，発電電力量は2,347万kWである。

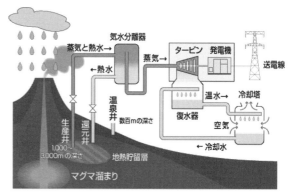

図2-Ⅱ-7　地熱発電のしくみ

出所：エネルギー・金属鉱物資源機構「地熱発電のしくみ」（https://geothermal.jogmec.go.jp/information/geothermal/mechanism/mechanism2.html）（2025年2月7日最終閲覧）

3　温泉の魅力

火山活動とも関連して地下の熱源が人間に恵みを与えているのは，地熱発電だけではない。精神的な恩恵を与えている例として，温泉が挙げられる。図2-Ⅱ-8に火山性の温泉のメカニズムを示した。2-Ⅱ-6で日本列島では，地震に比べ火山は分布が限られていることを紹介したが，周辺に火山が存在しなくても日本各地に温泉は多数存在する。

近畿地方や四国地方等では，活火山は存在しないが，多くの観光客が訪れる有名な温泉は枚挙にいとまがない。その例として有馬温泉（兵庫県）（図2-Ⅱ-9）は江戸時代の温泉番付で西の大関とされた（当時は大関が最高位）。この地域は，有馬―高槻活断層帯，六甲―野島断層帯などの多くの活断層が存在する。つまり，地下水と活断層との関係が温泉の存在にも影響を与えている。

▷4　日本の地熱発電所
日本は，アメリカ，インドネシアに次ぐ，世界第3位（2,347万kW相当）の地熱資源量を有するが，国内稼働中の地熱発電所の出力は，約51万kWと，地熱資源量の2.2%である（2023年4月現在）。政府は，2030年に150万kWの導入目標を定めた。国内最大の発電所は八丁原発電所（大分県）の11万kWで，松川地熱発電所（岩手県）は商用運転を開始してから50年以上経つ（日本地熱協会「地熱発電に関する情報」〈https://www.chinetsukyokai.com/information/tokucho.html〉〈2025年2月7日最終閲覧〉）。

図2-Ⅱ-8　火山性の温泉のメカニズム

出所：岐阜県温泉協会「岐阜発！温泉博物館　第3話　温かい温泉が湧き出すしくみ」（https://gifu-onsen.jp/ja/topic_museum/no_03/）（2025年2月7日最終閲覧）

図2-Ⅱ-9　有馬温泉と秀吉

（藤岡達也）

参考文献

鞠子正（2008）『鉱床地質学――金属資源の地球科学』古今書院。

コラム6

火山博物館での学び

1　全国の火山博物館

　日本には111の活火山が存在するが，火山の博物館は意外に少なく，火山地域のビジターセンターを除くと火山数全体の約1割の10館程度しかない。その多くは中小の博物館である。

　1995年10月，三松正夫記念館の三松三朗館長の働きかけで，北海道の有珠山で開催された昭和新山生成50周年記念の国際火山ワークショップに，全国の火山博物館関係者が集い，全国火山系博物館連絡協議会を発足させた。北から三松正夫記念館，磐梯山噴火記念館，浅間火山博物館，大涌谷自然科学館，伊豆大島火山博物館，阿蘇火山博物館の6館である。毎年各火山地域で研修会を開き，大きな火山災害が発生した場合は，産業技術総合研究所と連携し，巡回展も開催してきた。浅間火山博物館の脱退後，雲仙岳災害記念館，立山カルデラ砂防博物館，桜島ビジターセンター，嬬恋郷土資料館が加入し，大涌谷自然科学館の閉館後は箱根ジオミュージアムが加盟し，2024年現在9館で構成している。

　火山博物館のある地域は全て，日本ジオパークかユネスコ世界ジオパークの認定を受けている。そのため，当協議会はジオパークと連携しながら，火山の啓発普及活動をしている。

2　磐梯山噴火記念館での学び

　筆者は磐梯山噴火記念館の開館と同時に入職し，現在は館長を務めている。

　磐梯山の噴火100年の1988年に開館した当館は，開館から36年間で約300万人の来館者を迎え入れた。火山の企画展や自然観察会などを開催してきた。そして，2000年頃からはアウトリーチに力を入れるように

なった。地元の裏磐梯中学校の出前授業を開始したのも同時期である。

○裏磐梯中学校の出前授業

　1999年，当館では当時の校長から依頼され，磐梯山の噴火の歴史や火山の仕組みを中学生に教え始めた。2001年に磐梯山の火山防災マップが公表されたことで，防災の授業も加わり現在も毎年継続中である。この裏磐梯中学校の授業がベースとなり，他の学校へも波及していった。現在では，千葉県我孫子市立布佐中学校へも2011年から毎年出前授業に出かけている。

　火山博物館による授業では，様々な火山現象についての話だけでなく，動画を使ったり，また実験を通して理解を深めることができる。

○火山の実験

　小学校や年齢の低い子どもたち向けには，山頂に穴を開けた山の模型を使って，圧縮空気を下から送り込み，紙粘土でつくった噴石を飛ばしたり，お麩を様々なサイズに砕いたものを入れて，扇風機を回し，火山灰に見立てて飛ばす実験をよく行う（図1）。火山の噴火現象を小学生にわかりやすく伝えるためである。

図1　噴石実験

　中学校では，歯科印象材を使った成層火山をつくる実験を行う。この材料は短時間で固まる特性があり，ボードの下からビニール袋に入れた印象材を絞り出して噴火に見立て，山をつくる（図2）。印象材の通り

道を開けてまた噴火するのを繰り返し，4回行うと成層火山が完成する。この材料に色の異なる絵具を入れることで，4つの色の地層が完成する。最後に粘土ナイフでカットし，内部構造を確認する。噴火をさせることも楽しいが，山の内部構造を見せることで，地層の成り立ちも学べる優れた実験である。

図2　成層火山の実験

　高校では，水槽を使った火砕流と噴煙の実験を行う。水槽の中に底に穴を開けた山の模型を入れ，入浴剤をチューブを通して入れて実験を行う。噴煙は液体入浴剤を希釈したものを使う。火砕流は粉末入浴剤を5倍の水で溶かしたものを使う。どちらの実験もその様子がとてもリアルで生徒は喜ぶ。
　このように，それぞれの年代に合った実験をすることで，火山の仕組みの理解が進む。
○フィールド授業
　火山について教室内で学ぶことも重要だが，実際に火山の現場で学ぶことで，その成り立ちの理解が進む。2002年から裏磐梯中学校でフィールド授業を開始したが，その後多くの学校へ広がり，現在は磐梯山ジオパークのジオツアーへと発展している。
　この授業は裏磐梯スキー場の駐車場からスタートする。ここには，気象庁の火山観測装置が設置してあり，その地震計は100m掘削した地下に設置してあるが，その100mのボーリングデータから，磐梯山の過去の噴火の歴史がわかる。次に，ゲレンデを登っていくと，アカマツが3本まとまって成長している所があ

る。これは磐梯山の噴火で一度リセットされた大地に植林をした証拠なのだと解説をする。荒れた土地にはアカマツが適しているのである。スキー場のリフト終点から北側を振り返ると噴火で川をせき止めてつくられた大きな桧原湖が望める。湖の中央部に小さな島が見えるが，これは小磐梯が北側に崩壊して岩なだれを発生させ，堆積した流れ山の1つであると解説をする。その場所は噴火前は細野という地域であり，そこで噴火に遭遇した人の聞きとり調査を生徒に朗読させる。これが噴火の疑似体験となる。教室内とは異なり，現場での朗読は臨場感があり，子どもたちは真剣に話に耳を傾ける。その後，噴火口のある銅沼へ向かう。到着すると正面には磐梯山の1888年噴火で崩壊した大規模な火口壁が迫ってくる。噴気も見えて，磐梯山が活火山であることをよりリアルに実感できる。火口壁をよく見ると，異なる地層が積み重なっている。実はこれは1888年の噴火以前の磐梯山の内部構造なのである。過去に何度となく大量の溶岩を流した地層や，白く変質している地層などから磐梯山の噴火の歴史を学べる特別な場所なのである。
　こういった学びは全国の火山博物館でも実施されていて，それぞれの火山の特性を理解できる。各火山地域は修学旅行や林間学校で訪れる場所であるため，県外から訪れる子どもたちも，火山について深く学ぶことができる。夏休みなどに家族で訪れることも有効である。また，火山をテーマに自由研究をするといった場合には，火山博物館の学芸員に相談してみてはどうだろうか。

（佐藤　公）

第2部 災害につながる自然現象の理解と防災

Ⅲ 風水害（気象災害・土砂災害）

日本の四季と自然災害

▷1 前線
性質の異なる2つの気団が相対している面が前線面であり、前線面と地表との交わりを前線と呼ぶ。「前線」の語源は、敵と味方がぶつかっている軍隊に関する用語であった。前線面では、気温、気圧、風向・風速、湿度などの変化が著しい。

▷2 風水害
気象災害としては、暴風、竜巻、豪雨、洪水、高潮など、さらには豪雪、土砂災害には、崖崩れ、地すべり、土石流などが挙げられる。

▷3 平成30年7月豪雨
「西日本豪雨」「平成30年7月豪雨（前線及び台風第7号による大雨等）」と記されたりすることもある。前線や台風第7号の影響により、日本付近に暖かく非常に湿った空気が供給され続け、西日本を中心に全国的に広い範囲で記録的な大雨となり、河川の氾濫、浸水害、土砂災害等が発生し、死者、行方不明者が232名となる甚大な災害となった。気象庁は、この大雨について、岐阜県、京都府、兵庫県、岡山県、鳥取県、広島県、愛媛県、高知県、福岡県、佐賀県、長崎県の1府10県に特別警報を発表した。

1 豪雨と風水害

地震や火山噴火は季節に関係なくいつ起こるかわからない。しかし、豪雨の原因となりやすい台風や梅雨前線・秋雨前線などの**前線**は発達しやすい時期がある。温帯モンスーン気候に位置する日本列島では、毎年どこかで甚大な**風水害**が発生し、数十年に1度の規模の自然現象を対象とした大雨特別警報が2013年の運用開始以来、毎年発表されている。

近年、各地で、台風・前線の発達により、集中豪雨が目立つようになってきた。気候変動の影響を受け、地表や海水の温度が上がると上昇気流が発生しやすくなる。地球温暖化が今後の風水害の発生頻度や拡大にどのような影響を与えていくのかは、明確に予測することは困難である。しかし、これらの関係性についても意識することが重要である。

2 日本の四季の特色

気象災害は季節の特徴を反映している。日本の四季に大きな影響を与えているのが、日本列島周辺の4つの気団であり、これらはシベリア気団、オホーツク海気団、小笠原気団（北太平洋気団）、揚子江気団である（⇨ 1-5 ）。

春から盛夏への季節の移行期に、日本からアジア大陸付近に出現する停滞前線のことを梅雨前線と呼ぶ。シベリア高気圧やオホーツク高気圧と北太平洋高気圧とが張り合ってぶつかることによって形成されるのが、梅雨前線である。そのため、日本列島は多くの範囲で梅雨となる。この前線が停滞し、ここに南から湿った空気が多量に供給されることによって豪雨となる。甚大な被害を生じた**平成30年7月豪雨**（西日本豪雨）はその典型的な例である（図2-Ⅲ-1）。

沖積平野においては、豪雨に伴う河川の氾濫や溢水による甚大な被害が頻発している。堤防が破堤したり、大量の河川水が堤防を乗り越えたりするために生じる外水被害だけでなく、河川の本流などの水位が高くなっているため、支流が本流に流れなかったり、同じ理由で下水道が機能しなかったりして、生活範囲に浸水被害が広がる内水被害も見られる（⇨ 2-Ⅲ-4 ）。

山間部や丘陵地などでは、豪雨等を誘因とする斜面崩壊などの土砂災害が発生することも多い。中でも甚大な被害を生じるものが土石流（⇨ 2-Ⅲ-16 ）である。列島では、豪雨等がなくても、地下水の関係で、崖崩れや地すべり

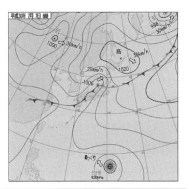

図2-Ⅲ-1　平成30年7月豪雨時の天気図

出所：気象庁「過去の実況天気図」(https://www.data.jma.go.jp/yoho/wxchart/quickmonthly.html)（2025年2月7日最終閲覧）

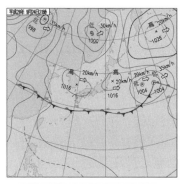

図2-Ⅲ-2　秋雨前線時の天気図

出所：図2-Ⅲ-1に同じ

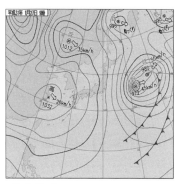

図2-Ⅲ-3　西高東低型の気圧配置

出所：図2-Ⅲ-1に同じ

（⇨ 2-Ⅲ-16）なども頻繁に発生している。被害を最小限に食い止めるためにも，日本では土砂災害の理解を深め，対策を進めることが不可欠である。

　梅雨の終わり頃，北太平洋高気圧からの暖かく湿潤な空気が前述のように西日本に豪雨をもたらす。一般的には，南北振動を繰り返しながら沖縄から東北地方へゆっくり北上する。典型的な梅雨前線の位置（図2-Ⅲ-1）を見ても北海道には梅雨がないことがうかがえる。オホーツク高気圧が衰退・消滅すると，日本列島は北太平洋高気圧に覆われ，梅雨が明け，夏となる。

　秋になり，北太平洋高気圧が弱まってくると，偏西風が南下し，大陸からの寒気が日本に入ってくる。これと北太平洋高気圧との間に秋雨前線が形成され，雨が続くことがある（図2-Ⅲ-2）。従来は，北太平洋高気圧の勢力が梅雨期ほど活発でなく，前線の南側から吹き込む湿った暖気の流入が少ないため，梅雨前線のように長期間にわたって停滞することはなかった。ただ，近年は秋になっても北太平洋高気圧が大きく張り出すこともある。

　その後，これらの高気圧が弱まると，西の方から揚子江高気圧が日本列島を訪れ，いわゆる秋晴れが続く。毎年，基本的には気圧配置は大きく変わらないため，1年の中で，秋には統計的に晴れになる確率が高い日がある。これが，特異日と呼ばれるものである。11月3日や10月10日は，晴れの日が多く，典型的な特異日とされてきた。かつては体育の日が10月10日に設定されており，体育大会，運動会，文化祭などが開催されることも多かった。

　冬になると，シベリアを中心とする強い寒気団が形成される。これがシベリア高気圧になり，西高東低型の気圧配置（図2-Ⅲ-3）として日本海側に豪雪などの大きな影響を与える。

（藤岡達也）

参考文献

新田尚ほか編集（2021）『キーワード　気象の事典　新装版』朝倉書店。

第2部　災害につながる自然現象の理解と防災

Ⅲ　風水害（気象災害・土砂災害）

台風のメカニズム

① 台風と低気圧

　日本列島は毎年のように台風によって甚大な被害を受けている。台風の定義は，気象庁によると「熱帯の海上で発生する低気圧を『熱帯低気圧』と呼び，このうち北西太平洋（赤道より北で東経180度より西の領域）または南シナ海に存在し，なおかつ低気圧域内の最大風速（10分間平均）がおよそ17m/s（34ノット，風力8）以上のもの[1]」である。気圧が周囲より低いところを低気圧，高いところを高気圧と呼ぶ。風は低気圧の中心に向かって吹き込むため，中心付近では，上昇気流によって雨域が広がる（逆に高気圧周辺では，下降気流により中心から風が吹き出し，晴れの地域が広る）。台風は回転する巨大な空気の渦といえ，下層では反時計回りに中心に向かって空気が吹き込みながら上昇する（図2-Ⅲ-4）。逆に上層では時計回りに噴出する。台風の目では下降気流が見られ，雲がなく風雨も弱くなるが，台風の目の周囲では，非常に発達した積乱雲が壁のように取り巻き（アイウォールと呼ぶ），その外側にはスパイラルバンドと呼ばれる内側降雨帯が存在する。このスパイラルバンドの下では猛烈な暴風雨となる。

　熱帯低気圧が暴風となったものは地域によって名称が異なる（図2-Ⅲ-5）。北大西洋，カリブ海，メキシコ湾および西経180度より東の北東太平洋に存在する熱帯低気圧のうち，最大風速が約33m/s以上になったものをハリケーンと呼ぶ。また，サイクロンは，ベンガル湾やアラビア海などの北インド洋に存在する熱帯低気圧のうち，最大風速が約17m/s以上になったものを指す。なお，台風とタイフーンは同じものとされることもある。発生地域は同じであるが，タイフーンは最大風速がハリケーンと同レベルの33m/s以上のものを示す。

　気象庁では毎年，その年に最も早く発生した台風を第1号とし，その後の台風の発生順に番号と名称[3]をつけている。

▷1　気象庁「台風について」〈https://www.jma.go.jp/jma/kishou/know/typhoon/index.html〉（2025年2月7日最終閲覧）。

▷2　台風
台風は巨大な空気の渦巻きであり，地上付近では上から見て反時計回りに強い風が吹き込む。そのため，進行方向に向かって右側では台風自身の風と台風を移動させる周りの風が同じ方向に吹くため風が強くなる（気象庁「台風に伴う風の特性」〈https://www.jma.go.jp/jma/kishou/know/typhoon/2-1.html〉〈2025年2月7日最終閲覧〉）。

▷3　（台風）の名称
台風は，以前はアメリカに

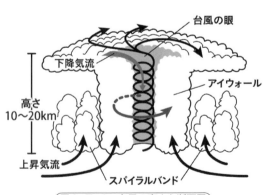

図2-Ⅲ-4　台風の高さと断面図

出所：金子大輔（2019）『図解　身近にあふれる「気象・天気」が3時間でわかる本』明日香出版社

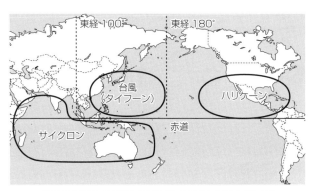

図2-Ⅲ-5 地域ごとに異なる熱帯低気圧の呼び方

❷ 台風の発生・成長と日本列島への影響

　台風は暖かい海面から供給された水蒸気が凝結する時に放出される熱（潜熱）をエネルギーとして発達する。この熱によって暖められた空気が上昇気流を強め，地上では中心気圧が下がり，中心に向かって吹き込む気流に**地球の自転による力**が働き巨大な渦となる。ただし，大気の状態も重要な要因であるため，海面水温が高いだけでは，台風の発生・発達につながらない。現在では，まだ海面水温と台風の規模に関する実証的なデータはないが，一方で，今後，海面水温が高くなると供給されるエネルギーが大きくなり，台風の巨大化が懸念されているのも事実である。

　台風は北上して成長を続け，日本列島に上陸すると暴風や豪雨で被害を与える。図2-Ⅲ-6で示したように，台風は季節によっても進行方向は異なる。どの時期の台風も，最初は北西〜北北西の方向に進み，途中から大きく東側にカーブして日本列島に到達する。これは，発生した台風は最初，東側からの貿易風によって西側に進み，その後，西側からの偏西風によって東側に流され，加えて北太平洋高気圧（小笠原高気圧）に大きく関係する。台風はこの北太平洋高気圧の西側の縁に沿って進む。

　また，日本付近に接近すると上空に寒気が流れ込むようになり，次第に台風本来の性質を失って「温帯低気圧」に変わる場合も多い。日本列島に上陸した台風が急速に衰えるのは水蒸気の供給が絶たれ，さらに陸地との摩擦によりエネルギーが失われるからである。

（藤岡達也）

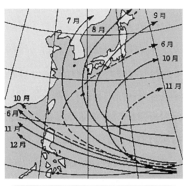

図2-Ⅲ-6 台風の月別の主な経路
出所：気象庁「台風の発生，接近，上陸，経路」
〈https://www.jma.go.jp/jma/kishou/know/typhoon/1-4.html〉（2025年2月7日最終閲覧）

2-Ⅲ-2 台風のメカニズム

よって英語名（人名）が付けられていた。しかし，2000年から，北西太平洋または南シナ海の領域で発生する台風には，同領域に共通のアジア名として固有の名前（加盟国などが提案した名前）を付けることになっている。これは，アジア各国・地域の文化の尊重と連帯の強化，相互理解を推進すること，アジアの人々になじみのある呼び名をつけることによって人々の防災意識を高めることを目的とするためである（気象庁「台風の番号とアジア名の付け方」〈https://www.jma.go.jp/jma/kishou/know/typhoon/1-5.html〉〈2025年2月7日最終閲覧〉）。

▷4　地球の自転による力
コリオリの力と呼ばれる見かけ上の力。

参考文献
新田尚ほか編集（2021）『キーワード　気象の事典　新装版』朝倉書店。

Ⅲ 風水害（気象災害・土砂災害）

近代に日本を襲った台風とその教訓

1 終戦直後の日本を襲った台風

　気象庁が名称を定めるほどの甚大な被害を与えた台風等は，令和に入ってからも，「房総半島台風」（2019年9月）（台風第15号），「東日本台風」（2019年10月）（台風第19号），豪雨としては「令和2年7月豪雨」がある。それ以前には，第2次世界大戦によって被害を受け，復興に取り組み始めた矢先に自然災害に襲われた地域も多い。福井地震（1948年）がその例だが，台風による被害もある。

　「枕崎台風」（1945年台風第16号）は終戦直後約1カ月後の9月17日に鹿児島県枕崎市付近に上陸し，広島県では死者・行方不明者が2,000名を超えた。土砂災害が生じやすい地域であり，特に広島市は8月6日の原爆投下だけでなく，戦時中に何度も空襲を受け，土地が荒廃していたことも犠牲者が増えた原因である。これは柳田邦夫の「空白の天気図」という作品にも記されている。台風は北東に進み，九州，四国，近畿，北陸，東北地方を通過して三陸沖へ進んだ。結果として，人的被害は全国で死者2,473名，行方不明者1,283名，負傷者2,452名にものぼった。宮崎県細島で最大風速51.3m/s，枕崎で40.0m/s，広島で30.2m/sを観測するなど凄まじい暴風が列島を襲い，住家損壊は8万9,839棟と記録されている。九州・中国地方だけでなく，栃木県日光市や三重県尾鷲市などでも18日にかけての期間降水量が200mmを超えたところがあった。終戦直後で気象情報が少なく，防災体制が不十分であったことも被害につながったといえる。

　戦後最大の被害を生じたのが「伊勢湾台風」である。1959年9月26日夕刻に紀伊半島先端に上陸した台風15号による死者・行方不明者数は5,098名に及び，明治以降最多であった。この台風による犠牲者は32道府県にも達するが，80％以上が愛知・三重の2県に集中している。浸水地域の範囲は広く，被害拡大の原因の1つに，台風によって発生した高潮が挙げられる。伊勢湾奥部に過去最高潮位を1m近く上回る観測史上最大の3.55mの高潮が生じ，しかも，その被災地は日本最大のゼロメートル地帯であった。一帯は防災対策が不十分のまま市街化しており，住民が地域の危険性を十分に理解していなかったことに加え，夜間に高潮が発生したことも重なり，甚大な被害を生じた。この教訓が高潮対策を大きく進展させ，後の「災害対策基本法」制定の契機ともなり，伊勢湾台風は，日本の防災対策の大きな転換期となった（⇒ 4-Ⅰ-2 ）。

▷1　豪雨
気象庁が命名した令和直前の豪雨には，「平成27年9月関東・東北豪雨」（2015年9月9〜11日），「平成29年7月九州北部豪雨」（2017年7月5〜6日），「平成30年7月豪雨」「西日本豪雨」（2018年6月28日〜7月8日），などがある。

▷2　「空白の天気図」
枕崎台風では3分の2以上の犠牲者が広島県で生じた。終戦直後，原爆による困窮下，放射線障害と戦いながら観測と調査を続けた広島気象台台員を描いた柳田邦男の名作である。

▷3　ゼロメートル地帯
「海抜0m地帯」のことであり，土地の標高が海水面と同じレベルか，それ以下の地帯を指す。自然に生じることもあるが，日本では工業用水のため，過剰に地下水を汲み上げたことが主な原因である。地下水を過剰に汲み上げると地下水位が下がり，帯水層の水圧が下がる。その結果，粘土層に含まれていた水が水圧の低い帯水層にしぼり出され，粘土層が収縮し地面全体が下がる。そのため地盤沈下が生じ，ゼロメートル地帯となる。

❷ 昭和の三大台風とジェーン台風，第二室戸台風

　1945年枕崎台風および1959年伊勢湾台風，そして次に述べる1934年室戸台風は，被害の大きさから「昭和の三大台風」と呼ばれている。「室戸台風」は，日本に上陸した観測史上最強・最大を記録した。9月21日高知県室戸岬付近に上陸し，京阪神地方を中心として甚大な被害をもたらした。記録的な最低気圧・最大瞬間風速が観測されたとともに，高潮被害や強風による建物の倒壊によって，死者・行方不明者は約3,000名となった。近畿地方では校舎が倒壊するなど，子どもたちにも多数の犠牲者が生じた。校舎内にいた児童や職員，迎えに来た保護者に多数の犠牲者を出し，大阪市内の小学校内における死者は合計267名（職員7名・使丁2名・児童251名・保護者7名），重軽傷者は1,571名にものぼった。校外における死者は18名，重軽傷者が610名という数字から，**強風による校舎倒壊**による死傷者の多さがわかる。

　後に，室戸台風とほぼ同様な規模・進路であったのが，ジェーン台風（1950年）と第二室戸台風（1961年）である。ジェーン台風は9月3～4日にかけて，死者398名，行方不明者141名，負傷者2万6,062名，住家全壊1万9,131棟，半壊10万1,792棟，さらには床上浸水9万3,116棟，床下浸水30万8,960棟などの被害を与えた。ジェーン台風は，9月3日高知県室戸岬の東を通り，10時頃徳島県日和佐町付近に上陸，淡路島を通過して，12時過ぎ神戸市垂水区付近に再上陸した。降水量は，四国東部で期間降水量が200mm以上となった他は，全般的に少なかった。台風の中心付近で非常に風が強く，和歌山県で最大風速36.5m/s（最大瞬間風速46.0m/s），四国東部，近畿，北陸，東海で最大風速が30m/s前後の暴風となった。台風の強風による吹き寄せで大阪湾や北陸沿岸で高潮が発生した。大阪湾では満潮時より2.1m以上高くなり，地盤沈下の影響もあって多くの家屋が浸水した。

　第二室戸台風では，9月15～17日にかけて，死者194名，行方不明者8名，負傷者4,972名，住家全壊1万5,238棟，半壊4万6,663棟，床上浸水12万3,103棟，床下浸水26万1,017棟などの被害が発生した。室戸岬では最大風速66.7m/s（最大瞬間風速84.5m/s以上），大阪府で33.3m/s（同50.6m/s），和歌山県で35.0m/s（同56.7m/s）などの近畿地方だけでなく，新潟県で30.7m/s（同44.5m/s）など，各地で暴風を記録した。豪雨の影響は比較的小さかったが，暴風や高潮による被害が大きかった。大阪市では高潮により市の西部から中心部にかけて31km²が浸水したが，室戸台風，ジェーン台風に比べると浸水面積，人的被害は小さかった。近畿から四国東部でも高潮による浸水被害があり，近畿地方と北陸地方で暴風による家屋の倒壊等の被害が特に大きかった。

（藤岡達也）

▷4　強風による校舎倒壊
特に大阪市内の学校246校のうち，古い木造校舎180校480棟全てが全壊・半壊・大破した。鉄筋コンクリート造りの校舎と1928年以降に建築された耐震型最新式木造校舎の66校のみが被災を免れた。台風が最大風速に達したのは，登校時刻の午前8時前後であり，木造校舎は一瞬にして倒壊した。これを機に，事故や災害で亡くなった児童生徒や教職員を慰霊する「教育塔」が大阪城公園に建立された。

（参考文献）

　岡田義光編集（2007）『自然災害の事典』朝倉書店。

第2部　災害につながる自然現象の理解と防災

Ⅲ　風水害（気象災害・土砂災害）

 河川氾濫・溢水，内水氾濫

1　既往降水量超えが予測される今後の降水量

　近年，雨の降り方が変わり，水害の被災地からは，甚大な被害が報告されている。気象庁は，2013年8月30日から，台風や集中豪雨により数十年に1度となる大雨が予想される場合に，最大限の危機感・切迫感を伝達するために大雨特別警報（⇨ 1-7 ）を発表している。これは2013年9月16日の京都府，滋賀県，福井県を皮切りに，直近では，2024年7月25日に山形県で発表された。運用開始の2013年8月30日から2024年8月2日までには，34都道府県（1,515地域）に対して大雨特別警報が発表されている。特に，2019年の台風第19号では13府県に大雨特別警報が発表され，静岡県や新潟県，関東甲信地方，東北地方の多くの地点で降水量が**既往降水量**を超え観測史上1位の値を更新した。

　これらのことから，今後は，日本各地で，既往降水量を超えた降水量による氾濫・浸水の発生が懸念されている。そのため，堤防が整備された地域では，河川の水が堤防を越え流入する河川氾濫，堤防が整備されていない地域では，河川の水が護岸を越え流入する溢水，降った雨の排水処理ができなくなり低地が浸水する内水氾濫の被害を防止・軽減する対策を講じることが必要である。

▷1　既往降水量
過去にその地域で観測された雨量の最大値を指す。

2　外水氾濫と内水氾濫

図2-Ⅲ-7　外水氾濫と内水氾濫

出所：国土交通省中部地方整備局木曽川上流河川事務所「用語解説」
（https://www.cbr.mlit.go.jp/kisojyo/explanation/index.html）（2025年1月1日最終閲覧）をもとに筆者作成

　河川洪水の氾濫を外水氾濫という。これは，堤防外の河川洪水（外水）により堤防が破堤したり，洪水が有堤部を越水したり，無堤部を溢水したりすることにより，堤防内を一気に大量の土砂や水が襲う状況を指す。一方，堤防内の市街地内を流れる側溝や排水路，下水道などから水

河川氾濫・溢水，内水氾濫

が溢れることを内水氾濫という。これは，堤防外の河川の水位が洪水により上昇するため，堤内地の水が河川へ排水できなくなり氾濫が生じ，床下や床上を含む水没地域をつくる状況を指す（図2-Ⅲ-7）。国土交通省の**水害統計調査**によると，2013年から2020年にかけての全国の水害被害額の割合は，外水氾濫は68％，内水氾濫は32％であった。外水氾濫の被害額の内訳は，破堤によるものが36％，溢水によるものが64％であった。一方，東京都の水害被害額の割合は，外水氾濫は3％，内水氾濫は97％であった。このことから，比較的堤防の整備が進んだ都市部では，内水氾濫による被害が大きいことがわかる。

❸ 小学校の教育課程に位置付けられた内水氾濫，外水氾濫

　河川氾濫などに関する知識や理解の必要性は，河川流域に住む大人たちだけにあるわけではない。全国で死者・行方不明者が100名近くに達する甚大な被害となった2004年の台風第23号の際，内水氾濫により被災した児童らが，「あらかじめ水害について理解することができていれば，適切に備え対応できたかもしれない。学校で水害について教えてほしい」と，学校における水害防災教育の必要性を訴えてきた。その後も水害は頻発したが，地震防災教育と比較すると，水害防災教育はあまり取り扱われなかった。その理由の1つには，水害防災教育を教育課程のどこに位置付けるかが明確にされていなかったことが挙げられる。

　例えば，水害は**誘因**と**素因**があいまって発生するが，小学校理科の地球領域では素因である地形に関する学習内容を取り扱っていなかった。しかし，水害が頻発する現状を鑑み，命を守る適切な対応ができるように，2017年改訂の小学校学習指導要領理科の地球領域では，第4学年に内水氾濫に関わる「雨水の行方と地面の様子」の中に，地表面の傾斜と水の流れ方を関係付け理解する学習内容が新設された。第5学年の「流れる水の働きと土地の変化」では，外水氾濫に関わる学習内容が従来から取り扱われている（文部科学省，2017）。

　このことから，小学校理科の教育課程に，内水氾濫および外水氾濫に関わる水害防災教育を位置付けることができるようになった。実際に，小学校においては，理科で水害発生の仕組みについて理解し，社会科では水害対策を調べるとともに，水害は自然の脅威であるということだけではなく，暮らしやすい土地や景観といった恩恵の側面も見られることを学習し，総合的な学習の時間などで地域に向けて学習内容を発信・受信する水害防災教育の実践が報告された。また，実践を通して，児童と住民が水害に強い地域づくりにともに取り組んだことから，水害防災教育の重要性が示唆された。　　　　　　　　（川真田早苗）

▷2　水害統計調査
水害統計調査は，1年間に発生した洪水，内水，高潮，津波，土石流等の水害被害を対象とし，個人・法人が所有する各種資産，河川・道路等の公共土木施設及び運輸・通信等の公益事業施設等に発生した被害について，規模の大小を問わず1件1件その実態を調査している，わが国唯一の統計調査である。

▷3　誘因
災害を発生させる地震・豪雨・津波などを指す。

▷4　素因
その土地がもっている災害に関わる地形や地質などを指す。

▷5　文部科学省（2017）『小学校学習指導要領（平成29年告示）解説　理科編』。

▷6　川真田早苗・村田守（2017）「徳島県吉野川市川田川水害頻発地域の小学校4年生を対象とした総合的な学習の時間における防災教育プログラムの実践」『兵庫教育大学教育実践学論集』18，145～155頁。

参考文献
　学校防災研究プロジェクトチーム（2014）『生きる力をはぐくむ学校防災Ⅱ』協同出版。
　木谷要治・加藤裕之（1990）『理科で防災をどう教えるか』東洋館出版社。

Ⅲ 風水害（気象災害・土砂災害）

5 伝統的治水，浚渫・堤防

1 日本列島における利水・治水のはじまり

　人間だけでなく全ての生物にとって水は不可欠である。日本列島では旧石器時代から生物を追って水域でも狩猟をしていたことは推定できる。旧石器時代の後に，1万数千年以上にわたって縄文文化が続いた。狩猟・採集を主とする時代の生活基盤は流域の中の丘陵地に築かれることが多かった。北海道・北東北には世界遺産に認定された縄文遺跡群があり，縄文時代の土偶は，北海道，青森県，山形県，長野県から，火焰土器等は，新潟県の信濃川中流域の河岸段丘から出土している。西日本から弥生時代が展開したことを考えると，縄文時代の文化は西日本が東日本ほど残っていないのは不思議な気がする。これには当時の国内の植生分布とともに，姶良カルデラや鬼界カルデラの大規模な噴火も考えられる。

　弥生時代になって火山噴火の影響も少なくなった西日本では，大陸から伝わった稲作農業により居住地の環境も激変した。稲は生育に多量の水を必要とし，縄文海進以降の寒冷化にも伴い，河川の三作用（侵食・運搬・堆積）によって，沖積平野が発達した。稲作農業が盛んになるにつれ，人々は河口周辺に定住化するようになる。「利水」「治水」を中心とした日本列島における人間活動と河川環境との深い関係性は，稲作から始まったといえる。河川の堆積作用等によって水域が沖積平野へと変わると，集中豪雨などによる洪水の被害を人間が受けるようにもなった。図2-Ⅲ-8は河内平野での水田や遺構が発見された弥生時代の遺跡の発掘現場である。また，大阪府にある河内平野の**瓜生堂遺跡**[1]では，洪水の土砂によって埋まった集落が発掘されている。

　大規模な治水技術を持たない当時の人たちにとって，祈ることも水害対策の1つであった。河川付近に埋められた鉄剣や祭祀遺跡が，それを示している。弥生時代以降，日本列島では河川流域を中心に集落が形成されてきた。稲作に必要な水の利用，つまり利水は不可欠であるが，水の恵みを受ける一方で，水害との戦いが始まった。治水の1つの方法として堤防の構築がある。

図2-Ⅲ-8　池島福万寺遺跡（大阪府）

▷1　瓜生堂遺跡
弥生時代中期の瓜生堂遺跡（東大阪市）周辺では，広い範囲で河川の氾濫による土砂が堆積し，氾濫により住居などが埋没して衰退した（東大阪市教育委員会〈2006〉「瓜生堂遺跡第52次発掘調査報告」1〜50頁）。

▷2　茨田堤
『日本書紀』の仁徳天皇11年に，淀川に日本最初とい

❷ 堤防築造に見る治水の意図

日本最初の堤防といわれているのが「茨田堤」(大阪府寝屋川市)である。日本最大の古墳で有名な仁徳天皇によってつくられたとされ、『日本書紀』にその記述があるが、詳しいことはわかっていない。

中世に入ると本格的な堤防を作ることが試みられるようになった。しかし、河川が運搬するのは水だけでなく、土砂などの堆積物も多い。そのため、上流からの堆積物が堤防の中に閉じ込められてしまい、その上を水が流れ、結果として河床が上昇し、天井川となった河川も多い。天井川の下を走る鉄道もあった(滋賀県・旧草津川)。河川が天井川になり、一度破堤すると、河川から流れた水が再び河川に戻ることは困難になり、河川周辺の浸水が長引くことになる。

「水を治める者は国を治める」といわれるように、いつの時代でもどの国においても、為政者にとって利水・治水は重要な課題であった。日本の戦国時代では、甲斐国の武将・武田信玄の治水が有名である。武田氏の領地内にある富士川は、現在の南アルプスを起源とし、甲府盆地に入ると御勅使川が合流して釜無川と呼ばれ、最終的には笛吹川とも合流して海まで流れていく。この富士川で頻繁に起きる洪水を止めるため、上流からの激流を硬い岩石に当たるようにして流れを弱めたり、「信玄堤」と呼ばれる「霞堤」を築いたりして当時の最新技術による治水工事が行われた(図2-Ⅲ-9)。

豊臣秀吉も淀川から町を守るために「文禄堤」をつくった。淀川沿いの堤防を京都から大阪城まで短時間でつなげる軍事道路でもある。現在もこの「文禄堤」跡が残っている。また、明智光秀は地元(現福知山市)の治水に蛇ケ端御藪(明智藪、光秀堤とも呼ばれる)を築いた(図2-Ⅲ-10)。光秀が福知山城の城下町を造営するために由良川の流路を変更すべく建設した堤防の一画にあり、植林された竹などで構成される。

(藤岡達也)

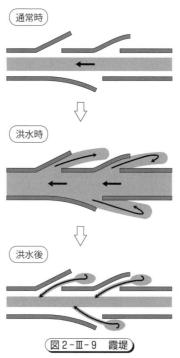

図2-Ⅲ-9 霞堤

出所:国土技術政策総合研究所「河川用語集——川のことば」(https://www.nilim.go.jp/lab/rcg/newhp/yougo/words/008/html/008_main.html)(2025年2月7日最終閲覧)

図2-Ⅲ-10 蛇ケ端御藪

▷2 茨田堤
われる「茨田堤」が築かれ、築堤に苦労したことが記載されている。『古事記』には、「秦人を役ちて茨田堤及び茨田屯倉を作れり」と記され、渡来人によって大陸の土木技術が用いられたと考えられる。1974年「淀川百年記念」事業に関連して碑が建てられ、表面に「茨田堤」と彫られている。

▷3 天井川
滋賀県は日本で最も天井川の本数が多い。理由として、県の周囲は県境をなす山地に囲まれ、河川は急峻で短く、花こう岩から構成される山間部を流れるために、多量の土砂が流れやすい。また、そのため堤防を嵩上げしたが、浚渫が追い付かなかったことにもよる。

▷4 信玄堤
この治水法は江戸時代に「甲州流河除法」と称され、日本の治水技術の始祖といわれている。霞堤とは、堤防の一定区間に開口部を設けた不連続な堤防のことである。洪水時には開口部から水が堤内地に湛水し、下流に流れる洪水の流量を減少させ、洪水が終わると、堤内地に湛水した水を排水する仕組みになっている。

▷5 明智光秀
福知山市には明智光秀ゆかりの御霊神社がある。神社の境内には洪水時の水位の記録や「堤防神社」が建立されていることは注目される。光秀が建設した堤防の恩恵に感謝し、水害のないまちを祈願するため1984年に設置された。

第2部 災害につながる自然現象の理解と防災

Ⅲ 風水害（気象災害・土砂災害）

6 河川の分離・分流，近代治水

1 現在まで継続する治水

　日本列島では各時代の最先端の知見や技術が，利水・治水に多くの人力と資金を伴って注がれた。2-Ⅲ-5 で紹介したように，近世になると，各地の沖積平野で人口が増加し，より多くの食料確保と資産保全のために，為政者は治水を大規模に展開するようになる。江戸時代では，堤防の構築や浚渫工事に加えて，河川の分離・分流工事といった大規模な改修や難工事が行われるようになる。関東平野では利根川の付け替え，濃尾平野では木曽三川，大阪平野東部（河内平野）では淀川・大和川の分流・改修などがその例である。

2 木曽三川に見る政治的課題

　伊勢湾に注ぐ木曽三川（長良川，木曾川，揖斐川）の下流域は有史以来，水害常襲地域だった。1609年には，木曽川の左岸にあった尾張国を取り囲むように「御囲堤」と呼ばれる約50kmにもわたる大堤防が築かれた。御囲堤は，当時，御三家の1つである尾張を洪水から守る役割だけでなく，西国諸藩への防御施設という軍事上の目的もあった。一方，尾張の西側の美濃国では，河川が複雑な網状に広がっていたため堤防を築くことが難しく，頻繁に水害が発生していた。そこで，河川に沿ってではなく，集落を取り囲む「輪中」や「水屋」（図2-Ⅲ-11）などが築かれた。輪中がつくられた理由は自然条件だけではなく，「御囲堤より西の地域は堤防を対岸より3尺（約1m）低くしなければならない」という制限があったことも大きい。尾張を守るという徳川幕府の意向であり，政治的な条件だった。幕府はこれ以外にも，諸藩に対して様々な治水を行わせている。

　江戸中期に木曽三川の分流を目的とする「宝暦治水」が行われた（1744～1745年）。幕府は薩摩藩に難工事を担当させ，費用は全て藩の負担，大工などの雇用は不可とした。外様大名に対する，藩の弱体化が狙いである。経済的な損失だけでなく，薩摩藩士51名が自害，33名が病死し，貴重な人材を失うなど藩に与えた打撃は大きかった。一方，揖斐川沿岸にあった村の庄屋・西田家はこの大工事の記録を残

▷1　輪中，水屋
洪水時に集落や農地を守るため，地域全体を囲んだ堤防のことを輪中（輪中堤）と呼ぶ。水屋は輪中堤が切れた洪水時に備え，各屋敷内に石垣を高く築き，建物を載せたものである。その建物には非常用の米や味噌などの食料，生活用の雑貨等を保管していた。

図2-Ⅲ-11　水屋

し，「薩摩藩の恩，忘るべからず」と子孫に伝えていた。その後1901年に記念碑が，1938年には治水神社（岐阜県海津市）が建立された。さらに，岐阜県と鹿児島県は1971年7月27日に姉妹県盟約を締結し，鹿児島県で発生した1993年8月豪雨の際には，岐阜県から土木専門職員が派遣され復旧支援に

図2-Ⅲ-12　現在の木曽三川

あたった。宝暦治水における薩摩藩士への感謝の念が継続された結果である。しかし，宝暦治水の後も，木曽三川における大規模な水害はなくなったわけではなかった。

より根本的な水害の対策は，明治以降に見られる。特に**ヨハネス・デ・レーケ**▷2の取り組みの成果は大きかった。1879年から3年かけて木曽三川を調査し，下流の治水には上流の治山が必要なことを報告した。明治政府はこれに基づき，1887～1912年にかけて当時の国家予算の約12％を投じた河川改修工事を行った。現在の木曽三川の水害はこの工事によって激減したといえる（図2-Ⅲ-12）。

しかし，1959年の伊勢湾台風，1960年の相次ぐ台風による洪水，1961年にも梅雨前線と台風による洪水被害が生じた。1976年9月には，台風と停滞前線が重なった長期間の豪雨により，長良川の右岸が破堤した。流域の安八町や墨俣町はゼロメートル地帯でもあったため3,000戸が水浸しになり，28万人が被災した。これが「長良川安八・墨俣水害訴訟」となり，最高裁まで争われた。

３　ヨハネス・デ・レーケによる近代治水の展開

1891年7月，国内各地で水害が発生し，**常願寺川**▷3流域も堤防決壊6,500m，流出地1,527haに達する被害が出た。当時の県知事は国に専門家の派遣を要請し，技術顧問として前述のヨハネス・デ・レーケが担当した。デ・レーケが常願寺川を視察した際の「これは川ではない，滝だ」の言葉は，常願寺川だけでなく，日本の急勾配の河川を表した名言といわれる。常願寺川治水計画の一部は，堤防を霞堤（⇨2-Ⅲ-5）にするものであった。常願寺川を河口近くまでまっすぐ海に向かって掘り，川の流れを速くするなどの工事が行われた。費用は総額105万円（現在の貨幣価値に換算すると約200億円）で予算の3倍以上になったと伝えられている。デ・レーケは，1895年8月まで通算9回270日余り富山県を訪れ，河川の改修計画を立案・指導を行った。しかし，当時は技術に限界があり，その後の**技術の発展**▷4を待たねばならなかった。現代では，東京や大阪などの大都市で河川の水を海に流すための放水路が，地上だけでなく地下にも建設されるように治水も変化し続けている。

（藤岡達也）

▷2　ヨハネス・デ・レーケ
ヨハネス・デ・レーケは「お雇い外国人」であり，明治政府に招聘され来日したオランダ人技師である。オランダでは港湾技術者であったが，日本では木曽三川分流工事をはじめ，淀川，常願寺川など多くの治水工事の指導をした。日本の地質や地形を理解し，流域全体を視野に入れ，山林の保護や砂防工事も提案した。

▷3　常願寺川
3,000m級の立山連峰から山間部で支川を合わせながら北流し，富山市東部を経て日本海に注ぐ，幹川流路延長56km，流域面積368km²の一級河川である。河床勾配は山地部で約1/30，扇状地部で約1/100と，日本だけでなく，世界屈指の急流河川である。

▷4　技術の発展
その後の常願寺川の治水対策で最も効果的な技術の導入は，赤木正雄による白岩砂防堰堤の構築であったといえる。

III 風水害（気象災害・土砂災害）

7 水防法・河川法

1 水害への対策に関する法律「水防法」

　ここでは，毎年発生する水害に関する「水防法」と「河川法」について紹介する。まず，水防法（昭和24年6月4日法律第193号）とは「洪水又は高潮に際し，水災を警戒し，防ぎょし，及びこれに因る被害を軽減し，もって公共の安全を保持すること」を目的とする（第1条）。水防法は，1947年の**カスリーン台風**[1]による利根川の破堤災害を契機に，水防活動および必要な洪水予報等の重要性が改めて認識されることとなり，制定された。法律には，第1条の目的を達成するため，国，都道府県，市町村，地域住民の役割が示されている。国土交通省（以下，国交省）では，都道府県の各河川に洪水の可能性がある時，水位や流量の情報を各都道府県の担当行政へ通知するとともに，気象庁と共同し，必要に応じ報道機関の協力を求め，住民に周知する。これを受け，例えば日本三大暴れ川の1つと呼ばれる吉野川に対し，徳島県は，洪水時に円滑，迅速な避難を確保し被害を軽減するため，水防法第14条第1項の規定に基づき，浸水想定区域図を策定し，地域住民に公表することになっている。一方で水防活動として，住民にも水防義務がある。状況により水防のためやむをえない場合，水防管理者（市町村長等）が水防管理団体の区域内の住民にも水防を依頼することがある。

　国交省ではハード整備の加速化・充実や治水計画の見直しに加え，上流・下流や本川・支川の流域全体を俯瞰し，国や流域自治体，企業・住民等，あらゆる関係者が協働して取り組む「流域治水」の実効性を高めるため，「流域治水関連法」を整備することとした。近年では2021年5月に**水防法改正**[2]がなされ，「被害の軽減のための対策」「洪水対応ハザードマップの作成を中小河川に拡大」「要配慮者利用施設の避難計画に対する市町村の助言・勧告制度の創設以下の取組を行うこと」により「リスク情報空白域の解消」と「要配慮者利用施設に係る避難の実効性確保」の実現を図ることになっている。

　令和以降も令和元年東日本台風，令和2年7月豪雨等，全国各地で水災害が激甚化・頻発化し，今後，気候変動の影響も懸念され，降雨量や洪水発生頻度が全国で増加する可能性も否定できない。住民自身が水防に関する基本的な考え方や水防の重要性，水防に対する理解を深めることを期待したい。

▷1　カスリーン台風
1947年9月に発生し，1都5県（群馬，埼玉，栃木，茨城，千葉，東京）にまたがるわが国最大の流域面積の利根川流域において，死者1,100名，家屋浸水30万3,160戸，家屋の倒半壊3万1,381戸の甚大な被害をもたらした（内閣府〈2009〉「報告書（1947 カスリーン台風）」〈https://www.bousai.go.jp/kyoiku/kyokun/kyoukunnokeishou/rep/1947_kathleen_typhoon/index.html〉〈2025年2月7日最終閲覧〉）。上流域山間部での土石流災害，扇状地急流河川による洪水土砂災害，大流量となる中流域での破堤災害，さらに，埼玉，東京を襲った沖積平野での氾濫過程に見るように，この広い流域の中で様々な災害形態が生まれている。

▷2　水防法改正
水防法に基づき，「想定し得る最大規模の降雨」に対応した洪水浸水想定区域を指定する河川以外において，河川氾濫による浸水被害が発生しており，リスク情報空白域における適切な洪水浸水リスクの提供が課題となっている。このような背景と主旨から，2021年7月に水防法が改正され，洪水浸水想定区域の指定対象が，住家等の防御対象が

❷ 河川法（「治水」，「利水」そして「河川環境」の重視）

　現在の河川法[3]の目的は，災害の発生が防止され，流水の正常な機能が維持され，河川環境の整備と保全がされるように総合的に管理すること（第1条）にある。現行法（新河川法）は1964年に公布され，翌1965年に施行された。日本においての河川法は1896年に遡る。旧河川法（明治旧河川法〈1896年公布〉）においては，河川管理を行政区域を単位として都道府県知事が行う区間主義によっていたが，社会経済の発展に伴い，治水，利水とも広域的な観点で総合的・統一的に管理する必要性が高まったことから，1964年，新河川法が制定され，水系一貫主義の管理制度に改められた。旧河川法の当時は「治水」に重点が置かれており，国家権力による統制的なものといえた。そのため，旧河川法は洪水や高潮など災害を防ぐことが中心になっていた。しかし，経済の発展や重化学工業の近代化，水力発電事業といった利水事業が活発になってくると，旧河川法では不備が多く，不完全な部分が目立つようになってきた。そのため，少しずつ時代に沿った改正が加えられ，現行法の内容に至っている。新河川法公布後の改正の流れを見ておこう。

　1964年：抜本的な見直しとなる。「治水」と「利水」の両面での，水系一貫の総合的かつ統一的な河川管理が目指された。

　1981年：河川審議会答申で，「治水」・「利水」・「河川環境」が調和した河川管理の重要性が示され，水環境管理計画と河川空間管理計画から構成される河川環境管理の基本計画を策定する方針が出される。

　1990年：「多自然型川づくり」が推進される。

　1995年：河川審議会答申で，河川環境の保全と創造の基本方針として，「生物の多様な生息・生育環境の確保」・「健全な水循環系の確保」・「河川と地域の関係の再構築」が示される。

　1996年：河川審議会答申で，21世紀に向けた河川整備にあたっての基本認識として，「流域の視点の重視」・「地域住民と関係機関との連携の重視」・「河川の多様性の重視」・「情報の役割の重視」が示される。

　1997年：大幅に改正される。河川管理の目的に，「治水」と「利水」のほかに「河川環境の整備と保全」が明記され，地域の意見を反映した河川整備の計画制度が導入される。現行法では，一級，二級，三級，準用河川，普通河川の5つに分類され，それぞれ管理が分かれている。つまり，一級河川は国土交通大臣，二級河川は都道府県知事，準用河川は市町村長，普通河川は地方公共団体が管理することになっている。なお，一級河川とは，一級水系[4]の中で「国土保全上又は国民経済上特に重要な水系で政令で指定したものに係る河川（公共の水流及び水面をいう。以下同じ。）で国土交通大臣が指定したもの」を指す（河川法第4条）。

（藤岡達也）

あり，雨量，水位情報等が入手可能な全ての河川流域に拡大となった（防御対象とは住宅，要配慮者利用施設，避難者が居住・滞在する建築物，避難施設，避難路等）。

▷3　河川法
河川法の構成は以下のようになっている。
　第1章　総則
　第2章　水防組織
　第3章　水防活動
　第4章　指定水防管理団体の組織及び活動
　第5章　水防協力団体
　第6章　費用の負担及び補助
　第7章　雑則
　第8章　罰則
　附則

▷4　一級水系
一級水系には，流域面積1,000㎢以上の水系全てや，複数の都道府県を流れる水系の多くが指定されている。

Ⅲ 風水害（気象災害・土砂災害）

水害対策と生活環境

1 水害対策としての学校教育の必要性

近年，全国的に，国管理河川，都道府県管理河川，市町村管理河川ともに氾濫危険水位（河川が氾濫するおそれのある水位）を超過する洪水の発生地点数は増加傾向にあり，全国各地で洪水による人的被害が発生している。平成30年7月豪雨では，本来雨が少ない瀬戸内地方の岡山県で，水害による死者数の占める割合が多かった。これについては，人的被害は，ただ単に降水量が多ければ発生するのではなく，降水量が過去にその地域に降った降水量の最大値よりも多かったところで発生しやすい傾向があるとの調査結果が示されている。

気候変動等による豪雨の増加傾向は，今後も予測されていることから，どの地域においても，既往最大雨量を超える豪雨が発生する可能性は高い。したがって，学校における水害防災・減災教育では，人的被害を防ぐために，児童生徒が気候変動の影響を受けて雨の降り方が変わったことを理解し，過去の地域の水害履歴だけでなく近年の大規模水害の事例からも教訓を学びとり，地域全体で取り組む具体的な水害対策について考え，今後激甚化するであろう水害に対応できる資質・能力を育成することが求められる。また，全ての国民が履修する義務教育において水害防災・減災教育を推進することは，若い防災リーダーの人材不足解消につながることからも，学校における水害防災・減災教育の推進は，水害対策の重要な手立てであるといえる。

2 水害から家屋を守る水防建築

水害による家屋の浸水は被災住民にとって深刻な問題である。なぜなら，浸水後，家屋が乾燥し片付いたように見えても，洪水後の臭いが長期にわたり残り続けるからである。ニュース報道では，被災住民が，水が引いた後，泥をかき出し，家屋を乾かしている映像が流れるが，そこに浸水特有の臭いがあることは伝わらない。浸水後は消毒をするが，消毒により完全に臭いを消すことはできない。今後も水害が頻発すると予測されていることから，浸水を防ぐ家屋に着目した対策を学校教育で取り扱う必要がある。

洪水常襲地帯とされてきた地域においては，洪水に対する対策として，過去の水害経験や知恵を生かした水防建築と呼ばれる家屋が見られる。例えば，徳島県吉野川流域では，洪水後の被害を軽減するため，地盤を上げ高い石組みの

▷1 本間基寛・牛山素行(2019)「豪雨災害における人的被害ポテンシャルの推定に関する一考察——平成30年7月豪雨を事例に」『第38回日本自然災害学会学術講演会講演概要集』47〜48頁。

▷2 立田慶裕編(2013)『教師のための防災教育ハンドブック』学文社。

▷3 洪水後の臭い
洪水で流れてきた水には，土中の微生物に加えて，下水の逆流によって汚水が混ざった水になる。汚水が原因となる臭いは1カ月ほどで無くなるが，残った泥の臭い，濡れた土壁の臭いや畳等の臭いは数カ月から半年ほど臭いが残る場合が多い。

上に母屋としての家屋を立てたり，家屋の周りを高い石囲いで囲んだりした水防建築がなされている（図2-Ⅲ-13）。木曽三川流域では，敷地内に盛り土や石積を行い，その上に2階構造の建物を建て食糧を備蓄し居住空間を設け，水害時の避難場所とされる水屋などが見られる（⇨2-Ⅲ-6）。この水屋については，小学校社会科の教科書でも取り扱われている。

図2-Ⅲ-13　水防建築田中家住宅（国指定重要文化財）

このように，伝統的な水防建築が浸水や洪水に対して有用であることが示されていることから，学校においては，水防建築について知識として理解するだけでなく，これからの自分たちの生活にどのように取り入れるかについて考えさせる水害防災・減災教育を進める必要がある。

❸ 水防建築を取り扱った水害防災・減災教育実践事例

ここでは，洪水常襲地帯である吉野川流域の小学校4年生を対象とした水害防災・減災教育実践例を紹介する。学習を通して，児童は，地域で見られる水防建築に着目し，自分が将来家を建てる際の工夫をまとめた。盛り土による地上げをしてその上に家を建てる，2階建て家屋の2階を生活の場とし1階は濡れてもよい物しか置かないようにする，家の周りに防潮シートを設置して豪雨前に囲んでおく，水がしみ込まない建材で家を建てる，過去の水害履歴や土地利用について調べ浸水しない所へ家を建てる等の工夫が挙げられた。この学習後に実際にその地域に水害が発生した際には，水害発生前に貴重品や大物家具・家電・畳を2階へ移動させたため浸水被害が軽減し，早く通常の生活に戻ることができたという児童や保護者の報告があった。

全国には，このような学びを実現する家屋が数多く残っている。例えば，かつての水害常襲地に建てられ，浸水に備えた構造を持つ民家などである。現在は治水資料館として公開されている場所もある。

（川真田早苗）

参考文献
宮村忠（1985）『水害──治水と水防の知恵』中公新書。
辻本哲郎編著（2006）『豪雨・洪水災害の減災に向けて──ソフト対策とハード整備の一体化』技報堂出版。

Ⅲ 風水害（気象災害・土砂災害）

9 線状降水帯とバックビルディング

1 線状降水帯とは

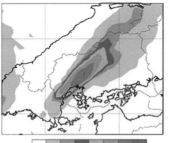

図2-Ⅲ-14 線状降水帯の例（2014年8月の広島市での集中豪雨）

注：気象庁の解析雨量から作成した。2014年8月20日4時の前3時間積算降水量の分布
出所：気象庁「線状降水帯に関する各種情報」（https://www.jma.go.jp/jma/kishou/know/bosai/kishojoho_senjoukousuitai.html）（2024年7月29日最終閲覧）

▷1 気象庁「線状降水帯に関する各種情報」（https://www.jma.go.jp/jma/kishou/know/bosai/kishojoho_senjoukousuitai.html）（2024年7月29日最終閲覧）。

　近年，毎年のように線状降水帯による顕著な大雨が発生し，数多くの甚大な災害が生じている。気象庁では，線状降水帯を「次々と発生する発達した雨雲（積乱雲）が列をなした，組織化した積乱雲群によって，数時間にわたってほぼ同じ場所を通過または停滞することで作り出される，線状に伸びる長さ50〜300km程度，幅20〜50km程度の強い降水をともなう雨域」と定義している。大雨や集中豪雨と同様に，線状降水帯の統一的な定義はなされていないものの，1時間から数時間の積算降水量分布から明瞭に捉えることができる（図2-Ⅲ-14）。

　線状降水帯という言葉は，2000年頃から気象学の研究者によって使われ始めた。それ以前からも，集中豪雨の発生時に帯状の雨域がしばしば形成されることは知られていた。気象レーダーの観測データとアメダスの雨量観測データを合成させた解析雨量データが利用できるようになった1988年以降，集中豪雨の多くが線状降水帯によってもたらされていることがわかるようになってきた。線状降水帯は，台風や熱帯低気圧の本体周辺を除けば，集中豪雨の発生事例のうち3分の2の事例で発生している。特に南日本では集中豪雨事例のほとんどが線状降水帯による。2014年8月に広島市で線状降水帯による集中豪雨が発生し，甚大な土砂災害が起きたことがきっかけとして，線状降水帯という言葉が世間にも広く知られるようになった。

2 線状降水帯の形成過程

　線状降水帯の主な形成過程の1つにバックビルディング型がある。既存の積乱雲から見て大気下層での風上方向に新しい積乱雲が次々と発生する（図2-Ⅲ-15）。新しい積乱雲は発達しながら移動し，既存の積乱雲とともに線状の積乱雲群を構成し，線状降水帯が形成される。これがバックビルディング型の形成

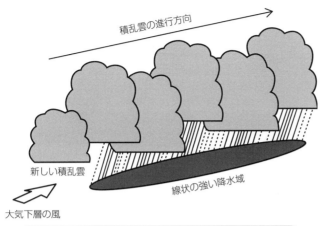

図2-Ⅲ-15 バックビルディング型の線状降水帯の形成過程
出所：気象庁「線状降水帯に関する各種情報」(https://www.jma.go.jp/jma/kishou/know/bosai/kishojoho_senjoukousuitai.html)（2024年7月29日最終閲覧）をもとに筆者作成

過程である。

2014年8月に広島市で発生した線状降水帯も，バックビルディング型の形成過程を示した事例である。この事例では，3～5個程度の積乱雲からなる積乱雲群によって線状降水帯が構成されていた。バックビルディングによって積乱雲群が維持され，さらに進行方向と反対側に新しい積乱雲群が形成されていた。このような多重構造によって線状降水帯が維持された結果，広島市では積乱雲が次々と通過し，途切れることなく激しい雨が持続し，3時間雨量で200mmを超える集中豪雨となった。

3 線状降水帯の予測

線状降水帯が発生すると，大雨災害発生の危険度が急激に高まることがある。そのため，気象庁では人々の危険への心構えをよりいっそう高めることを目的として，線状降水帯による大雨の半日程度前から「線状降水帯による大雨の半日程度前からの呼びかけ」を発表している。例えば，「○○県では，△日夜には，線状降水帯が発生して大雨災害発生の危険度が急激に高まる可能性があります」といった具合に発表される。さらに，線状降水帯が発生すると発表される「顕著な大雨に関する気象情報」は，大雨による災害発生の危険度が急激に高まっている中で，線状の降水帯により非常に激しい雨が同じ場所で実際に降り続いている状況を「線状降水帯」というキーワードを使って解説する情報である。この呼びかけだけで避難行動をとるのではなく，地元市町村が発令する避難情報や，大雨警報やキキクル(危険度分布)等の防災気象情報とあわせて活用し，自ら避難の判断をすることが重要である。

（吉本直弘）

▷2 キキクル
降った雨は地中に浸み込んだり，地表面を流れたりして川に集まる。大雨時には，雨は地中に浸み込んで土砂災害を発生させたり，地表面に溜まって浸水害をもたらしたり，川に集まって増水し，洪水災害を引き起こしたりする。このような雨水の挙動を模式化し，土砂災害，浸水害，洪水災害の危険度の高まりを指数化して面的に表したものをキキクルという。気象庁から防災気象情報の1つとして発表される。

参考文献
加藤輝之（2022）『集中豪雨と線状降水帯』朝倉書店．

Ⅲ 風水害（気象災害・土砂災害）

10 干ばつと干害

1 干ばつとは

　干ばつは大まかに，通常よりも乾燥した状態を指す。具体的には，ある場所と季節における平均的な水の利用量に対して水が不足している状態である。よって，気候の湿潤，乾燥に関係なく，干ばつは発生する。ほとんどの干ばつは，降水量が長期にわたって通常を下回った時に始まる。これを気象干ばつという。降水量が通常よりも少ないと，その影響が水循環の他の部分，すなわち土壌や河川，雪氷に及んでいく。気象干ばつが続けば土壌に含まれる水分量が低下し，土壌干ばつが発生する。また河川や湖沼に流入する水の量が河川や湖沼から流出する量を下回れば，河川の流量減少や湖沼の水位低下が生じ，水文干ばつとなる。

　日本では，梅雨期の雨量が少なく空梅雨（からつゆ）になった場合と，台風の接近や上陸が少ない年に干ばつが発生しやすい。気象干ばつは通常，高気圧が，ある地域に停滞し，雲の量と降水量が減少することで発生する。空梅雨には，梅雨前線の活動が弱く，太平洋高気圧に覆われて猛暑となる場合と，梅雨前線が日本の南海上に停滞することで雨が降らない場合がある。この他，冬季の積雪量が平均を下回った時に雪の干ばつが発生し，雪解けとなる春に河川の流量が特に少なくなる。

2 干害とは

　気象干ばつが長期間続くと，農業や工業，日常生活に被害が生じる。これを干害という。1994年，西日本各地では空梅雨の後，7月から8月にかけて高温と少雨が続いた。このため，西日本各地の農作物に干ばつ被害が生じた。土壌干ばつの発生によって特に稲作が生育不良に陥り，収量が大きく低下した。香川県の香川用水の水がめである高知県の早明浦（さめうら）ダムでは，利水貯留量がゼロとなった。ダム湖に水没していた旧大川村役場の建物が露出し，干ばつの象徴として大きく報道された。その後台風等による降雨はあったものの，利水貯留量は十分に回復せず，深刻な水不足はその年の11月まで続いた。取水制限は5カ月間に及び，高松市では69日間もの給水制限を余儀なくされた。のべ42都道府県，1,500万人以上もの人が渇水の影響を受ける大渇水となり，生産調整や操業停止を行った企業もあった。

▷1　新見治（1995）「1994年渇水の実態：香川」『水資源・環境研究』8，51〜56頁。

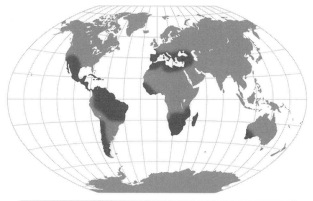

図2-Ⅲ-16 気候変動によって干ばつがさらに悪化すると予想される地域

注：濃い灰色は予想地域を表す
出所：IPCC（2021）"Climate Change 2021: The Physical Science Basis" Cambridge University Press

3 地球温暖化と干ばつ

2023年にアラブ首長国連邦のドバイで開催された第28回国連気候変動枠組条約締約国会議（COP28）では，報告書「Global Drought Snapshot 2023：世界干ばつスナップショット2023」が公表された。干ばつの発生状況や被害状況が地域ごとに整理されており，干ばつ対策の重要性が指摘された。

地中海，北アメリカ西部，オーストラリア南西部では，過去数十年にわたって干ばつの頻度と深刻さが増加している。アジアでは高山地域における氷河が縮退し，アメリカ大陸やヨーロッパでは河川の流量が低下するなど，各地で気候変動に伴った水資源の変化が進む。以前から水資源が乏しかった地域では，水不足がさらに悪化し，農作物の収穫に影響が生じる。また干ばつは，大陸の広範囲にわたって大量の砂を運ぶ大きな砂嵐を引き起こす可能性がある。砂嵐によって砂漠が拡大すれば，農作物を栽培できる土地が減少する。農作物の生産不良による食糧不足や食料価格の高騰は，地域経済や人々の生活に広く影響をもたらす。

この世界の乾燥傾向は，**温室効果ガス**や**エアロゾル**の排出による人為的要因が影響を与えている可能性が非常に高いと考えられる。気候変動とその影響の将来予測によると，温室効果ガスの排出が削減されなければ，2100年までに世界の陸地の約3分の1が少なくとも中程度の干ばつに見舞われるおそれがある（図2-Ⅲ-16）。

（吉本直弘）

▷2 国連砂漠化対処条約（UNCCD）事務局（2023）「Global Drought Snapshot 2023」（https://www.unccd.int/resources/publications/global-drought-snapshot-2023-need-immediate-action）（2025年2月6日最終閲覧）。

▷3 温室効果ガス
可視光線を透過させる一方，赤外線を吸収・放射して大気を温暖化させる気体の総称である。代表的な気体には水蒸気，二酸化炭素，メタン，一酸化二窒素，フロンなどがある。2023年の大気中二酸化炭素の世界平均濃度は，420.0ppmとなっている。これは，工業化以前（1750年）の値とされる約278ppmと比べて51％増加した値であり，1年間に約2ppmの割合で増え続けている。なお，ppmは百万分率で0.0001％を指す。

▷4 エアロゾル
液体または固体の微粒子が気体中を浮遊している状態，もしくは微粒子そのものをエアロゾル（またはエーロゾル）と呼ぶ。エアロゾルは大気汚染の原因として知られている。また，太陽放射を散乱および吸収して地球の放射収支に影響を及ぼしたり，雲の発生に影響を及ぼしたりする。

Ⅲ　風水害（気象災害・土砂災害）

エルニーニョ／ラニーニャ現象

　エルニーニョ／ラニーニャ現象とは

　エルニーニョ現象とは，太平洋熱帯域の中部から南アメリカ大陸のペルー沖にかけて海面水温が平年より高くなり，その状態が半年から2年程度続く現象である。これとは反対に，同じ海域で海面水温が平年より低い状態が続く現象をラニーニャ現象という。エルニーニョ現象，ラニーニャ現象の発生間隔はそれぞれ1〜7年程度である。エルニーニョ現象とラニーニャ現象が交互に発生する時もあれば，エルニーニョ現象またはラニーニャ現象が平常時をはさんで続けて発生する時もある。このように，エルニーニョ／ラニーニャ現象は不規則に発生する。それゆえ，1年を超える長期的な発生予測は難しい。

　平常時の太平洋熱帯域では，貿易風と呼ばれる東風が吹いている。海面付近の海水にはこの東風によって風下方向へ動かそうとする力が加わる。よって海面付近の海水は太平洋の西部へと運ばれる。強い日射によって海面付近の海水は暖められるため，太平洋の西部のインドネシア近海には東風によって吹き寄せられた暖かい海水が溜まる（図2-Ⅲ-17上）。暖かい海水の蒸発によって大量の水蒸気が大気に供給される。豊富な水蒸気を含む暖かい空気が上昇し，積乱雲が発生する。積乱雲からは多量の雨が降り，活発な水循環が形成されている。一方，太平洋の東部，南米のペルー沖では，太平洋の西部へ運ばれる海水を補うように深層から表層に向かって冷たい海水が湧き上がる。この現象を湧昇という。栄養分に富んだ海水が表層に湧き上がってくるため，植物プランクトンが大量に繁殖し，ペルー沖は良好な漁場となっている。

　太平洋熱帯域の東風が弱くなると，太平洋の西部へと向かう海水の流れも弱くなる。それに伴って太平洋の西部に溜まっていた暖かい海水が太平洋の中部へと

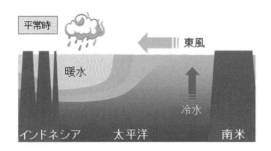

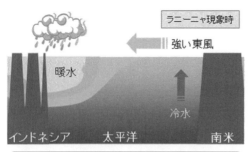

図2-Ⅲ-17　エルニーニョ／ラニーニャ現象に伴う太平洋熱帯域の大気と海洋の変動

出所：気象庁「エルニーニョ／ラニーニャ現象」（https://www.data.jma.go.jp/cpd/elnino/index.html）（2025年2月6日最終閲覧）

広がる。同時にペルー沖では冷たい海水の湧昇が弱まる（図2-Ⅲ-17中）。これにより，太平洋熱帯域の中部からペルー沖にかけては平常時よりも海面付近の水温が数℃上昇する。この状態が半年以上続くのがエルニーニョ現象である。暖かい海水の移動に伴って，積乱雲の発生，発達が活発な領域は太平洋の中部へと移動する。

　これとは反対に，太平洋熱帯域の東風が強くなると，太平洋の西部へと向かう海水の流れも強くなる。太平洋の西部には平常時よりも暖かい海水が溜まる。同時に，ペルー沖では冷たい海水の湧昇が強くなることで，太平洋の中部からペルー沖にかけての海面付近の水温は平常時よりも低くなる（図2-Ⅲ-17下）。この状態が半年以上続くのがラニーニャ現象である。太平洋の西部では，海水の蒸発が平常時よりも盛んに起こり，積乱雲の活動もより活発となる。

　エルニーニョ／ラニーニャ現象と連動して，太平洋熱帯域の西部と東部では，海面気圧において片方が平年よりも高い時にもう片方が平年よりも低くなるシーソーのような振動を示す。この現象を南方振動という。海洋の変動であるエルニーニョ／ラニーニャ現象と大気の変動である南方振動を，海洋と大気をつなげた一体の変動として見なすことができることから，エルニーニョ・南方振動（El Niño-Southern Oscillation：ENSO〈エンソ〉）と呼ばれる。

２ エルニーニョ／ラニーニャ現象と日本の天候

　エルニーニョ／ラニーニャ現象は日本の天候に様々な影響を及ぼす。エルニーニョ現象が発生すると，夏季の日本付近では太平洋高気圧の勢力が弱くなり，前線が停滞しやすくなる[1]。その場合，梅雨明けはほぼ全国的に遅くなる傾向がある。その結果，夏季の日照時間は減少し，気温は低くなりやすい。いわゆる冷夏である。また，西日本の日本海側で降水量が多くなる傾向がある。冬季は西高東低型の気圧配置が弱まり，西日本で気温が平年並みか高くなる傾向がある。

　一方，ラニーニャ現象が発生すると，夏季の日本付近では太平洋高気圧が平常時よりも北側まで覆いやすくなり，北日本で気温が高くなる傾向がある。これらはいずれも傾向であって，エルニーニョ現象発生時は冷夏暖冬，ラニーニャ現象発生時は猛暑，という単純な関係が成り立つわけではない。エルニーニョ／ラニーニャ現象の発生に伴って大雨や干ばつの頻度や強さが増し，大きな気象災害が生じることがある。

（吉本直弘）

▷1　気象庁「日本の天候に影響を及ぼすメカニズム」（https://www.data.jma.go.jp/cpd/data/elnino/learning/faq/whatiselnino3.html）（2024年7月30日最終閲覧）。

参考文献

気候影響・利用研究会編（2010）『エルニーニョ・ラニーニャ現象——地球環境と人間社会への影響』成山堂書店。

Ⅲ 風水害（気象災害・土砂災害）

12 気候変動への国際的な取り組み

1 気候変動に関する世界共通の対応

近年，国際的にも注目され，風水害等の自然災害の発生や拡大につながると懸念されているのが気候変動である。例えば，「IPCC第6次評価報告書」では，気候変動について「人間の影響が大気，海洋及び陸域を温暖化させてきたことには疑う余地がない。大気，海洋，雪氷圏及び生物圏において，広範囲かつ急速な変化が現れている。気候システム全般にわたる最近の変化の規模と，気候システムの側面の現在の状態は，何世紀も何千年もの間，前例のなかったものである」と警鐘されている。

さらに，地球温暖化に歯止めをかけるために，2023年に開催されたCOP28では，全ての国でCO$_2$削減への取り組みをいっそう進めることが結論付けられた。同会議では，パリ協定（2015年のCOP21で採択）の目標「世界の平均気温上昇を産業革命以前に比べて2℃より十分低く保ち，1.5℃に抑える努力をする」の達成に向けて，初めて「グローバル・ストックテイク（GST）」が実施された。GSTは，目標達成に向けた世界全体の進捗を評価する仕組みで，5年ごとに実施される。2023年のGSTに向けては，2021年11月から情報収集が開始され，計3回に及ぶ「技術対話」と呼ばれる会議を通じた技術評価も2022年から実施されてきた。2023年9月には，技術対話の「統合報告書」も公表された。COPは，これらの情報収集と技術評価の結果を世界各国が検討し，議論をまとめ，今後必要となる対策に合意する場である。各国はGSTの結果をふまえ，自国の温室効果ガスの排出削減目標（NDC）を更新し，策定したNDCに向けた施策を行い，報告を2年ごとに提出する必要がある。この報告は，次回のGSTの情報源ともなる。これはパリ協定第13条で「強化された透明性の枠組」として義務付けられている。

このように，GSTに基づき，各国がNDCを策定し，実施の報告を実施し，次のGSTに生かす，というサイクルによって，パリ協定の目標達成に向かうことを目指している。しかし，COP28の決定文書として，パリ協定の目標達成にあたり，「世界の気温上昇を1.5度に抑える」という目標まで順調に進んでいないこと，「1.5度目標に向けて行動と支援が必要であること」が記された。

▷1 IPCC
IPCC（Intergovernmental Panel on Climate Change：気候変動に関する政府間パネル）とは，世界気象機関（WMO）および国連環境計画（UNEP）により1988年に設立された政府間組織である。195の国と地域が参加している（2024年8月現在）。目的は，各国政府の気候変動に関する政策に最新の科学的知見を提供することである。

▷2 気象庁「IPCC第6次評価報告書（AR6）」（https://www.data.jma.go.jp/cpdinfo/ipcc/ar6/index.html）（2025年2月7日最終閲覧）。

▷3 COP28
温室効果ガス（GHG）の排出削減目標や気候変動対策について議論される「国連気候変動枠組条約締約国会議（Conference of the Parties：COP）」の28回目の会議。2023年11月30日から12月13日まで，UAEのドバイで開催締約国198カ国などが参加した。日本からも岸田首相（当時）が首脳級会合に出席し，各省庁の閣僚や関係者も多数出席した。COPは後述の「UNFCCC」を批准しているすべての国が参加する最高意思決定機関であり，1995年からほぼ毎年開催されている。

❷ SDGsと気候変動への対応

　SDGsは「地球上の誰一人として取り残さない」ことを理念とし，人類，地球およびそれらの繁栄のために設定された行動計画である。SDGsの17の目標のうち，特に，水害と深い関係にある気候変動については，目標13「気候変動及びその影響を軽減するための緊急対策を講じる」を構成するターゲットで詳しく取り上げられている。この5つのターゲットを見てみよう。

　13.1：すべての国々において，気候関連災害や自然災害に対する強靱性（レジリエンス）及び適応の能力を強化する。

　13.2：気候変動対策を国別の政策，戦略及び計画に盛り込む。

　13.3：気候変動の緩和，適応，影響軽減及び早期警戒に関する教育，啓発，人的能力及び制度機能を改善する。

　13.a：重要な緩和行動の実施とその実施における透明性確保に関する開発途上国のニーズに対応するため，2020年までにあらゆる供給源から年間1,000億ドルを共同で動員するという，UNFCCCの先進締約国によるコミットメントを実施するとともに，可能な限り速やかに資本を投入して緑の気候基金を本格始動させる。

　13.b：後発開発途上国及び小島嶼開発途上国において，女性や青年，地方及び社会的に疎外されたコミュニティに焦点を当てることを含め，気候変動関連の効果的な計画策定と管理のための能力を向上するメカニズムを推進する。

　13.bに記された「後発開発途上国」「小島嶼開発途上国」は，SDGsの他の目標やターゲットでもよく見られる。特に「小島嶼開発途上国」は，気候変動の影響が切実な問題であることが国際的にも共通の認識となっている。

❸ 「気候変動枠組条約（UNFCCC）」と現状の課題

　上のSDGs13で記された「**気候変動枠組条約（UNFCCC）**」は温室効果ガス濃度の安定化を最終的な目標とし，気候変動がもたらす悪影響を防止するための国際的な枠組みを定めている。より具体的な義務については，COPで締結される別の条約で定めることになっている。1997年のCOP3で採択された京都議定書や，先述の2015年のCOP21で採択されたパリ協定はその条約の1つである。

　経済基盤が脆弱な国・地域は，気候変動によって人命，農作物，インフラなどに深刻な損失や損害が生じており，影響は個人の生活にも及んでいる。温室効果ガスの排出量の少ない国・地域が気候変動の影響に直面する矛盾が見られ，気候危機は**地球規模の不公平な問題**となっている。異常気象の深刻さと頻度が増しているが，小島嶼開発途上国のような国々はその影響を緩和し，適応するための能力も資金も少ないのが現状である。

（藤岡達也）

▶4　気候変動枠組条約（UNFCCC）
正式名称は，「気候変動に関する国際連合枠組条約（Uni-ted Nations Framework Convention on Climate Change）」。1992年6月3日から14日にかけてブラジル・リオデジャネイロで開催された国連環境開発会議（地球サミット）で採択された条約である。UNFCCCでは，他にもいくつかの機関が設けられており，途上国への地球温暖化対策を支援する資金メカニズムの実施主体として，地球環境ファシリティ（GEF）が設置された。

▶5　地球規模の不公平な問題
この不公平を解決するため，2009年，排出量の多い高所得国は，途上国が気候危機の影響に対処できるように2020年までに年間1,000億ドルの気候変動資金を提供することになった。ただ，この目標は，2021年になっても達成されていない。

コラム 7

気象観測システム

1 地上の気象観測システム

気象観測では，様々な観測機器が用いられる（図1）。気象庁が展開している地上の気象観測システムであるアメダス（Automated Meteorological Data Acquisition System：AMeDAS）」は，正式には地域気象観測システムと呼ばれ，気温，湿度，風向・風速，降水量を自動的に観測している。アメダスでは，降水量を観測する観測所が全国に約1,300カ所ある。このうちの約840カ所では，気温，湿度，風向・風速も観測している。さらに，降雪地域の約330カ所では積雪の深さも観測している。このように，全国にきめ細かく張りめぐらされた地上気象観測網により，気象予報や気象災害の防止・軽減に役立つ重要なデータが収集されている。アメダスは2024年に運用開始50周年を迎えた。蓄積された気象観測データは，大雨の頻度や強度の長期的な変化などの気候変動を捉える目的にも利用されており，アメダスの役割はますます重要になっている。

また，全国約60カ所の気象台および測候所では，アメダスで観測している気象要素に加えて，気圧や視程，雲の状態などを観測している。以前は多くの気象台で職員が目視による視程や雲の観測を昼夜問わず行っていた。しかしながら，2024年3月からは職員による目視観測が行われる地点は，東京にある気象庁と大阪管区気象台の2カ所のみとなった。目視観測が行われなくなった気象台では，自動気象観測装置を用いて視程などの観測を継続して行っている。

2 上空の気象観測システム

ラジオゾンデは，上空の気象要素を観測する気象観測装置である。ラジオゾンデをゴム気球に吊るして飛

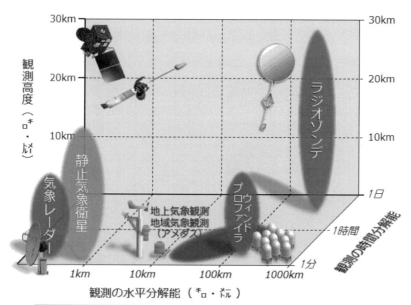

図1　様々な気象観測から得られる観測データの水平・時間分解能と観測高度

出所：気象庁「気象観測について」（https://www.jma.go.jp/jma/kishou/know/kansoku/weather_obs.html）
（2024年7月30日最終閲覧）

揚し（これを放球という），地上から高度約30kmまでの大気の状態を観測する。気象庁による高層気象観測の観測点は国内に16カ所あり，その多くでは自動放球装置によって観測が行われている。ラジオゾンデによる高層気象観測は，協定世界時の0時と12時，すなわち日本標準時の9時と21時に行われる。放球はこれらの時刻の30分ほど前に行われ，高層気象観測の観測点の近くでは，ラジオゾンデを吊るしたゴム気球が上昇していく様子を見ることができる。ラジオゾンデによって得られた気象観測データは，コンピュータを用いて大気の状態を予測する数値予報モデルなどに利用されている。

　一方，地上に設置した観測装置を使い，上空の大気の状態を電磁波によって間接的に観測する方法もある。その1つに気象レーダーによる観測がある。気象レーダーでは，マイクロ波と呼ばれる電磁波をアンテナから放射する。電磁波が大気中の雨粒や雪粒子に当たると反射してアンテナに戻ってくる。この電磁波の強さから，雨や雪の強さを推定することができる。通常，気象レーダーではアンテナを旋回させながら観測を行う。よって，半径数百kmの範囲内の降水の様子を観測することができる。雨粒や雪粒子は風によって流される。このため，送信した電磁波の周波数と戻ってきた電磁波の周波数にずれが生じる。これをドップラー効果という。周波数のずれの大きさから降水域の風の速さを推定することが可能である。この機能を持った気象レーダーをドップラーレーダーという。空港に設置されたドップラーレーダーは，航空機の離着陸の障害となる突風などの監視に用いられている。

　静止気象衛星「ひまわり」は，雲や火山灰などの観測を宇宙から行っており，気象予報や気象災害・火山災害の軽減に欠かせない重要な役割を担っている。ひまわりは，東経140.7度の赤道上空約35,800kmに位置し，地球の自転周期と同じ23時間56分4秒で地球を周回している。これにより，常に地球上の同じ範囲（ア

ジア，オセアニア，西太平洋地域）を観測することができる。ひまわりの観測データは多くの国と地域に提供され，国際貢献に活用されている。時には，熱帯低気圧の接近や火山噴火が生じた国からの要望に応じて，該当する領域の特別観測を行うことがある。

（吉本直弘）

III 風水害（気象災害・土砂災害）

13 豪雪・雪害

1 国土の半分を占める豪雪地帯

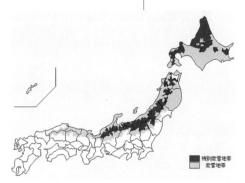

図2-III-18 豪雪地帯および特別豪雪地帯指定図
出所：全国積雪寒冷地帯振興協議会「豪雪地帯及び特別豪雪地帯指定図」(http://www.sekkankyo.org/zenkoku.htm)
(2025年2月15日最終閲覧)

▷1 豪雪地帯対策特別措置法
1962年に制定された。目的は，豪雪地帯において，雪害の防除その他産業等の基礎条件の改善に関する総合的な対策を樹立し，その実施を推進することにより，豪雪地帯における産業の振興と民生の安定向上に寄与することである。次の内容が示されている。①「豪雪地帯」及び「特別豪雪地帯」の指定，②豪雪地帯対策基本計画の作成，③基本計画に基づく事業に係る優遇措置。

▷2 国土交通省（2024）「豪雪地帯・特別豪雪地帯の指定（令和6年4月1日現在）」(https://www.mlit.go.jp/kokudoseisaku/chisei/content/001584511.pdf)

日本は世界でも豪雪地域の割合が高い国といえる。豪雪地帯とは，豪雪地帯対策特別措置法に基づく豪雪地帯の指定要件で，1962年の積雪終期までの30年以上の期間における累年平均積雪積算値が5,000cm日以上の地域を指す。図2-III-18は，日本列島で豪雪地帯や特別豪雪地帯に指定されている地域である。国土面積の50.8％を豪雪地帯が占め，該当する市町村数は30.9％，人口は14.5％であり，豪雪地帯に住む人の割合は低い。このうち全域が豪雪地帯となっているのは，北海道・東北地方・日本海側の地域の10道県にのぼる。

日本は全体的には温帯に属するが，冷帯である北海道など年間の平均気温が低い地域の面積は意外と大きい。緯度的には必ずしも高くない中部地方や近畿地方，中国地方の日本海側でも降雪量が大きく，日本より高緯度にある国々でも雪は多くない。日本の降雪には，冬型の西高東低型の気圧配置，つまり，ユーラシア大陸に発達したシベリア高気圧から，気圧の低い南東の日本列島へ冷たい空気が吹き込まれることが大きな原因となる。図2-III-19は日本海側に大雪をもたらすメカニズムを模式的に示したものである。シベリア高気圧からの乾燥した北西の季節風が，比較的高温の日本海を通過する時，海面から上昇した多量の水分を吸収する。そして，この空気が日本列島の山脈にぶつかって，日本海側，特に山沿いに多量の雪を降らせる。この時，日本海側には，筋雲と呼ばれる雪雲が見られる。

ところが，日本海側に多量の雪が降る理由は強い季節風の影響によるものだけではない。日本海の上空に強い寒気が南下して，日本海が気圧の谷となった場合にも見られる。この時，西寄りの風向きとなり，風速も弱まって日本海沿岸の平野部に大量の雪を降らせることがある。

さらに，地形にも関係する。北西の多量の水分を含んだ冷たい風が日本列島の山岳地帯にぶつかった時，中部から近畿でも豪雪となる。例えば，日本有数の豪雪地帯である新潟県上越市は，佐渡島と能登半島の間を北西から多量の水を吸った寒気が入り込み，妙高山あたりの山々にぶつかり，大雪を降らせる。

図2-Ⅲ-19　冬型の気圧配置がもたらす大雪の概念図

出所：気象庁「《コラム》冬の北海道で大雪となる3つのパターン」(https://www.data.jma.go.jp/cpd/j_climate/hokkaido/column_snow.html)（2025年2月7日最終閲覧）

2　近年の豪雪被害

　豪雪によって、交通網の遮断や雪下ろし中の事故などが生じる。また、融雪期の春先には、雪崩地すべりなどが発生する（⇨ 2-Ⅲ-14 ）。最近では気候変動の影響もあり、豪雪による多数の犠牲者は聞かないかもしれないが、かつては甚大な被害が生じた。「昭和38年1月豪雪」では、北陸地方を中心に、犠牲者231名、負傷者356名となった。鉄道等の交通網は止まり、道路は閉塞され、除雪が追いつかず、多数の集落が孤立した。北海道・東北地方・北陸地方を中心に大雪が見られた「昭和52年豪雪」では、死者101名、負傷者834名の人的被害が発生した。さらに「昭和56年豪雪」では、北陸など日本海側で大雪となり、死者133名、行方不明者19名の犠牲にのぼった。「昭和59年豪雪」は北海道日本海側や北陸地方で131名の犠牲者が生じる豪雪であった。

　「平成18年豪雪」では、12月から1月上旬にかけて非常に強い寒気が大陸から日本付近に南下し、強い冬型の気圧配置が断続的に現れ、日本海側では記録的大雪となった。屋根の雪下ろし等除雪中の事故や落雪、倒壊家屋の下敷きになるなどして死者152名、負傷者2,145名の人的被害が発生した。さらには家屋の損壊や交通障害、電力障害等様々な被害が見られた。

　歴史的には、冬の豪雪地帯に大地震が発生し、犠牲者数が多くなったこともある。1666年2月1日（寛文5年12月27日）越後高田地震（現在の新潟県上越市）では高田城はじめ城下でも被害が大きく、死者も1,500名に達したとされている。1961年2月2日に発生した「長岡地震」でも地震の規模の割には全壊した家屋が多く、犠牲者も生じた。これは積雪の影響が大きかったと考えられる。一方で、豪雪は日本海側や北海道に数多くの伝統や文化をつくってきたのも事実である。

（藤岡達也）

(2025年2月7日最終閲覧)。

▷3　新潟県上越市
上越市は日本の有数の豪雪地帯であり、1945年2月16日に記録した3m77cmは日本で観測史上7位である。同市板倉区は特別豪雪地帯に指定されており、山間部の柄山集落では1927年2月に8m18cmの積雪深を記録したモニュメントが建てられている（下図）。
なお、1927年2月14日、滋賀県の伊吹山測候所で観測した11m82cmは世界最高の積雪記録ともいわれている（気象庁「歴代全国ランキング（最深積雪）」〈https://www.data.jma.go.jp/obd/stats/etrn/view/rankall.php〉〈2025年2月7日最終閲覧〉）。

▷4　平成18年豪雪
各地で積雪の12月としての最大記録を更新し、東日本と西日本では戦後最も低い12月の月平均気温を記録した。日本海側の山沿いを中心に大雪となる日が続いた。

Ⅲ 風水害（気象災害・土砂災害）

14 雪崩と雪に関する様々な災害

▷1 那須雪崩事故

栃木県教育委員会は，事故の原因を春山安全登山講習会における計画全体のマネジメントと危機管理意識の欠如であるとした。県高等学校体育連盟や県教育委員会の組織体制の不備が大きく関係しているとされた。事故のあった本講習会が学校教育活動の一環として行われた部活動でもあることから，県教育委員会としてその責任を痛感していることを表明した。その後，同教育委員会は「那須雪崩事故を教訓とした学校安全のための取組」（平成30年1月9日）を策定した（栃木県教育委員会〈2018〉「那須雪崩事故を教訓とした学校安全のための取組」〈https://www.pref.tochigi.lg.jp/kyouiku/kyouikugyousei/kyouikuiinkai/documents/torikumi_1.pdf〉〈2025年2月7日最終閲覧〉）。

▷2 上越市板倉区で発生した雪崩地すべり

人的な被害はなかったものの，11棟の建物被害の内訳は住家が4棟，空き家が1棟，作業所4棟，車庫2棟であった。地すべりを止めるため，原因となる雪解け水を抜くボーリング工事，450mの土堰堤と170mのコンクリートブロックの設置が行われた。この雪崩地す

1 雪解け後の災害

　雪崩は，雪山で多数の人が遭難する原因になるなどの大災害につながる。2017年3月には，栃木県那須町で実施された登山講習会の活動中に，高校生や引率教員8名が雪崩に遭い，犠牲となる**那須雪崩事故**が発生した。犠牲者は4.5mの雪の深さに埋もれ，負傷者も40名に達する大災難となった。

　雪崩とは山間部の斜面に積もった雪が重力によって崩れ落ちる自然現象であるが，広い範囲に発生し，そこに人がいたり家があったりすると大きな災害となる。原因は様々であるが，気温の上昇などによって一部が解けてしまったり，外力が加わったりするなど，雪同士の接合が緩んだ時に生じる。当然ながら，緩やかな斜面よりも急な斜面の方が起こりやすくなる。

　過去にも雪崩による甚大な被害が記録されている。例えば，雪崩が列車を襲い，犠牲者や負傷者が多数生じる災害も発生している。1922年2月3日に北陸本線親不知駅・青海駅間の勝山トンネル西口で起きた事故では，雪崩が列車を直撃し，結果として90名もの尊い命が奪われた。当時，富山県境に近い新潟県糸魚川町近辺で2月に雨が降ることはあまりなかったにもかかわらず，当日は大雨であり，自然条件が重なったため，傾斜面全部の雪が崩落する「全層雪崩」が発生しやすかった。

　雪崩の速度は速く，積雪の上の層が滑り落ちる「表層雪崩」では時速約200km，全ての層がすべり落ちる「全層雪崩」でも時速約80kmに達する（図2-Ⅲ-20）。この速度差は接触面の摩擦によるもので，斜面の角度によっても変わる。先述の那須雪崩事故のように，春が近づき，雪が溶けて滑りやすくなると，雪国では雪崩地すべりが発生する可能性が高まる。また，この時期，暖かくなって降雪が降雨になると，同じ理由で雪崩地すべりが生じる。従来から地すべりが生じやすく，積雪の多い地域であれば，春先に頻繁に雪崩地すべりが発生することになる。地すべりを生じやすい地域には地質条件もある。それは，砂層や泥層に含まれている鉱物が膨潤性（水を吸収して崩壊する性質）であることで，その結果，降雨等で地層に水分を含むと重力に沿って地層が斜面方向に動きやすくなる。先述のように融雪でも同じメカニズムで雪崩が発生する。

　2012年3月，**上越市板倉区で発生した雪崩地すべり**では，建物被害は11棟に及んだ。さらに住宅街まで地すべりが接近したため，21世帯80人に避難勧告

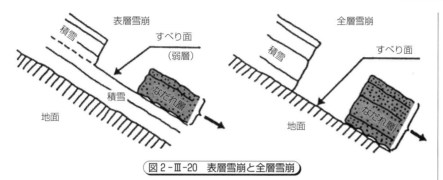

図2-Ⅲ-20 表層雪崩と全層雪崩

出所：国土交通省「雪崩防災」〈https://www.mlit.go.jp/mizukokudo/sabo/nadare.html〉（2025年2月7日最終閲覧）

（当時）が出された。この地すべりに対して，新潟県は全国の都道府県で初めて土砂災害防止法に基づく緊急調査に着手した。

2 雹と霰による被害

雪と類似したものに雹や霰がある。上昇気流が発生し，積乱雲から降ってくることは同じであるが，直径5mm以上の氷の粒のことを雹，直径5mm未満のものは霰として区別される。雹は降った時に音を立てて屋根等に当たるため，すぐに気付くことができる。しかし，直径数cmの雹が，かなりの速度（直径が5cm以上の大きな雹は，落下速度が時速100kmを超えるといわれる）で落ちてくると，大きな被害が生じることもある。住宅の屋根や窓ガラスを破損したり，農作物に被害をもたらしたりする。大きな雹が人間に直撃した場合には，命の危険もある。また，雹や霰は豪雪地帯と関係なく発生する。

記録が残っている中で，日本最大級の被害を生じたといってよいのが，1933年6月に，兵庫県で暴風とともに発生した直径4～5cmの降雹である。これは，死者10名，負傷者164名，住宅の全半壊500棟以上という大災害となった。近年でも，2000年5月に千葉県北部・茨城県南部で暴風を伴った直径5～6cmの降雹があり，負傷者は162名，家屋の被害は約4万8,000軒にものぼった。2014年6月にも東京都三鷹市や調布市の住宅街に，豪雨とともに降雹が発生して，周辺の道路が一面流氷のような状態になった。2017年7月夕方に東京豊島区のJR山手線の駒込駅で天井の一部が降雹によって割れる被害も生じた。

雹や霰のでき方は，雨や雪よりも少し複雑である。雹は激しい上昇気流を持つ積乱雲内で成長する。雹は，空中で落下して表面が融解し，再び上昇気流で雲の上部に吹き上げられて融解した表面が凍結することを繰り返す。その繰り返しの中で，氷粒が成長して大きな雹となる。大きくなった雹の重さを上昇気流が支えきれなくなった時などに地上へ落下し，被害を与える。5～6月にかけて降雹の被害が多いのは，夏よりも低い気温とも関係する。　　　　　（藤岡達也）

べりにより，米の作付けができなかった水田面積は23haにも及ぶ（新潟県〈2012〉「上越市板倉区で発生した地すべりについて（第3報）」〈https://www.pref.niigata.lg.jp/sec/kikitaisaku/1331413221834.html〉〈2025年2月25日最終閲覧〉）。

▷3　土砂災害防止法
正式名称は「土砂災害警戒区域等における土砂災害防止対策の推進に関する法律（平成13年4月1日施行）」。土砂災害から国民の生命を守るため，土砂災害のおそれがある区域を明らかにし，警戒避難体制の整備，住宅等の新規立地抑制，既存住宅移転促進などの対策を推進しようとすることがその目的である。1999年6月の広島での豪雨災害が契機となった。

第2部　災害につながる自然現象の理解と防災

Ⅲ　風水害（気象災害・土砂災害）

落雷，竜巻など

1　雷の怖さ

　落雷による被害は比較的狭い範囲ではあるが，毎年のように犠牲者が生じている。一度の落雷によって多数の命が奪われた<u>西穂高岳落雷遭難事故</u>▷1の例もある。1967年8月上旬に，長野県の西穂高岳付近で登山中の高校生の集団が落雷に遭い，生徒8名が即死，生徒・教員と会社員1人を含めた13名が重軽傷を負い，生徒3名が行方不明となった。一度にこれほどの死者・負傷者が生じたことは当時の落雷事故の記録になかったため，全国に衝撃を与え，長野県ではこの影響で登山行事を一時的に中止，廃止した学校が見られた。山だけでなく，平地の校庭や競技場に落雷した例もあり，<u>雷事故に対する最高裁の判決</u>▷2が学校教育現場の対応を変えたこともある。

　集中豪雨などの気象現象は上昇気流によって生じるが，落雷の発生にも上昇気流が関係する。電荷が蓄積するには雲中の対流運動等の激しさが条件となるため，積乱雲の直下など，いわゆる雷雲と呼ばれるような黒い雲が見られるようになると，落雷の危険性が高まる。つまり，粒子同士のぶつかりによって，マイナスとプラスの電気が発生し，上層にはプラスの電荷，下層にはマイナスの電荷に分かれる。そのため雲と雲の間で放電したり，プラスとなった地上との間に放電が発生し，地上に落ちたりする。後者の場合，落雷時の電圧は200万〜10億V，電流は1,000〜50万Aにも達し，このような高圧高温の電圧・電流が地上を直撃すると火災が発生したり，周辺に人がいた場合には死傷者が生じたりする。落雷には直撃だけではなく<u>側撃</u>▷3もある。雨宿りのために大木の下に避難することは，雷鳴時には危険な行為である（巨石等の陰への避難も同様である）。雷の時は，できる限り早く，建物や車の中に避難する必要がある。雷には警報の発表がなく，注意報しか存在しない（⇨ 1-7 ）。雷注意報が発表されたら，意識して危険予測や安全な行動を心がけなくてはならない。

　温暖前線，寒冷前線の通過時などに落雷が多く発生することがある。日本列島の太平洋側と日本海側とでは，雷が頻繁に発生する時期は異なる。太平洋側では夏に北太平洋高気圧が発達し，地上の温度が相対的に上がるが，高層では寒気が流れ込むと大気は不安定となり上昇気流が生じる。冬の日本海側では，シベリア高気圧の寒気団に対して，日本海の水温は比較的暖かく，上昇気流が発生しやすくなる。その結果，落雷が発生し，寒気団が発達する夜〜夜中にも

▷1　**西穂高岳落雷遭難事故**
長野県松本市の高校生の登山パーティーが，北アルプスの西穂高岳で集団登山を行っている時に，天候が悪化し，雹まじりの激しい雷雨となったため避難を始めたが，その途中に雷の直撃を受けた。

▷2　**雷事故に対する最高裁の判決**
1996年8月，大阪府高槻市でサッカーの試合中，高校1年生（当時）が落雷の直撃を受け，重度の後遺障害を負った。家族等は主催者と引率顧問を訴えた。1審2審は予見不可能として棄却されたが，最高裁では雷の予見は可能であったと，主催者と顧問の責任を認めた。判決以降，教室外での教育活動，例えば，運動会・体育祭，グラウンド内の活動は，雨が降ってなくとも，雷鳴が聞こえる際は，一旦中止をすることになっている。

▷3　**側撃**
雷が直撃した周囲で起こる放電のこと。雷の主放電路から分かれた放電路による場合と，樹木などに落雷し，付近の人や物に再放電する場合がある。

雷が多く生じる。この寒気団は日本海の水を大量に吸収するため，豪雪の原因ともなり，「雪下ろしの雷（雪起こしの雷）」と呼ばれる。

② 突風と竜巻

　突風には，竜巻，ダウンバースト，**ガストフロント**[4]があり，小規模なものとしはつむじ風などがある。これらは積乱雲に伴い起こるもので，竜巻は上昇気流によって生じる激しい渦巻きである。近年，日本でも竜巻によって多くの犠牲者が出ている。例えば，2006年11月に発生した北海道佐呂間町の竜巻では犠牲者が９名，大型トラックが飛ばされるなどの被害が発生した。竜巻は多くの場合，漏斗状または柱状の雲を伴う。ダウンバーストは竜巻とは逆に積乱雲からの下降気流によって生じる。つむじ風は，風が地面に当たったり，上昇気流によって生じたりする。つむじ風の場合，積乱雲とは関係なく，強い日射によって地面が暖められ上昇し，その規模は小さくほとんど災害には至らない。

　アメリカでは，列車や住宅がまるごと吹き飛ばされ，自動車も100m以上飛ばされるようなトルネードと呼ばれる竜巻も生じる。このような竜巻は，大規模な積乱雲「スーパーセル」による。「スーパーセル」は，通常の積乱雲と異なり，スケールも大きく，寿命も通常の積乱雲の10倍以上長い。スーパーセルでは上昇気流に加え，暖かく湿った空気の流入が特に持続すること，また，下降気流が別の場所で起こるというメカニズムが明らかとなっている。地形に凸凹の多い日本では，スーパーセルによる大規模な竜巻はまれであるが，広大な平地を有するアメリカでは，自然環境の特性から大規模な竜巻が頻発する。日本では，アメリカほどの規模の大きさの報告はないが，近年，竜巻による被害も珍しくなくなっている。

　竜巻などの激しい突風をもたらす現象は水平規模が小さく，既存の風速計から風速の実測値を得ることは困難である。1971年にシカゴ大学の藤田哲也博士によって，竜巻やダウンバーストなどの突風により発生した被害の状況から風速を大まかに推定する藤田スケールが考案された。ただ，藤田スケールは，日本の建築物等の被害に対応しておらず，評定に用いることのできる被害の指標が９種類と限られているなど，大まかな風速しか評定できないこともあった。そこで気象庁では，藤田スケールを改良し，より精度良く突風の風速を評定することができる「**日本版改良藤田スケール**（JEFスケール）」[5]を2015年12月に策定し，翌年４月より突風調査に使用している。藤田スケールでは，被害指標が，住家，ビニールハウス，煙突，自動車，列車，樹木等の９種類に限られていたが，JEFスケールでは住家や自動車等が種別ごとに細分され，日本でよく見られる自動販売機や墓石等を加えて31種類（2024年４月より）に増えている。

（藤岡達也）

▷4　ガストフロント

ガストフロントとは，積乱雲の下で形成された冷たい（重い）空気の塊が，その重みにより温かい（軽い）空気の側に流れ出すことによって発生する。数十km以上にわたって水平方向に広がることがある（気象庁「竜巻などの激しい突風とは」〈https://www.jma.go.jp/jma/kishou/know/toppuu/tornado1-1.html〉〈2025年2月25日最終閲覧〉）。

▷5　日本版改良藤田スケール

風速と主な被害状況からJEF0〜JEF5までの5階級で示される。

（参考文献）

　気象庁「日本版改良藤田（JEF）スケール」〈https://www.jma.go.jp/jma/kishou/know/toppuu/tornado1-2-2.html〉。

Ⅲ 風水害（気象災害・土砂災害）

土石流，危険渓流

❶ 土石流

　渓流に溜まった土砂が長雨や集中豪雨などによって一気に下流へ押し流される現象を土石流という。土石流は，急勾配の渓流の他にも，松の根や幹が枯れて多数の空洞ができた山腹や熱海市伊豆山のように大量の土砂を積まれた所に激しい雨が長く続くことで発生する場合もある。▷1

　土石流は通常，土砂が水で運搬される量よりも異常に多く流出した場合に使われる。巨礫(きょれき)を有し，柔らかく練ったコンクリートを流したような流れから，真砂土(まさど)のみで構成される土砂の流れ，セント・ヘレンズ火山や雲仙普賢岳を流れ下った火山泥流のような泥っぽい流れまで幅広い。土石流とよく混同される現象に崩壊や地すべりがある。土石流は斜面崩壊に比べて，流下距離が100〜1000mのように長い。また，土石流は渓流の地表水で秒速数〜50m程度と比較的速く動かされて生じる現象に対し，地すべりは地下水の作用で亀裂で区切られた土砂のかたまり全体が比較的ゆっくり動かされるという点で異なる現象である。

　ピプキン（B. W. Pipkin）とトレント（D. D. Trent）は，大量の水を含んだ表層の非常に速い斜面流動のうち，構成物の大きい順に，岩石の流動を岩なだれ，粗粒土の流動を土石流，細粒土の流動を泥流と分類している▷2（図2-Ⅲ-21〜図2-Ⅲ-23）。

▷1　熱海市大規模土石流(2021)「令和3年7月3日，記録的な大雨と大量の盛り土が原因で熱海市で大規模な土石流が発生」(https://www.pref.shizuoka.jp/bosaikinkyu/saigai/atamidosha/aizomegawasaigai/1047027/index.html) (2025年1月31日最終閲覧)。

▷2　B. W. Pipkin & D. D. Trent (2013) "Geology and the Environment." West, Minneapolis, MN.

図2-Ⅲ-21　岩なだれ

出所：時事ドットコム (2014)「長野県南木曽町で土石流」(https://www.jiji.com/jc/d4?p=dks710-jpp017534195&d=d4_kk) (2024年9月29日最終閲覧)

図2-Ⅲ-22　土石流

出所：中国地方整備局 (2019)「平成30年7月豪雨」(https://www.cgr.mlit.go.jp/photo/h3007gouu_kiroku/index.htm) (2024年9月29日最終閲覧)

図2-Ⅲ-23　泥流

出所：雲仙砂防管理センター (2009)「災害画像集」(https://www.qsr.mlit.go.jp/unzen/gallery/index.html) (2024年9月29日最終閲覧)

❷ 1999・2014年豪雨を受けた法律制定・改正と土石流危険渓流の指定方法変更

　「土石流危険渓流」とは，1966年10月1日の建設省砂防課長通達に基づき，

都道府県が概ね5年ごとに実施していた調査で指定していた。しかし、土石流危険渓流は人の利用度での分類で、法律規制もなかった。

そのため、1999年6月豪雨災害を受けて制定された「土砂災害警戒区域等における土砂災害対策の推進に関する法律」（土砂災害防止法）により、危険性での分類の「土砂災害警戒区域」（土砂災害の恐れがある区域）や「土砂災害特別警戒区域」（建物が破壊され、人命に大きな被害が生ずる恐れがある区域）（図2-Ⅲ-24）が定められ、危険性の調査と警戒区域の指定に移行した。土石流の高さや土砂移動の圧力の大きさも明示（図2-Ⅲ-25）され、法的制限も負荷された。

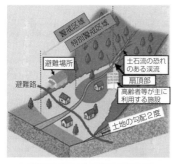

図2-Ⅲ-24 警戒区域の種類と準備

出所：広島県砂防課（2023）「土砂災害ポータル」（https://www.sabo.pref.hiroshima.lg.jp/portal/map/keikai.aspx）（2024年9月29日最終閲覧）をもとに筆者作成

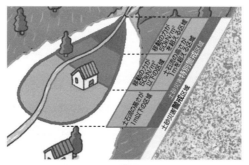

図2-Ⅲ-25 特別警戒区域の詳細

出所：広島県砂防課（2023）「土砂災害警戒区域・特別警戒区域図について」（https://www.sabo.pref.hiroshima.lg.jp/portal/kaisetsu/keikaihelp/04_02.htmhtm）（2024年9月29日最終閲覧）

しかし、基礎調査が完了したのは2014年の時点でも13県に留まった。これは、警戒区域指定の際に、反対する住民の理解を得るまでに時間を要することによる。反対理由として、指定により不動産価値や地価が低下することへの懸念が挙げられた。そのような中で77名が死亡した2014年8月豪雨（広島土砂災害）では、被災地域の多くが警戒区域に指定されておらず、指定遅れが問題となった。これを契機として同年11月に本法律が改正され、基礎調査後早期の段階で公表を行うことなどが定められた。また、気象庁と都道府県が共同発表している土砂災害警戒情報を、市町村長および住民に周知することを義務付け、市町村防災会議において警戒区域ごとに避難経路と避難場所、土砂災害警戒情報の伝達方法を定めることとした。さらに、2020年9月に国は都市計画運用指針を改正し、都市圏では、許可制・構造要件付のもとで開発を容認する土砂災害防止法よりも踏み込んでレッドゾーン内の開発を抑制するべきと示した。これを受けて、全国で初めて2021年に広島県が県内の市町で土砂災害リスクの高い山裾から平地への居住の誘導を狙う方針を明らかにしている。しかし、不動産価値の低下が懸念され、その補償が課題となっている。課題を抱えつつも2024年3月末時点の全国の土砂災害警戒区域、土砂災害特別警戒区域は、それぞれ693,675区域、595,796区域と、増加傾向にある。

（岡田大爾）

▷3　1999年6月豪雨災害
6月29日午前に福岡県福岡市で、同日午後に広島県広島市・呉市で、集中豪雨により比較的規模の大きい災害が発生し、それぞれ2名、32名の死者を出した。福岡では福岡駅が水没し、広島では新興住宅地で土石流が発生し、それぞれ都市型水害、都市型土砂災害と呼ばれた。広島での土砂災害を機に土砂災害防止法が制定された。1998年制定の被災者生活再建支援法が初適用事例（広島県全域）。

▷4　2014年8月豪雨（広島土砂災害）
記録的集中豪雨が、深夜の時間帯に新興住宅地など人家が密集する住宅地後背の山々を襲ったことで甚大な被害を出した。この土砂災害は単に砂防だけの問題でなく都市計画・地域計画・防災計画の様々な問題点が浮かび上がった。

▷5　山越伸浩（2014）「広島市の土砂災害を受けた土砂災害防止法の改正──今後の土砂災害対策の推進に当たっての留意点」『立法と調査』359、19〜31頁。

▷6　国土交通省（2024）「全国の土砂災害警戒区域等の指定状況推移（令和6年3月末時点）」（https://www.mlit.go.jp/mizukokudo/sabo/content/001741180.pdf）（2024年9月29日最終閲覧）。

Ⅲ 風水害（気象災害・土砂災害）

砂防ダム，堰堤

▷1 砂防法
砂防法とは，土石流や山崩れなどの土砂災害を防ぐための法律で，国土交通大臣は砂防堰堤などの砂防設備を要する土地，または治水上砂防のため一定の行為を禁止もしくは制限すべき土地を砂防指定地に指定する。砂防指定地内において都道府県知事は一定の行為を禁止もしくは制限することができる。

▷2 新河川法
1964年に河川法が全面改正され，1965年4月1日から施行されることとなった。この新河川法は治水・利水の両面に重点を置き，河川を水系的にみて重要度の高いものから①一級河川，②二級河川，準用河川に分類し，①を国の管理，②を都道府県管理とした。さらに，工作物の新築等に対する国土交通大臣や都道府県知事といった河川管理者からの許可を受けて設置する基礎地盤から堤頂までの高さが15m以上のものをダムと定義した。

❶ 砂防堰堤の定義とその効果

砂防法[注1]（1897年）で国交省が土砂災害を防止・管理するのが砂防堰堤である。新河川法[注2]（1964年）では高さが15m以上の大規模な堰堤はダムと定義された。しかし，砂防関係の法令や技術指針では「砂防堰堤」が正式名称である。

砂防堰堤には，主に3つの効果があり，それぞれ次の①～③のような順序で働く。

○侵食を防ぎ，水流を遅くする

①土砂が溜まって川底侵食を防ぐ。②勾配が緩くなることで水流が遅くなる。③水流が遅くなると大きな石から堆積して，ますます堰堤や川底を守ることができる。

○川幅を広げ，水流を遅くする

①土砂が埋まって河床が上がる。②渓流両岸の崩壊がなくなり，固定される。③川幅が広がり，水流速度が遅くなる。

○土砂量を制御する

①土砂を溜めたり河床面を土砂で被ったりし，垂直侵食を防ぐ。②河床傾斜を緩和することで土砂を一時的に堆積させて調整し，河床の傾斜を緩くして流速を落として川の侵食を抑えるなどして，土砂の流出を防ぐ。③土砂災害を防止するとともに，下流にある貯水ダムの砂の堆積を減少させる。

❷ 砂防堰堤の種類と効果

砂防堰堤には，透過型と不透過型がある。透過型は，常に中礫以下を下流に流し，堰堤上流側は空のまま維持される。一方，不透過型は通常時土砂を溜めるため，堰堤上流側は砂で埋まる。そのため，透過型砂防堰堤は不透過型砂防堰堤と比較して，土石流発生時に約2～3倍の土砂，約30～50倍の流木を受け止める効果を見込むことができ（図2-Ⅲ-26），その数は近年ますます増加している。

❸ 環境配慮型砂防堰堤

各地で周囲の環境に配慮した砂防堰堤がつくられている。日本三景の宮島では，終戦直後の枕崎台風で多くの砂防堰堤が破壊された。その後，河口の厳島

2-Ⅲ-17 砂防ダム，堰堤

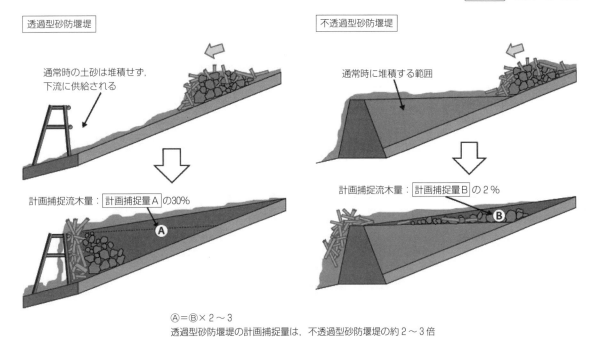

Ⓐ＝Ⓑ×2〜3
透過型砂防堰堤の計画捕捉量は，不透過型砂防堰堤の約2〜3倍
透過型砂防堰堤の流木捕捉量は，不透過型砂防堰堤の約30〜50倍

図2-Ⅲ-26　透過型と不透過型の土砂・流木の捕捉量の比較

出所：砂防鋼構造物研究会（2014）「鋼製透過型砂防堰堤の土石流，流木の捕捉事例」(https://www.kensetsu-plaza.com/kiji/post/3814)（2024年9月29日最終閲覧）

神社を守るため，「宮島紅葉谷岩石公園築造趣意書」▶3が作成され，土石流の石を割らないようにして老舗旅館の日本庭園と一体化した庭園式砂防堰堤（図2-Ⅲ-27）がつくられた。この堰堤は2018年の西日本豪雨にも耐え，2020年に戦後の土木施設としては初めて国の重要文化財に指定された。

▶3　宮島紅葉谷岩石公園築造趣意書
石材は他地方より運び入れず，現地にあるものを使用し，コンクリートの面は目に触れないように野面石で包む。庭師に仕事をしてもらい，石屋さんものみや金槌は使わない。樹木も切らない。これらのような方針が書かれている。

図2-Ⅲ-27　破壊された砂防堰堤を庭園式に再生

出所：広島県土木建築部砂防課（2019）「紅葉谷川写真集」(https://www.sabo.pref.hiroshima.lg.jp/portal/sonota/photos/photo_momiji_gennzai/htm/06.htm)（2024年9月29日最終閲覧）

（岡田大爾）

参考文献
広島県土木建築部砂防課（1997）「紅葉谷川庭園砂防パンフレット」(https://www.sabo.pref.hiroshima.lg.jp/portal/sonota/sabo/pdf/302_momiji.pdf)。

第2部 災害につながる自然現象の理解と防災

Ⅲ 風水害（気象災害・土砂災害）

18 多様な斜面災害と災害に関する伝説・景観

1 日本列島に多い斜面災害

　日本列島の特色として地殻変動の著しいことは，これまで繰り返し述べてきたが，それが地形に現れて中山間部の景観となり，土石流，地すべり，崖崩れなどの災害も各地で頻繁に生じている。これらによる被害は土砂災害（斜面災害）等と総称される。集中豪雨等によって引き起こされることも多いので，風水害として捉えられることもある。大規模な地震動がきっかけとして，斜面災害が発生することもあり，2004年中越地震では，広い範囲で斜面崩壊が生じ，集落が孤立した地域が出た。また，土砂が河川をせき止めてしまったため，ダムのように集落が水没したところも見られた。斜面崩壊は地震の衝撃や噴火等が引き金となって生じたり，不安的な地盤などが重力の影響を受け突然崩れたりする場合もある。土砂災害につながる斜面崩壊の多さは日本の特色であり，海外ではまとめて「地すべり」の語句で統一され，区分はされないこともある。2-Ⅲ-16 では土石流などについて図示し，それぞれについて簡単に触れている。

　また，斜面災害は気象や地質・地形などの自然条件だけでなく，人間の開発や働きかけ等によって引き起こされる場合もある。最近では2021年7月に発生した**熱海市伊豆山土石流災害**[▷1]では，多くの人命が失われた。この地域の傾斜部でも尾根部分と谷部分があり，谷部分の上部に多量の土砂が廃棄されていた。豪雨時，これらが流出し，谷部分に立地していた住宅が壊滅的な被害を受けることになった。図2-Ⅲ-28は，災害1年後の現地の様子であり，谷部分に道路保全のために置かれた土砂止めが見られる。

2 斜面災害にまつわるエピソード

　集中豪雨等で甚大な被害が生じる原因に土石流の発生がある。土石流は先端部に巨礫が集中しハンマーのような状態で流れるために，破壊力が強まる。土石流の流れた後は，大蛇が通ったような状況から「蛇抜け」と呼ばれることもあった。『日本書紀』に登場する**八岐大蛇**[▷2]は，

図2-Ⅲ-28　1年後の土砂災害現場の様子

▷1　熱海市伊豆山土石流災害
静岡県災害対策本部(2021)「熱海伊豆山地区の土石流の発生について（第50報）」によると，死者・行方不明者27名，被害棟数128棟（135世帯）である（https://www.pref.shizuoka.jp/_res/projects/default_project/_page_/001/035/912/atamidosya50_0903.pdf〈2025年2月26日最終閲覧〉）。

▷2　八岐大蛇
八岐大蛇を退治した時，尻尾から三種の神器の1つ「草薙剣（くさなぎのつるぎ）」が出てきたことは，出雲地方のたたら製鉄とも関連して考えることができる。見方を広げると，八岐大蛇に見立てた土砂災害を防ぐための工事を施したのが，鉄を有した技術集団とも示唆できないこともない。

図2-Ⅲ-29　白谷雲水峡（屋久島）　　図2-Ⅲ-30　白米千枚田（能登半島）

土石流後の状況から考えられたともいわれている。

　明治の日本の治水事業に功績のあったお雇い外国人ヨハネス・デ・レーケ（⇨ 2-Ⅲ-6 ）は富山県・常願寺川の治水工事前に、土石流発生後の状況を見て、「これは川ではない、滝だ」といったことも記されている。2018年広島県で6つの堰堤が破壊され、そのうち2つの堰堤を消滅させるような土石流の流れた跡の状況などは、まさに滝のようである。

　谷崎潤一郎の文学作品「細雪」においても、死者・行方不明者700名を生じた1938年の阪神大水害の様子が書き表されている。

　「もののけ姫」の舞台となったといわれる屋久島は、台風等の直撃を受けることが多く暴風雨の影響で木々は倒され、土石流も発生しやすい。白谷雲水峡はそのような自然環境にある（図2-Ⅲ-29）。

　地すべりは急激に発生することもあるが、ゆっくりと土地を移動することも多い。大規模に広がることもあり、大阪府亀の瀬地すべりのように工事が国によって継続的に行われることも珍しくない。

　地すべりについても、土石流と同様にいくつかの伝説がある。そのうち上越市板倉地域では昔から地すべりが多く、近年でも雪崩地すべりが生じ、住家に被害を与えたり、多くの世帯に避難勧告が発令されたりした（⇨ 2-Ⅲ-14 ）。この地域でも地すべりと大蛇との関わりから、旅の僧が地すべりを止めるために自ら人柱になったという伝承が語り継がれていた。その後、昭和になって地中から甕の中で座禅を組んだ人骨が発見され、その伝承が事実に基づいたことがわかり、人柱供養堂が立てられた。ここでは「すべり止め」のお守りも販売され、受験生に購入される。

　「田毎の月」という言葉で表される棚田の景観は地すべりによってできた地形であることも多い。図2-Ⅲ-30の石川県能登半島の白米千枚田は「世界農業遺産」にも選ばれ、観光地ともなっている。しかし、令和6年能登半島地震で多数の亀裂が入るなど、大きな被害を受けた。国内では、「棚田百選」に選定されている地すべり地形もある。そのうち16カ所は長野県にあり、全国で最も多い。このように地すべりなどは、日本の景観や文化にも関わる。

（藤岡達也）

▷3　「細雪」
「六甲の山奥から溢れ出した山津波なので、真っ白な波頭を立てた怒濤が飛沫を上げながら後から後から押し寄せ来つつあって、あたかも全体が沸々と煮えくり返る湯のように見える」。当時、谷崎潤一郎は、この周辺（住吉村）に住んでいたため、この災害を切実に感じたことと推測される。

第2部　災害につながる自然現象の理解と防災

Ⅳ　複合災害

原子力発電所事故

① 東京電力福島第一原子力発電所事故の経緯

　世界における原子力発電所の重大事故としては，ウィンズケール（1957年・英国），スリーマイル島（1979年・米国），チョルノービリ（チェルノブイリ）（1986年・旧ソ連），および福島（2011年・日本）で起きた4件がよく知られている。この中で福島以外の3件は，いずれも原子力発電所内の設備の異常や不適切な操作などによる内的要因に端を発すると考えられている。一方，福島で起きた東京電力福島第一原子力発電所の事故は，それに先駆けて発生した巨大な地震と津波によって引き起こされており，典型的な複合災害と考えられる。その経緯は以下のようなものである。

　2011年3月11日に東北地方太平洋沖地震が発生した際，福島第一原子力発電所では，6つある原子炉のうち1号機から3号機が運転中であった。発電所では震度6強を感知した。受電設備の損傷や送電鉄塔の倒壊が起こり，外部からの受送電が不能になった。さらに，想定していた最高水位6.1mをはるかに超える高さ13mの大津波に襲われ建屋内まで浸水したことで，非常用ディーゼル発電機とバッテリー電源も稼働できなくなり，原子炉を運転・制御するための電源を喪失した。これにより，原子力発電の仕組みとして非常に重要な冷却機能が失われた。また，冷却用の海水ポンプも冠水し，原子炉内部の熱を外部へ逃す除熱機能も失われた。冷却水を送り込めなくなった圧力容器内では，その後も核分裂生成物の崩壊が継続し，その際に発生する膨大な熱により圧力容器内の水が蒸発し，水位が低下した。水位の低下に伴って燃料が露出するとともに，圧力容器内の温度が上昇した。高温の燃料は水蒸気と化学反応を起こして水素が発生し，燃料自体も高温により溶融（メルトダウン）した。続いて圧力容器と格納容器が損傷し，水素や放射性物質が原子炉建屋内に漏洩した。1号機では3月12日に，3号機では3月14日に建屋内に充満した水素が爆発して建屋が損傷し，放射性物質が放出された。2号機では水素爆発は発生しなかったものの，格納容器内の蒸気を外に逃す操作（ベント）に失敗し，3月15日には大量の放射性物質を放出することになった。定期点検中で停止していた4号機も，3号機からの流入した水素に引火して爆発，破損した。なお，1～4号機から少し離れた場所に設置されていた5・6号機は，標高が3mほど高かったことなどから冷温停止に成功している。

▶1　原子力発電の仕組み
原子力発電では，ウランが核分裂する時に発生する高熱によって水を蒸気にし，その蒸気の勢いによってタービンを回している。タービンに接続された発電機が回転することで電気をつくっている。蒸気を利用してタービンを回している点では石油や石炭，天然ガスを燃やして熱を発生させる火力発電と変わらない。しかし，原子力発電では原子炉停止後も膨大な熱が発生し続ける。緊急停止してから5時間後でも，稼働している時の1％程度の熱が発生し，これは数分で1tの水を蒸発させるほどのエネルギーである。そのため，停止後も冷やし続ける必要がある。

2-Ⅳ-1 原子力発電所事故

Ⅳ

② 放射性物質の飛散

　原子力発電所の重大事故では，原子炉内にある高線量の放射性物質が大量に環境中へと放出されるために，地域への影響が非常に大きい。福島第一原子力発電所の事故では，事故直後に放射能を持つセシウム（**放射性物質の表記**としては^{137}Cs，^{134}Cs）やヨウ素（^{131}I）などの物質が福島県を中心に広がった。これらの物質は燃料となっているウラン（^{235}U）の核分裂によって生じたものであり，質量数がウランの半分程度のものである。放出後の放射性物質の広がり方は等方的ではなく，降雨・風向きなどの気象条件や地形の高低などの地理的条件に強く関係する。そのため，避難の際には単に原子力発電所から距離をとるというだけではなく，放射性物質の飛散方向を考えることが必要である。

　環境中に放出された放射性物質はすぐに消えるものではなく，その多くは土壌中に沈着してしまう。^{137}Cs は約30年という長い**半減期**を持つために，福島第一原子力発電所の事故後には，多くの住民が長期間の避難を強いられた。さらに，少しでも早期の環境回復を目指して福島県内の広いエリアで表土を剥ぎ取る除染が行われた。また，^{131}I は半減期が1週間ほどであるので急速に減少していくものの，体内に取り込まれると甲状腺に溜まりやすいことから，若年層を中心に甲状腺検査が行われた。このように，放射性物質の飛散による影響は，長期間にわたって地域社会と住民に大きな負荷を与えることとなった。

③ 複合災害としての原子力発電所事故

　東北地方太平洋沖地震の発生に伴い引き起こされた一連の災害を総称して，東日本大震災と呼ぶ。東日本大震災では東北地方の太平洋沿岸において，特に津波による人的被害が甚大となった。また地震により，電力網や通信網，東北新幹線を含めた鉄道網，国道・高速道路などの道路網が各地で寸断されるなど，インフラストラクチャーへの影響が深刻なものとなっていた。そのような中で，福島第一原子力発電所の重大事故が発生した。

　原子力発電所単独の事故の場合であれば，事故を収束させるため優先的に外部からの物的・人的支援が期待でき，また住民避難についても原子力発電所からいかに離れるかということを基本において考えることができる。しかし，福島第一原子力発電所の事故では，広範囲にわたる地震・津波被害の渦中にあり，限られた物的・人的資源で対応するしかなかった。また一方で，地震・津波に加えて原子力発電所の事故が起きたことで，自然災害のみであれば可能であった救助活動・避難行動が妨げられた点も多い。これは，福島県と近隣の県を比べた際に，その後の復興状況の進度の違いにも表れている。このように複数の災害がほぼ同時に起こる複合災害は，単に規模が拡大するだけでなく，災害間の相互作用によって深刻度が大幅に増す可能性が高い。　　　　（山口克彦）

▷2　**放射性物質の表記**
放射性物質の種類は元素名を表す元素記号に質量数を付記して表される。例えば，原子力発電所の事故において放出された放射性物質としてよく知られているセシウムは元素記号がCsであり，質量数が137であるので，^{137}Cs と表される。

▷3　**半減期**
放射性物質の量が半分に減少するまでの時間を半減期といい，^{137}Cs では30年である。事故の際には質量数の異なる ^{134}Cs も放出されていたが，これは半減期が2年のために10年経つとほとんど検出されない程度まで減少している。

（**参考文献**）
　東京電力福島原子力発電所事故調査委員会（2012）『国会事故調報告書』徳間書店。
　IAEA（2015）「福島第一原子力発電所事故　事務局長報告書（日本語版）」（https://www-pub.iaea.org/mtcd/publications/pdf/supplementarymaterials/p1710/languages/japanese.pdf）。

IV 複合災害

福島第一原子力発電所事故と放射線教育

1 福島第一原子力発電所の事故と福島県内の学校への影響

　福島第一原子力発電所の事故（以下，原発事故）がもたらした影響は，地震や津波によるものとは，質的にも規模的にも大きく異なるところがあった。原発事故に由来する放射性物質の飛散への対応は現在も続いており，避難指示によりいまだに帰還困難区域等が存在し，避難先での生活を余儀なくされている人たちもいる。

　原発事故当時，避難指示により学校を休校・移転しなければならなかった福島県内の学校は2011年4月16日時点で，小学校30校，中学校15校であった。原発事故に由来する放射線の問題は，児童生徒の屋外活動にも影響を与えた。学校においては，屋外での活動を制限するとともに，運動会等の学校行事を中止または延期したり，プールでの活動を中止したりするところが増え，児童生徒にとっては伸び伸びと活動できないことや，夏の暑さに対するストレス，放射能に対する不安や緊張などから，健康に悪影響を及ぼす状況もあった。

　原発事故以降，福島県では，子どもたちの健康や生活に対する放射線の影響を，現在および将来において最小限に食い止めることがきわめて重要な課題となっていた。原発事故以前の学校教育では，放射線に関する教育が十分に実施されていなかったため，多くの人々が，放射線等に関しての知識をあまり持ち得ていない状況であった。それゆえ，原発事故後は空間線量率の単位や，放射線，放射性物質，放射能等の基本的な用語ですら，教育関係者もほとんど知識を持たない状態からのスタートとなった。各学校では，校舎内や校庭等の空間線量率の測定や，その数値に基づく子どもたちの屋外活動の制限など，前例のない状況の中で手探りの教育活動が進められた。

2 事故直後の福島県教育委員会の放射線教育への対応

　原発事故後，福島県教育委員会は放射線に起因する喫緊の重要な課題の解決に向けて，指導のより所となる指導資料の早期の作成や，それらをもとにした教員研修の実施に向けた取り組みを行った。2013～2016年度は，「放射線教育推進支援事業」により福島県の放射線教育が推進された。その主な内容は，次の4つである。

　①実践協力校による授業実践例の開発

▷1　福島県（2013）「東日本大震災の記録と復興への歩み」139頁。
2011年5月1日時点で，被災した児童生徒の本県における他校での受け入れ状況（国公私立）は，小学校2,891名，中学校1,607名，他都道府県での受け入れ状況（国公私立）は，小学校5,785名，中学校2,014名であった。
また，2011年5月18日時点で，被災地域の高等学校（福島県立）の10校（分校も1校と数える）が，サテライト校を開設して，教育活動を継続する取り組みがなされた。

▷2　喫緊の重要な課題
放射線教育に関わる教育関係者の「喫緊の重要な課題」は，①何を教えたらよいかわからない，②何の教科で教えるべきか困っている，③何時間くらい時間をとるべきか示して欲しい，④教員の研修の機会が必要である，等が主なものであった。

②研修会・協議会等の開催（指導者養成研修会，地区別研究協議会）

③運営協議会の開催（放射線教育の方向性等の協議や実践協力校の情報共有など）

④研修会や授業実践で使用する教材等の整備（**「放射線等に関する指導資料」**など）[3]

福島県教育委員会は，放射線教育により児童生徒に理解させたいこととして，次の4つを掲げている。具体的な教育内容は，児童生徒の発達段階を考慮しながら，地域性や学校の実態等をふまえて吟味することが重要である。

①自然放射線の存在の理解

②放射線の利活用についての理解

③一度に多量の放射線を被ばくすると危険であることの理解

④原発事故等の際の身を守る方法についての理解

福島県内の公立小中学校においては，現在年間指導計画等に2～3時間の放射線教育を位置付けている。これは，「放射線等に関する指導資料」の「放射線等に関する指導についてのQ&A」における「各学年の保健面や安全面に関して学級活動などにおいては2～3時間程度実施することが考えられます」との記載を根拠に，福島県内の各市町村教育委員会が教育課程編成時に各校に対して2～3時間の放射線教育の実施を指示していることによる。

③ これからの放射線教育への展望

東日本大震災から約15年が経ち，震災や原発事故を経験していない（生まれていなかった）児童生徒が多くなり，原発事故の教訓としての放射線教育は次の段階に入ったといえる。各学校における放射線教育の導入等においては，原発事故をどのように学ぶのかが重要になるだろう。つまり，児童生徒にとって，放射線等について学ぶ意義をしっかりと持たせることができるかということである。そのためにも，原発事故を他人事とせず，主体的な児童生徒の放射線教育を展開することが必要であり，また下記のような学習にも力を入れていくことが求められる。

・震災等の伝承施設等を活用した学習

・総合的な学習の時間における探究的な学習

・防災教育と連動させた学習

・道徳における，被災者の心情に寄り添う学習

原発事故以降から継続されている放射線教育への取り組みが，児童生徒の将来の生きる力として生かされることに期待したい。原発事故の地元として，福島県内の取り組みが注目されることが多いが，処理水等の廃炉作業と関連して起こりうる風評問題等は福島県にとどまらない。全国での放射線教育の実施が重要になるだろう。

(阿部洋己)

▷3 「放射線等に関する指導資料」など

指導資料として作成された「放射線等に関する指導資料」は，2011年11月に第1版が発行されて以来，2016年3月に発行された第5版まで改訂が重ねられた。その他にも「活用版」や「実践事例集」等が作成された。

その他の教材としては，動画教材である「放射線教育用学習教材」をDVDとして配付し，放射線教育の導入時等に活用できるようにしている。指導資料や動画教材は，福島県教育庁義務教育課のWebページ（https://www.pref.fukushima.lg.jp/site/edu/gimukyoiku29.html）よりダウンロードして使用することが可能である。

参考文献

福島県教育委員会(2016)「放射線等に関する指導資料［第5版］」。

福島県（2013）「東日本大震災の記録と復興への歩み」。

Ⅳ 複合災害

原子力発電所事故対策

1 原子力発電所事故時の避難

▷1 放射線の異常な放出
放射性物質の放出はなかったものの放射線の異常な放出が認められた例として、1999年に起きた茨城県那珂郡東海村のJCO臨界事故が挙げられる。この事故では核燃料加工施設内で作業中に核燃料が臨界に達して核分裂連鎖反応が起こり、これによって発生した中性子線が、建物の壁を抜けて施設外にまで拡散した。

▷2 PAZとUPZ
PAZはPrecautionary Action Zoneの略であり、「予防的防護措置を準備する区域」の意味である。UPZはUrgent Protective action planning Zoneの略であり、「緊急防護措置を準備する区域」の意味である。ただし、具体的な対象地域は原子力発電所からの距離だけでなく、方位や各地域の人口、地理的特性等も考慮した上で設定される。

▷3 空間放射線量
空間放射線量は1時間当たりのμSv（マイクロシーベルト）という単位を用いて測定され、毎時○μSv、○μSv/hのように記載される（○は数字）。通常の生活環境下では毎時0.04μSv程度である。

原子力発電所が事故を起こし、放射性物質や放射線の異常な放出が懸念される事態となった場合には、「屋内退避」「避難」など、その状況に応じた避難行動が求められる。同一市町村内にあっても事故の影響の大きさによって対応が変わることから、あらかじめPAZとUPZと呼ばれるエリア区分がされており、概ね原子力発電所から5kmの範囲内にある場所をPAZ、5～30km圏内（あるいは当該市町村境界まで）にある場所をUPZとしている。

放射性物質が実際に放出されなくても、その可能性が高まった段階（全面緊急事態）でPAZ内の住民には即時避難が指示される一方で、この時点ではUPZ内の住民には屋内退避指示と避難に向けた準備が促されるなどの違いがある。なお、屋内退避とは、窓等を閉め切ることで放射性物質の吸入を抑制し内部被ばくを低減するとともに、建物の壁によって屋外からの放射線を遮蔽することで、外部被ばくの低減を図ることを意図した防護措置である。その後、実際に放射性物質が放出された場合には、測定された空間放射線量の実測値をもとにUPZ内の避難が判断されることになる。

UPZ内においては、空間放射線量の値が毎時500μSv以上であれば即時避難する、毎時20～500μSvであれば1週間程度内に避難する、などの基準があらかじめ定められている。UPZ外の地域でも、空間放射線量が高ければ同様の措置がとられる。原子力災害での避難先は、事故の状況によっては当該市町村の外（県外も含む）などの遠方に「広域避難施設」として複数箇所設定される場合がある。自家用車を利用できない住民は、住居近傍の一時的な集合場所から避難のためのバスに乗って避難施設に向かうことになるが、家族内では平時のうちに、どこに避難施設があるかを確認しておくことが必要であろう。

原子力発電所の事故によって放出される可能性がある放射性ヨウ素（^{131}I）は甲状腺に溜まりやすく、内部被ばくの影響が心配されるため、放射性ヨウ素が排除されるように、あらかじめ安定ヨウ素剤を服用することが推奨される場合がある。安定ヨウ素剤は、PAZ内に住む住民に対しては、事故の有無に関わらず事前に配布される。また、UPZ内の住民は避難が必要になった際に受け取ることができる他、希望者には事前に配布される場合もある。なお、安定ヨウ素剤による放射性ヨウ素の抑制効果は24時間程度であるため、放射性ヨウ

素に曝露される24時間前から曝露後2時間程度までに服用することが必要であり，服用のタイミングが重要である。なお，40歳以上の者には安定ヨウ素剤の服用効果はあまり期待できないとされているが，妊婦および授乳婦は，胎児および乳児への影響を考えて年齢に関係なく服用を優先すべき対象者となっている。

② 原子力発電所事故時における行政の対応

原子力発電所において緊急事態が生じた場合には，行政機関が原子炉の状態や環境放射線の測定結果などをもとに避難の必要性等を判断し，適切なタイミングで指示を出すことが重要である。そのために，原子力災害時には国を中心として，県，市町村，事業者等の防災関係機関が**オフサイトセンター**[4]（緊急事態応急対策等拠点施設）に集合し，合同で防災対策の検討・実施を行うこととなっている。

オフサイトセンターは緊急事態時に現地で応急対策をとるための施設であり，原子力発電所から20km程度離れた場所に建てられている。非常時にあっても機能するように，複数回線によって外部との通信を常に確保し，また，コンクリート壁や換気設備によって，施設内での被ばく線量を低減できるようなつくりになっている。ただし，それでもなお地震や津波の被害状況によっては国や県との連携が十分にとれない場合も想定できることから，地元の医療機関等から原子力・放射線に関するアドバイザーをあらかじめ確保しておくなど，市町村として現地での判断ができるような体制整備も進められている。

③ 複合災害下における原子力発電所事故への対応

複合災害のもとで少しでも安全を確保するためには，個々の災害の特徴を知った上で，それぞれに対して異なる対応をとらなければならない難しさがある。原子力発電所の事故が単独で起きた場合には，放射線影響の低減を図ることを優先して，例えばUPZ内では当初は屋内退避，その後に自家用車を用いて徐々に遠方へ避難するという流れが考えられる。事故時に外にいた場合にはシャワー等で身体に付いた放射性物質を洗い流すなどの処置も有効だろう。

しかし，地震・津波によって引き起こされた原子力災害であれば状況が異なる。家屋の倒壊の危険性を考えれば屋内にいられない場合もあるし，避難時に自家用車を使うことは渋滞を招く可能性が高い。津波が来る可能性があれば，内陸の高地へ歩いて逃げることが最優先となる。電気やガス，水道などのインフラが寸断され，シャワーによる除染は望めないとなれば，肌をなるべく覆う服装を考える必要もあるだろう。避難する際にも，道路の寸断状況や放射性物質が流れていく方向の情報などは重要であるにもかかわらず，スマートフォンも電波が届かず使えない可能性が高い。そのため，電池で動くラジオが情報源としては欠かせないだろう。日本における原子力災害は他の災害とともにやってくると認識して，準備しておくことが重要である。　　　　（山口克彦）

▶4　**オフサイトセンター**
東京電力福島第一原子力発電所から5kmほど離れた位置にあった旧大熊オフサイトセンターでは，東日本大震災の際に電源の喪失，通信手段の途絶，放射線の影響，燃料・食料等の不足，長期戦に備えた仮眠設備等の不備などにより活動を継続することが困難となった。この反省をふまえて，現在のオフサイトセンターは，原子力発電所から20kmほど離れた位置に建てるなど，立地条件の見直しや施設・設備の補強が行われている。

参考文献

原子力防災会議幹事会「原子力災害対策マニュアル」（https://www.kantei.go.jp/jp/singi/genshiryoku_bousai/pdf/taisaku_manual.pdf）。

敦賀市「敦賀市原子力災害避難対応マニュアル」（https://www.city.tsuruga.lg.jp/relief-safety/bosai_kokuminhogo/genshiryoku_hinan.files/saisin.pdf）。

Ⅳ 複合災害

4 地震による火災・延焼

1 関東大震災と繰り返される火災による惨劇

図2-Ⅳ-1 震災前の輪島朝市

▷1 輪島朝市
本地震時に火災が発生し，200棟以上が消失した。密集した木造家屋の倒壊や断水による消火栓の使用不能，道路遮断のため消防車が通れない等により，最悪の延焼となった。

▷2 焼失を免れた地域
突然生じた大地震に避難を急いだため，消火にあたる余裕がなかった地域が多かったが，神田区（現千代田区）和泉町・佐久間町などは，住民が協力して消防活動にあたり，消失を免れた。日本興業ビルなど鉄筋コンクリートビルは78％が無被害であったといわれている。

現在でも避難訓練の基本となるのは，火災への対応である。令和6年能登半島地震においても地震後の火災による延焼の凄まじさを多くの人が痛感した。図2-Ⅳ-1は震災半年前の**輪島朝市**ののどかな光景である。火災の原因は人為的なこと（火の不始末等）も含めて様々であるが，自然現象に誘発される場合も数多く見られる。日頃の人間の留意や努力にもかかわらず，想定外の地震による火災は繰り返され，現代にも地震後の火災発生や延焼を抑えることへの教訓が引き継がれている。

1923年9月1日に発生した関東大震災では，東京・横浜と日本の中心地域が悲惨な状況に陥った。M7.9の地震動に加え，昼食の準備をする時間帯に地震が発生（11時58分）したこともあり，至る所で出火し，大規模に広がった（図2-Ⅳ-2）。結果として甚大な犠牲者が生じ，人的被害の9割以上は火災によると推測されている。東京市内では，倒壊家屋など134カ所から出火した。当時，すでに東京には消火栓を備えた水道が敷設されており，消防活動にあたって，**焼失を免れた地域**もある。しかし，全体的には強い火災旋風の影響や地震により，水道は断水していたために効果が十分発揮できなかった。東京市（当時）で地震後に起きた火災は，約3,830haを消失して，9月3日の14時にようやく鎮火した。この地震・火災による被害については数多くの資料が残されている。

地震の衝撃による多数の家屋の倒壊も，延焼が広がる一因となった。1,000名以上が亡くなった浅草の田中小学校，約3万8,000名が犠牲になった旧陸軍被服廠跡（現墨田区）などは火に囲まれ，避難する場所への道が閉ざされたことも悲劇を拡大させた（現在，旧陸軍被服廠跡には「東京都慰霊堂」が建てられている）。これらの地域は広い避難場所と考えられ，多くの人が集まり，持ち出した家財道具も溢れて身動きもできない状況にあった。そこに周囲からの火を巻き込んだ旋風も大きく影響した。東京では，地震動よりも火災による被害の方が大きかった。震源地に近い神奈川県でも，地震動で多くの建築物が倒壊し，

さらに火災により，被害が拡大した。横浜市では全壊世帯数9,800に対し，全焼世帯数は6万8,634，消失面積は950haとされている。

❷ 阪神・淡路大震災における火災

1995年に発生した阪神・淡路大震災でも，火災による被害は大きかった。地震後すぐに，兵庫県・大阪府・京都府・奈良県で火災が発生し，焼失家屋は，この2府2県で7,608棟にのぼった。特に神戸市では計285件の火災が発生したといわれ，甚大な被害が生じた。火災は，地震動の大きかった地域を中心に，地震直後に同時に多発した。火災の半数以上は地震直後（午前7時までの1時間余）に発生し，他の半数は1時間以上経ってから継続的に生じたといわれる。出火点の分布は，震度6以上（特に震度7〈当時〉）の地域に多く，家屋被害とほぼ比例している。出火原因は十分に解明されなかったが，原因の判明した火災については，地震直後では電気・ガス関連が多く，地震の数時間後およびその翌日以降では電気関連が多かったとされ，「電気火災」が注目された。つまり，火災理由として，最も多かったのは電気機器等に関連し，次いで，ガス・油等燃焼機器関係などであった。電気火災の多くは，避難中の留守宅などで送電回復に伴う火災が初期消火されずに発生したものと考えられ，避難時の電気ブレーカー遮断の必要性等が指摘された。ガスに起因する火災についてのこの時の教訓は，2018年の大阪府北部地震に生かされている。

一方で，延焼速度は約20〜40m/hであり，過去の都市大火事例等と比較してきわめて遅かった。延焼速度が遅かった原因としては，風速が小さかったことが最大の要因と考えられるが，建物の完全倒壊，耐火造・防火造建物の混在なども挙げられている。また，道路，公園や鉄筋コンクリートの建造物など，焼け止まりとなった場所▶3や地域も見られた。令和6年能登半島地震における火災の延焼拡大の理由は阪神・淡路大震災と同様といえるが，火災に強いまちづくりのあり方も引き続き今後の課題である。

（藤岡達也）

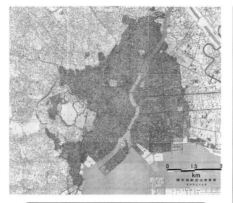

図2-Ⅳ-2　関東大震災で焼失した地域

出所：内閣府「東京市火災動態地図〈震災予防調査会報告〉（9葉を1枚にした図）」（https://www.bousai.go.jp/kyoiku/kyokun/kyoukunnokeishou/rep/1923_kanto_daishinsai/data/pages/20004.html）（2025年2月7日最終閲覧）

▶3 焼け止まりとなった場所

焼け止まり要因として，総じて大きな割合を占めているのが「道路，鉄道」（これらは主に道路）であり，全体平均で40％である。次いで「空地」「耐火造，防火壁等」（耐火造が主）が共に約23％前後となっている。これらの物理的な要因，あるいは自然的な焼け止まり要因を合わせると全体の86％である（関沢愛（1995）「阪神・淡路大震災における火災の発生状況と焼け止まり状況について」『日本火災学会誌』45（4），11〜18頁）。

（参考文献）

力武常次・竹田厚監修（1998）『日本の自然災害500〜1995年──奈良時代〜阪神淡路大震災までを収録』日本専門図書出版。

Ⅳ 複合災害

5 地震・豪雨等による土砂災害

1 地震と土砂災害

第Ⅲ部で紹介したように，日本列島では，台風の通過や前線の発達による集中豪雨のために土砂災害が頻発している。同時に地震による大規模な土砂災害も発生してきた。近年，気象庁が名称を定めた地震だけでも，1978年の宮城県沖地震，1995年の兵庫県南部地震，2004年の新潟県中越地震，2008年の岩手・宮城内陸地震，2016年の熊本地震，2018年の北海道胆振東部地震等で甚大な土砂災害が発生した。なお，2024年9月能登半島では，1月の地震に加え，大雨特別警報が発表されるほどの豪雨が生じ，非情な土砂災害が連続して生じた。

2 近年の地震による土砂災害の特色と復興

兵庫県南部地震では，沖積平野での甚大な被害だけでなく，丘陵地から山麓部での家屋などの資産の損失も大きかった。しかし，それ以前の宮城県沖地震での新たに開発された宅造地で同様な被害が発生していたこととの類似性も指摘される。つまり，都市周辺での住宅地開発という社会の要請と科学技術の発達により，従来居住が困難であった地域への人間の働きかけに対する，自然の反動が見られた。その後も新たな**宅造地での土砂災害**は，大規模な地震だけでなく，豪雨に伴っても数多く発生し，人間と自然との関わりの影響がより大きくなってきた災害といえる。

中越地震では，山地に位置する新潟県旧山古志村（現長岡市）において，崖崩れにより道路が寸断され，孤立した村が数多く見られた（図2-Ⅳ-3）。「中越メモリアル回廊」では，「長岡震災アーカイブセンターきおくみらい」を拠点として，震災を受けた各市町が新たに建設した資料館の連携などに取り組んでいる（⇨ 2-Ⅰ-10）。回廊内の妙見メモリアルパークでは，地震によるトンネル崩落現場が，震災の犠牲者への慰霊の場・災害の記憶を伝える場として整備された。この崩落では，トンネル内に取り残された車中から地震発生約92時間後に親子3人のうち男児だけが救出された。また崩壊した土砂によってできた堰止湖

▷1 **宅造地での土砂災害**
中山間地の造成住宅地における被害では，地形改変の影響が大きい。例えば，尾根部分，谷部分を切り土，盛り土として平坦化した場所では，地震発生時に，盛り土部分での被害が圧倒的に多い。また，傾斜地では，雛壇状に住宅が建てられるが，建築時に新たに地盤がつくられたところは地震動が大きく，兵庫県南部地震では，擁壁の上の住居が倒壊した場所が多く見られた（藤岡達也〈1996〉「兵庫県南部地震による宅地造成地の地盤災害——阪神地域の被害事例の検討から」『地理学評論』69（7），518〜530頁）。

図2-Ⅳ-3 中越地震時の土砂災害

に水没した地域にも，後世に記憶を残すために記念碑が設置されている。

　新潟県中越地震で震災に襲われた中山間部は，震災前から少子高齢化が進む限界集落であった。そのため，震災後は復興にとどまらず，新たな地域活性化への模索もされてきた。地場産業であった鯉の養殖などに取り組む，都市部からの若者が増加するなど，地域振興への新たな展開も見られる。

　岩手・宮城内陸地震では，国内最大の地すべりが発生するなど，土砂災害による被害が大きかった。地震によって生じた自然現象として，土石流26件，斜面崩壊18件，地すべり4件，河道閉塞は岩手県および宮城県で合計15カ所発生した。しかし，宮城県栗原市では，国内最大の地すべり跡を生かし，豊富な自然環境と連動させた「栗駒山麓ジオパーク」を開設した（⇨ 2-Ⅰ-10 ）。

　熊本地震における土砂災害では，南阿蘇村立野の阿蘇大橋周辺の大規模崩落が注目されたが，その他にも158カ所の土砂災害が発生し，県事業だけでも砂防事業26カ所，地すべり事業3カ所が，災害関連緊急事業として実施された[2]。さらに地震後には，地震動によるクラック等が見られ，豪雨等によって発生する二次災害としての土砂災害も懸念された。熊本県では，これまでも多数の地震や豪雨等が発生し，大きな被害を受けてきた。しかし，地震よりも豪雨によって大規模な土砂災害が発生していることが，過去のデータからも明確になっている[3]。なお，地質として，次に述べる北海道胆振東部地震と同様に火山性堆積物についても無視することはできない。

③ 複合的な土砂災害

　北海道胆振東部地震での崩壊面積は大きく，明治以降国内最大である。原因として，地震の衝撃以外にも，地盤が火山性の堆積物であり，不安定な山体であったことが考えられる。42名の犠牲者が生じ，そのうち96件発生した土石流等で6名，133件発生した崖崩れで30名となっているが，地すべりでの犠牲者は報告されていない[4]。さらに河川閉塞も見られた。

　日本の土砂災害では，地震動，豪雨，火山性の堆積物など，多様な要因があることは，これまでに示した通りである。大規模な土砂災害は，上述の例以外にも様々な原因によって起きている。土砂災害は地域によっても特色に差がある。例えば，豪雪地帯では春先に雪崩地すべりが誘発される（⇨ 2-Ⅲ-14 ）。また，火山性堆積物が要因のケースのうち，現在では周辺に火山が存在しない地域であっても，大阪府の亀ノ瀬地すべり地帯のように新第三紀火山岩との境界面が原因となっているところも見られる。

（藤岡達也）

▷2　熊本県土木部砂防課（2016）「平成28年熊本地震土砂災害の被災状況について【被害概要版】（平成28年10月1日作成・10月11日改訂）」（https://www.pref.kumamoto.jp/soshiki/114/2842.html）（2025年2月7日最終閲覧）。

▷3　一般社団法人九州地域づくり「協会九州災害履歴情報データベース」（http://saigairireki.qscpua2.com/kumamoto/）（2025年2月7日最終閲覧）に記載された熊本県の災害に関する年表などが参考になるだろう。

▷4　国土交通省（2019）「平成30年北海道胆振東部地震による被害状況等ついて（第28報）（平成31年1月28日14：00時点）」（https://www.mlit.go.jp/common/001270661.pdf）（2025年2月7日最終閲覧）。

参考文献

　藤岡達也編（2011）『持続可能な社会をつくる防災教育』協同出版。

第3部

学校，地域での防災教育

Ⅰ 学校における防災教育

「生きる力」の育成と防災教育

 大震災と「生きる力」

　1995年兵庫県南部地震が発生した翌年の文部省審議会答申等(「21世紀を展望した我が国の教育の在り方について〈第一次答申〉」)では、「生きる力」とは「いかに社会が変化しようと、自分で課題を見つけ、自ら学び、自ら考え、主体的に判断し、行動し、よりよく問題を解決する資質や能力であり、また、自らを律しつつ、他人とともに協調し、他人を思いやる心や感動する心など豊かな人間性であり、そして、また、たくましく生きていくための健康や体力である」と示された。1998年の学習指導要領改訂において創設された「総合的な学習の時間」は「生きる力」を具現化する方法の1つであった。答申では阪神・淡路大震災については直接記されていないが、時期的に「総合的な学習の時間」と防災教育との関連は、この震災を無視するわけにはいかない。

　「生きる力」とは何か、それをどのような教育活動において育成できるのか、「総合的な学習の時間」の中で、具体的に何を、どう実践すれば良いのか。当初、教育現場や各地の教育行政すら戸惑ったのは無理もない。そこで、2008・2009年の学習指導要領では、「生きる力」について、改めて詳細な説明が記された。しかし、小学校から順に学習指導要領に則った新たな教育活動が全面実施される直前の2011年3月11日、東日本大震災が発生した。

　このように、阪神・淡路大震災発生後に「生きる力」が登場したが、その後も改訂された学習指導要領の実施直前ごとに、東日本大震災、さらには新型コロナウイルス感染症が生じた。科学技術が発達し、社会制度が整備されても解決できない問題が山積している。具体策については専門家でも判断が異なり、絶対的な正答のない時代を生きる子どもたちには、様々な場面で必要な力がいっそう求められる。災害への対応もその1つである。これまで、近代の日本の教育改革は、第一の学制(明治)、第二の民主主義の教育(戦後)に見られるように、国外からの影響を受けて進められてきたといえる。しかし、「生きる力」が謳われる近年の第三の教育改革では、頻発する国内の災害に対する取り組みも不可欠となっている。国際化が進む現在、防災・減災、復興についての蓄積のある日本は国内だけでなく国外への教育による貢献も期待されている。

▶1　「学校防災のための参考資料『生きる力』を育む防災教育の展開」
インターネットから閲覧が可能である(https://anzenkyouiku.mext.go.jp/mextshiryou/data/saigai03.pdf)(2025年2月9日最終閲覧)。2011年3月に刊行予定であったが、印刷直前に東日本大震災が発生した。

▶2　「学校安全資料『生

❷ 東日本大震災発生を契機とした防災教育の急展開

　文部科学省（以下，文科省）は東日本大震災発生後，2012年3月に「学校防災マニュアル」，2013年3月に**「学校防災のための参考資料 『生きる力』を育む防災教育の展開」**を刊行した。震災の教訓から「総合的な学習の時間」等での実践例も数多く紹介された。2019年3月には**「学校安全資料 『生きる力』をはぐくむ学校での安全教育」**（第2版）が刊行された。当初上述の2013年「学校防災のための参考資料」の改訂内容を含めることも意図されていたが，結果的に学校安全の一環に，災害安全が取り扱われ，防災教育に特化されているとはいえない。現在も防災教育関係の副読本等は文科省から刊行され続けている。

　東日本大震災発生後は，各都道府県等の教育委員会も地域に応じた**防災教育副読本**等を作成した。発生しやすい自然災害は地域によって異なるため，重要な意味がある。ただ，趣旨や内容等にも差があり，教育現場では副読本を授業や教育活動のどこで活用すべきかを戸惑うことが多い。一方で，文科省は2012年から3年間「実践的防災教育総合支援事業」を，2015年から3年間「防災教育を中心とした実践的安全教育総合支援事業」を，2018年から「実践的安全教育総合支援事業」を実施した。予算的な裏付けもされ，これらの事業によって，各都道府県教育委員会等は，これらの防災教育の副読本や教員研修を充実させることが可能となった。

　加えて東日本大震災発生後，文科省は防災教育に取り組む研究開発学校を指定した。宮城県と東京都の2つの小学校が指定を受け，特に仙台市の公立小学校では，震災後，長期間にわたって避難所の役割を担っていただけに，地域とも連動した様々な実践が見られた。東日本大震災を風化させないための防災教育や復興教育を目指し，教材やプログラム開発などが，自校化と他地域での一般化・普遍化の視点から検討された。研究開発学校では，学習指導要領に定められた教育課程を一部変更することが可能であり，当校による「総合的な学習の時間」と教科とを融合させた「防災安全科」は，研究開発学校指定終了後も実践が進められた（⇨ 3-Ⅰ-7 ）。

　被災地の都道府県・政令指定都市では，教育行政と学校が連携した様々な実践が見られた。その中で，福島県教育委員会は，福島第一原子力発電所事故に関わるいじめ問題等も発生したことから，まず放射線教育に取り組んだ（⇨ 2-Ⅳ-2 ）。そして，放射線教育とともに防災教育を実施した。**福島県教育委員会の取り組み**の特色は，全県での組織的な教員研修と副読本作成にあった。県内7つの地区別協議会を設置し，特に震災後10年は各教育事務所と研究協力校と連動して放射線教育と放射線教育を進めてきた。福島県は現在でも，原子力発電所事故のため，帰還困難区域や廃炉までの継続的な課題を抱えている。県内だけでなく，国も国外からの不安に対応していく必要がある。　（藤岡達也）

きる力』をはぐくむ学校での安全教育」こちらもインターネットで閲覧が可能である（https://www.mext.go.jp/a_menu/kenko/anzen/1416715.htm）（2025年2月9日最終閲覧）。小・中学校，高等学校等の学習指導要領が改訂されるごとに，教育課程と連動して，刊行され，学校安全に関する学校の取り組みの方向性を示している。

▷3　防災教育副読本
児童生徒用，教師用など，様々な副読本があるが，近年では冊子媒体から電子媒体化されることも多い。例えば，滋賀県では，教育委員会ウェブサイトに「滋賀県学校防災の手引き」（https://www.pref.shiga.lg.jp/edu/school/hokentaiiku/anzenkyusyoku/anzen/104884.html）（2025年2月9日最終閲覧）を掲載している。

▷4　福島県教育委員会の取り組み
福島県の面積は，北海道，岩手県に次ぐ広さで，各地域特有の防災の課題もある。東日本大震災発生後，県では教育事務所ごとに「地域と共につくる放射線教育・防災教育」に取り組み，事業の最終年度では各地域代表の児童生徒によるフォーラムも開催された。

(参考文献)
　兵庫教育大学連合大学院・防災教育研究プロジェクトチーム（2020）『近年の自然災害と学校防災Ⅰ』協同出版。

第3部　学校，地域での防災教育

Ⅰ　学校における防災教育

 # 学校保健安全法

① 学校保健安全法の背景

　学校安全が法律に位置づけられるなどして，その内容が整えられたのは比較的最近のことである。1958年に制定された「学校保健法」の一部が改正され，2009年4月，「学校保健安全法」が施行された。この法律の第3章に「学校安全」が第26～30条に記された。その背景は，1995年の阪神・淡路大震災を契機として，続いて発生した2004年の中越地震，2007年の中越沖地震等の大規模な自然災害だけでなく，2001年の**大阪教育大学附属池田小学校事件**▲1，2005年の**寝屋川市立中央小学校事件**▲2と不審者による学校での事件が相次ぎ，心身ともに傷付く子どもたちのケアが求められたこともあった。

　学校保健安全法が施行されて間もなく，2011年に発生した東日本大震災によって，防災教育の重要な課題，例えばマニュアル作成や避難訓練，引き渡し訓練，地域との連携体制等の再確認の必要性が明確になった。そこで，2012年には，「学校安全の推進に関する計画」が閣議設定され，以降5年ごとに新たな計画が出され，学校安全の充実がいっそう求められるようになっている。東日本大震災以降も，多くの事件や事故災害（2012年の**亀岡暴走事故**▲3など）が発生し，さらには新型コロナウイルス感染症の流行もあったことから，学校安全・地域安全への対応の問題は山積，複雑化している。防災が求められる背景には，東日本大震災発生後も，熊本地震，能登半島地震をはじめ，各地で震度5強以上の地震が発生したり，「平成23年7月新潟福島豪雨」「平成26年8月豪雨」「平成27年9月関東・東北豪雨」「平成29年7月九州北部豪雨」から「令和2年7月豪雨」まで（いずれも気象庁が命名）等多くの自然災害が生じたりして，各地域の多大な被害が教育現場にも大きな影響を与えている現況がある。

② 学校保健安全法に明記された学校安全

　先述のように，学校保健安全法の第3章に学校安全は位置づけられた。重要な内容のため，これらを以下で見てみよう。ここでは，具体的な内容を第3章の条文から確認するが，実際に事件，事故が発生した場合，専門家によって**学校保健安全法の解釈**▲4が異なることがある。なお，コロナ禍では，「第2章　学校保健」「第4節　**感染症の予防**▲5（第19～21条）」等に基づいて対応がなされた。

▶1　大阪教育大学附属池田小学校事件
大阪教育大学教育学部附属池田小学校に出刃包丁を持った男（宅間守被告人）が侵入し，児童や教員23名を殺傷した事件。

▶2　寝屋川市立中央小学校事件
2005年2月大阪府寝屋川市立中央小学校に，卒業生の少年（当時17歳）が侵入し，教職員3名を殺傷した事件。

▶3　亀岡暴走事故
2012年4月，京都府亀岡市で発生した交通事故。小学校へ登校中の児童と引率の保護者の列に軽自動車が突っ込み，3名が死亡，7名が重軽傷を負った。原因は運転手の居眠り運転であり，運転していた少年は無免許であった。

▶4　学校保健安全法の解釈
学校保健安全法の解釈については，弁護士等専門家によっても異なることがある。例えば，東日本大震災発生後に石巻市立大川小学校の高裁で争点となった際には，被告側の弁護士は現状を考えると，この法律を拡大解釈し過ぎていると主張した。

132

第3章　学校安全

（学校安全に関する学校の設置者の責務）

第26条　学校の設置者は，児童生徒等の安全の確保を図るため，その設置する学校において，事故，加害行為，災害等（以下この条及び第29条第三項において「事故等」という。）により児童生徒等に生ずる危険を防止し，及び事故等により児童生徒等に危険又は危害が現に生じた場合（同条第一項及び第2項において「危険等発生時」という。）において適切に対処することができるよう，当該学校の施設及び設備並びに管理運営体制の整備充実その他の必要な措置を講ずるよう努めるものとする。

（学校安全計画の策定等）

第27条　学校においては，児童生徒等の安全の確保を図るため，当該学校の施設及び設備の安全点検，児童生徒等に対する通学を含めた学校生活その他の日常生活における安全に関する指導，職員の研修その他学校における安全に関する事項について計画を策定し，これを実施しなければならない。

（学校環境の安全の確保）

第28条　校長は，当該学校の施設又は設備について，児童生徒等の安全の確保を図る上で支障となる事項があると認めた場合には，遅滞なく，その改善を図るために必要な措置を講じ，又は当該措置を講ずることができないときは，当該学校の設置者に対し，その旨を申し出るものとする。

（危険等発生時対処要領の作成等）

第29条　学校においては，児童生徒等の安全の確保を図るため，当該学校の実情に応じて，危険等発生時において当該学校の職員がとるべき措置の具体的内容及び手順を定めた対処要領（次項において「危険等発生時対処要領」という。）を作成するものとする。

2　校長は，危険等発生時対処要領の職員に対する周知，訓練の実施その他の危険等発生時において職員が適切に対処するために必要な措置を講ずるものとする。

3　学校においては，事故等により児童生徒等に危害が生じた場合において，当該児童生徒等及び当該事故等により心理的外傷その他の心身の健康に対する影響を受けた児童生徒等その他の関係者の心身の健康を回復させるため，これらの者に対して必要な支援を行うものとする。この場合においては，第10条の規定を準用する。

（地域の関係機関等との連携）

第30条　学校においては，児童生徒等の安全の確保を図るため，児童生徒等の保護者との連携を図るとともに，当該学校が所在する地域の実情に応じて，当該地域を管轄する警察署その他の関係機関，地域の安全を確保するための活動を行う団体その他の関係団体，当該地域の住民その他の関係者との連携を図るよう努めるものとする。

（藤岡達也）

▷5　**感染症の予防**

第4節　感染症の予防

（出席停止）

第19条　校長は，感染症にかかつており，かかつている疑いがあり，又はかかるおそれのある児童生徒等があるときは，政令で定めるところにより，出席を停止させることができる。

（臨時休業）

第20条　学校の設置者は，感染症の予防上必要があるときは，臨時に，学校の全部又は一部の休業を行うことができる。

（文部科学省令への委任）

第21条　前2条（第19条の規定に基づく政令を含む。）及び感染症の予防及び感染症の患者に対する医療に関する法律（平成10年法律第114号）その他感染症の予防に関して規定する法律（これらの法律に基づく命令を含む。）に定めるもののほか，学校における感染症の予防に関し必要な事項は，文部科学省令で定める。

参考文献

高見茂監修（2024）『必携教職六法　2025年度版』協同出版。

I 学校における防災教育

安全教育としての防災教育

1 学校安全と防災教育

学校安全における防災教育の位置付けを整理しておこう。従来から，学校安全は，生活安全，交通安全，災害安全の3領域からなり，この中の災害安全が防災と同義とされている（⇨ 1-1 ）。 3-I-2 で紹介したように文部科学省（以下，文科省）は，学校保健安全法に基づき，2012年4月に「**学校安全の推進に関する計画**」を策定した。2017年3月に，「安全に関する指導」が総則に記載された小中学校の学習指導要領が公布され，ほぼ同時に閣議決定された「第2次学校安全に関する推進の計画」も文科省から各地域の教育行政に通知された。これは第1次計画の期間（2012-2016年度）が終了することから，中央教育審議会の審議をふまえて，新たな5年間の計画として策定されたものである（その後，2022年度からおよそ5年を目途として閣議決定された「第3次学校安全の推進に関する計画」が展開されている）。

さらに，2017年6月に公表された教職課程コアカリキュラムの中で「学校安全への対応」が記載される等，防災を含めた学校安全の取り扱いは現在の教職員免許取得にも影響が及んでいる。近年の教員養成・研修の視点からは，**教職大学院**も無視することができない。ここでは，共通科目として開設すべき領域が決められている。例えば，学級経営，学校経営に関する領域等では学校安全の取り扱い等は重要な内容となっている。

2 教育行政，学校における防災・安全教育の組織的系統性

現状では，学校での防災を含めた安全教育は必ずしも教育課程として体系化，系統化されているとはいえない。その理由として文科省で学校安全を担当する部局は，2015年10月まではスポーツ青少年局であった。2020年東京オリンピック・パラリンピックに備え，スポーツ省が独立したため，同局は初等中等教育局（以下，初中局）に統合され，学校安全は初めて初中局の下に置かれて当時の学習指導要領にも記載された。しかし，2018年10月には，新たに創設された総合教育政策局に設置された（⇨ 1-1 ）。

東日本大震災発生直後に，文科省は「東日本大震災を受けた防災教育・防災管理等に関する有識者会議」（以下，有識者会議）を開催し，2011年9月には中間とりまとめ，翌年7月には最終報告を発表した。この担当はスポーツ青少年

▷1 学校安全の推進に関する計画
どの計画も，インターネットで閲覧可能である（文部科学省「学校安全」〈https://www.mext.go.jp/a_menu/kenko/anzen/1289303.htm〉〈2025年2月9日最終閲覧〉）。

▷2 教職大学院
専門職大学院である教職大学院は，鳥取県を除く全都道府県に設置されている。修了後は教職修士（専門職）が取得できる。

▷3 東日本大震災を受けた防災教育・防災管理等に関する有識者会議（2012）「東日本大震災を受けた防災教育・防災管理等に関する有識者会議（最終報告）」〈https://www.mext.go.jp/b_menu/shingi/chousa/sports/012/toushin/__icsFiles/afieldfile/2012/07/31/1324017_01.pdf〉（2025年2月9日最終閲覧）。

局（当時）であり，教科や総合的な学習の時間との連動については具体的に記載されていない。文科省は，震災発生の1年後と2年後に，「学校防災（地震・津波災害）マニュアル作成の手引き」「学校防災参考資料 『生きる力』を育む防災教育の展開」を刊行したが，これらの担当はいずれも同局であったため，教科の中での取り扱いに限界が見られた。初中局では，学習指導要領をはじめ各教科の教育課程等を担当している。教科の中で，災害につながる自然現象，人間生活への影響等は，理科や社会科で取り扱われる内容であるが，そこでは直接，防災教育や学校安全の内容は扱われない。教科で取り扱う自然災害の知識・理解等が，避難訓練等の活動と連動することは重要であり，上の2つの局での自然災害，防災の担当内容が，各都道府県等の教育委員会を通して，学校現場でどう展開されるかが課題といえる。

③ 非常災害時の学校の課題

2013年には従来の警報より緊急性の高い「特別警報」の運用が気象庁によって開始され，その直後の台風18号の上陸時に京都・滋賀等に発表された。「特別警報」は数十年に1度のレベルの災害で「ただちに命を守る行動」をとるように呼びかけられるようになったが，結果的に「特別警報」は，運用開始以来，2024年まで毎年発表されている。また，2016年の台風10号の教訓から，従来の避難勧告，避難指示の表示が変更された。それまでの「避難準備情報」「避難勧告」「避難指示」の発令から，「避難準備・高齢者等避難開始」「避難勧告」「避難指示（緊急）」へと変更された。さらに，2021年より「避難勧告」は廃止され，「避難指示」に1本化したり，現在では「警戒レベル」との整合性を示したりしている（⇨ 1-8 ）。加えて，「**避難情報に関するガイドライン**」を整理し，マスコミなども，これらに則って情報を発信しているが，十分に周知されているとは言い難い。また，「暴風警報」等の発表は，学校の休校判断に大きな影響を与えるが，学校等では，「発表」「発令」の違いを意識せず，「警報が発令された」と混同された文書も見られる。

被災地域で学校が避難所となる場合，教職員は避難所運営にどれくらい携わるかについても，教育現場には，その責務に関して若干の混乱がある。文科省は2017年に「大規模災害時の学校における避難所運営の協力に関する留意事項について」を通知し，今日ではスムーズな学校再開のために，学校や教職員も避難所運営に関する理解と協力等を無視することができなくなっている。それまで，学校教職員は勤務する学校が避難所となっていても，その対応は行政の役割で，児童生徒の安全掌握と学校再開に向けての取り組みが任務とされていた。教職員の勤務状況を考えた場合，超過勤務になることもあるが，**非常災害時などに必要な業務**として，時間外勤務を命じることができると法律では定められている。

（藤岡達也）

▶4 避難情報に関するガイドライン

内閣府（防災担当）は「避難情報に関するガイドライン」において，住民が「自らの命は自らが守る」意識を持ち，自治体や気象庁等から発表される防災情報を用いて住民がとるべき行動を直感的に理解しやすくなるように5段階の警戒レベルを明記して防災情報を提供している。また，気象庁は「防災気象情報をもとにとるべき行動と，相当する警戒レベルについて」，「段階的に発表される防災気象情報と対応する行動」を示している（https://www.jma.go.jp/jma/kishou/know/bosai/alertlevel.html〈2025年2月9日最終閲覧〉）。

▶5 非常災害時などに必要な業務

「公立の義務教育諸学校等の教育職員を正規の勤務時間を超えて勤務させる場合等の基準を定める政令」において，「教育職員に対し時間外勤務を命ずる場合は，次に掲げる業務に従事する場合であって臨時又は緊急のやむを得ない必要があるときに限るものとすること」と4項目に限られ（超勤4項目），1つに「非常災害の場合，児童又は生徒の指導に関し緊急の措置を必要とする場合その他やむを得ない場合に必要な業務」がある。

Ⅰ 学校における防災教育

避難訓練と引き渡し訓練

▷1 消防法
昭和23年7月24日法律第186号。最終改正は平成24年6月27日法律第38号。第8条および第36条では、一定規模以上の事業所等は、防火管理者や防災管理者を選任し、消防計画に基づく訓練を行うことが義務付けられている。

▷2 「学校・園における震災等に対する避難訓練等の改善について」(教指企第1066号)(2013年)。

▷3 保育所，児童福祉施設での避難訓練
「保育所保育指針」(2017年3月31日)(厚生労働省告示第117号)では，「第3章 健康及び安全」「4 災害への備え」「(2) 災害発生時の対応体制及び避難への備え」に，「定期的に避難訓練を実施するなど，必要な対応を図ること」と記載されている。また「児童福祉施設の設備及び運営に関する基準」(1948年12月29日)(厚生省令第63号)では，第1章第6条(児童福祉施設と非常災害)に「避難及び消火に対する訓練は，少なくとも毎月1回は，これを行わなければならない」(令四厚労令159〈令四厚労令167〉・一部改正)などが記されている。

1 避難訓練の多様化

　近年，学校では災害等に備え，避難訓練など種々の防災訓練が実施されている。かつては**消防法**に基づいて火災に対する避難訓練が年に1度実施されるのが一般的であった。今日では，3-Ⅰ-2 の学校保健安全法に則り，火災だけでなく地震，さらには不審者対応の訓練も行われている。訓練の回数は地域や学校によって異なっている。東京都の避難訓練では，実施回数として「幼稚園，小学校，中学校，特別支援学校においては年間11回以上，高等学校においては年間4回以上の避難訓練の実施を原則とする」と示されている。なお，**保育所，児童福祉施設での避難訓練**は別に定められている。

　避難訓練の方法としては，緊急地震速報が用いられ，教室での授業内に地震が発生した時，休み時間や清掃活動中に地震が発生した時などの多様な状況を想定するようになっている。小学校内に幼稚園が併設されていたり，近くに校種の違った学校が存在したりする場合，合同で行われることもある。また，避難訓練後に保護者の協力を得て，引き渡し訓練も行う場合も見られる。この時，家族に複数の子どもがいることも想定し，時間差を設けて，近隣の幼稚園，小学校，中学校等と連携して訓練が実施されることもある。

2 児童生徒，教職員の判断力を高める訓練

　教室内での地震時の避難訓練として一般的に行われるのが，教員の指示に従って，揺れを感じたら机の下に潜り込む対応をとることであり，これを一次避難と呼ぶことがある。その後，地震が落ち着いたら，「**おかしも**」によってグランドに整列し，点呼をとり，学級担任から教頭，校長に伝達される。しかし，実際に地震が発生した時には予想外の事も起こりうる。例えば2016年鳥取県中部地震では，避難の最中に男児が校庭で転倒して骨折するという重傷を負ったり，机の下に潜った時に，目の上に怪我をしたりすることも複数の県で見られた(いずれも男児)。避難途中の負傷は2018年大阪府北部地震の時にも報告されている。登校時間帯に発生したこの地震では，教員が教室にいない時の課題も新たに浮かび上がった。以上のことから，避難訓練のあり方そのものも検討する必要がある。反射的に机に潜ったり，校庭に移動したりするのではなく，避難する意味を理解した行動が求められる。

児童生徒への教室等での落下物による負傷事例も多い。上述の地震時には，中学校で教室内のテレビが落下し，男子生徒が負傷した。「学校防災マニュアル（地震・津波災害）作成の手引き」（文部科学省，2012年）でも「落ちてこない，倒れてこない，移動してこない場所へ」がキーワードとされ，繰り返し教育現場へも指示されている。これは登下校中でも同様である。登校中に起きた悲劇の1つとして，大阪府北部地震でのブロック塀倒壊による女児の犠牲が挙げられる。地震発生時に女児がとった姿勢は不明であるが，学校外で地震の揺れを感じたら，頭を鞄等で覆い，その場にしゃがみこむ子どもも多い。状況に応じてどう反応すれば良いか，校外でも適切な判断や行動を行えるようにする訓練は必要である。子どもに限らず，平時でも転倒・転落による高齢者等の怪我は多い。犠牲者は出なかったが，鳥取県中部地震発生時の重傷者5名の原因は4名が転倒，1名が転落である。普段から児童の怪我は男児に多いが，自然災害時の怪我の発生は平時の事件・事故災害の延長とも考えられる。日頃の安全への取り組みが災害時にも生かされるのである。

❸ 様々なケースを想定した引き渡し訓練

東日本大震災発生後は，引き渡し訓練も多くの学校で実施されている。学校側は引き渡しカードなどを用意して，あらかじめ迎えに来る保護者を決めておく。ただし，保護者の中には，子どものクラス担任の顔を知らない人が引き渡しを求めて来校する場合もある。そのため，クラスごとのプラカードを準備したり，担任がクラスを記したゼッケンを背中に張ったりする工夫も見られる。引き渡し場所も運動場，体育館，各教室など，様々な場所が考えられる。天候等にも影響を受けるが，日頃から引き渡しを行う場所を保護者に書面等で連絡しておくことで，緊急時にスムーズに進行できる。しかし，引き渡し訓練を実施している場所と，実際に災害時に引き渡しをする場所が異なることもある。そのため，引き渡し訓練をいつも同じ場所で行うのが良いのか，都度場所を代えて行うのが適切か，日頃からの学校と保護者との密接な連絡も重要である。通常，学校側は保護者に公共交通機関や徒歩での来校を呼びかけることが多いが，状況によっては車での訪問もやむをえない。緊急時に限り，運動場を駐車場とすることもある。家庭やその時の保護者の状況によっては，引き渡しに来れない場合も少なくない。それらを考慮した様々なケースを想定して，訓練を行うことが大切である。

また，通学途中や下校途中の被災により，子どもが交通手段を確保することが難しくなる場合も考えられる。高校生だけでなく，バスや電車を用いて通学する小・中学生も多い。そのため，保護者と連絡をとることができるように，それまで禁止されていたスマートフォンの所持も認められる地域や学校も増えてきている。

（藤岡達也）

▷ 4 おかしも
避難訓練用の標語として一般的に用いられている。「おはしも（押さない・走らない・しゃべらない・戻らない）」の頭文字であるが，「おかしも（押さない・駆けない・しゃべらない・戻らない）」が使われる場合もある。

Ⅰ　学校における防災教育

地域における避難所運営

1　地域と連携した学校の避難所開設

　大規模な自然災害が発生した場合，物理的に強度や高さがある学校は地域の避難所となることが多い。しかし，災害が発生した時に，はじめて学校が避難所であることを実感する教職員も少なくない。学校を避難所とする場合，公民館等と異なって，冷暖房の不十分さ，板張りの上での寝食，プライベートの少ない空間等，構造上問題点が多いことが明確になっている。体育館等で，被災者がくつろげるような空間をどのようにつくることができるのか，備蓄には何をどれくらい確保しておくのか，日頃からの学校と地域との情報共有や連携が不可欠になりつつある。災害が発生した場合，学校を知っている教職員がすぐに駆け付けることができるかどうか，行政が直ちに避難所を開設することができるかどうか。これらを考えて，町内会長等が学校長から体育館の鍵の場所，備蓄品の準備等を相談しておく事例が見られる。地震等と異なり，気象災害等では，早めの避難が促されることも避難所開設にあたっては考えておきたい。地域の人々にも，自分たちの地域は自分たちで守るという意識がより求められる。

　従来から日本の避難所は，避難者にとって十分に配慮されているとはいえないことも指摘されてきた。近年では「**避難所運営ガイドライン**」に沿った事前の準備や取り組みも見られるようになってきている。確かに学校施設等の避難所としての環境改善も進んでいるが，空調設備やトイレ環境改善等には，災害救助法および災害救助費等負担金制度を活用できることも，教育行政や学校管理職は意識しておく必要がある。

2　避難所運営と学校・教職員の役割について

　避難所運営に関しては，近年，学校や教職員の役割の捉え方が変わってきている。1995年の兵庫県南部地震や2004年の新潟県中越地震時の学校避難所設置・運営の混乱，教職員の過重負担の問題を教訓に，災害発生時の原則として，学校は児童生徒の安全確保と安否確認，学校教育活動の早期正常化が大きな役割であり，避難所運営は，市町村防災担当部局が取り組むことになっていた。しかし，その後の2011年の東日本大震災，2016年の熊本地震などの経験から，一般行政，防災担当部局のみの避難所運営には限界があり，教職員の避難

▷1　避難所運営ガイドライン
内閣府（防災担当）によって，2016年4月に策定され，2022年4月に改定された。インターネットから閲覧できる（https://www.bousai.go.jp/taisaku/hinanjo/pdf/2204hinanjo_guideline.pdf〈2025年2月9日最終閲覧〉）。

▷2　「大規模災害時の学校における避難所運営の協力に関する留意事項について」
8項目についても，例えば，最初の「学校が避難所になった場合の運営方策」では，「教職員の具体的な参集・配備の在り方や役割分担」から「地域の自治組織やボランティア等との連絡・調整及びPTAや避難者等との情報共有の在り方」まで，様々な内容について具体的に示されている。

所設置，運営への協力が不可欠であることが明確になった。それをふまえ，文部科学省（以下，文科省）は「**大規模災害時の学校における避難所運営の協力に関する留意事項について**」（平成29年1月20日，文科省初等中等教育局）を通知した。ここでは「学校が避難所になった場合の運営方策」から「学校の組織体制の整備」「災害時における教職員の避難所運営への協力業務と教職員の意識の醸成」「教職員が避難所運営の協力業務に従事した場合の服務上の取扱い」「防災担当部局等との連携・協力体制の構築」「地域との連携・協力体制の構築」「教育委員会間の連携・協力体制の構築」「教育活動の再開」まで8項目が示されている。

加えて文科省は近年の台風接近時には，各都道府県教育委員会の災害情報担当部署に対して，様々な**依頼，通知，連絡**を送付している。文科省の通知等が教育委員会を通して学校に伝えられることで，各学校も事前に対応すべき事項を把握することができ，喫緊時の情報源としてのメリットもある。しかし，これらの情報は文科省ウェブサイト等でも公開されており，保護者や地域住民も知ることができるため，教職員も当然のこととして熟知しておく必要がある。

③ コロナ禍での対応を教訓とした避難所運営

通常，あらゆる事態に対し各都道府県の教育行政は文科省から直接に指示・通知を受け，地域の一般行政とともに対応を検討することは少ない。しかし，コロナ禍では，各地域の教育行政は，文科省だけでなく，内閣府防災担当などの**他の省庁からの情報**も得なければならなかった。また，各都道府県においても，教育行政は市町村教育委員会以外の部局との情報共有や連携が不可欠となり，それらをもとに対策の方向性を各地域の学校に示す必要が生じた。以上のことは原子力発電所事故が生じた場合の教育行政の対応と同じである。

コロナ禍での教訓は，今後のパンデミックだけでなく，インフルエンザ等が流行する時期での避難所運営にも生かされる。例えば，当時の内閣府の通知「避難所における新型コロナウイルス感染症への対応に要する経費について」（令和2年5月27日）における「災害発生前に，避難所における新型コロナウイルス感染症への対応として実施するマスク，消毒液，段ボールベッド，パーテーション等の物資や資材の備蓄に要する費用については，交付金の活用が可能であること」などから，避難所が開設された場合を想定し，従来の備品・消耗品等以外にも備える必要がある物品，予算などをあらかじめ検討できる。

このように学校が避難所に設定された場合でも，文科省や教育委員会だけでなく，他の部署からも支援があることを理解しておく必要がある。

（藤岡達也）

▷3　依頼，通知，連絡
例えば「令和元年台風第19号に関する防災体制の強化について（依頼）」（10月9日）における「別添1　気象災害への対応」（『学校の危機管理マニュアル作成の手引』より一部抜粋）などを参考に，今後，地元の気象台が発表する警報や注意報，気象情報に留意しつつ，防災体制の強化を図るとともに，児童生徒等の安全確保等に万全を期すよう（後略）」のように，事前に準備しておくことや注意すべきこと，などが伝達される。

▷4　他の省庁からの情報
例えば，内閣府の「避難所における新型コロナウイルス感染症への対応について」（令和2年4月1日付府政防第779号他），「避難所における新型コロナウイルス感染症への更なる対応について」（令和2年4月7日付事務連絡）。

Ⅰ　学校における防災教育

6　全国的な防災教育の展開

1　防災教育に関わる様々な事業

　今日，全国で学校等を対象とした組織的な防災教育に関する事業が展開されている。例えば，1995年に発生した阪神・淡路大震災の経験と教訓を未来に向けて継承していくために，学校や地域で防災教育や防災活動に取り組んでいる子どもたちや学生を顕彰する事業として「ぼうさい甲子園[1]」がある。2004年に始まった「防災教育チャレンジプラン[2]」は，災害に備え，命を守り，できる限り被害を減らし，被害にあった時でも，すぐに立ち直れる力を身に付けられるよう，全国の地域，学校，企業などの様々な立場の人が防災教育を推進するためのプランである。

　一方で，文部科学省（以下，文科省）は東日本大震災以降，各地での実践的な防災教育や安全教育の充実を促すため「実践的防災教育総合支援事業」（2012～2014年），「防災教育を中心とした実践的安全教育総合支援事業」（2015～2017年），「学校安全総合支援事業」（2018～2025年現在）を全国の都道府県を対象として実施してきた。各都道府県は，事業の実施体制として，県の教育委員会担当課から各市町村教育委員会に依頼し，委託先である市町村教育委員会が公立の義務教育の学校数校に防災教育を含む学校安全の実践事業を依頼する。県立の高等学校や養護学校へは，教育委員会担当課から直接依頼がされる。

　委託を受けた市町村等の所管の学校が行う取り組みは，当初，緊急地震速報を用いた避難訓練が中心であったが，今日では様々な実践が見られる。例えば，地域のコミュニティセンター等と連携した避難訓練，引き渡し訓練等を組み込んだ防災訓練などである。実施にあたっては，関係地域の消防署，危機管理担当部局，さらには地元の防災教育や学校安全等を専門とする大学教員などから構成される協議会等を組織する。避難訓練や防災訓練等は繰り返し実施することによって，児童生徒および教職員の学校安全や危機管理等に関する知識・技能とともに意識も向上する。

　総合支援事業の成果は全体的にそれなりには見られるものの，指定を受けた学校だけでなく，所属する市町村，さらには都道府県レベルまで広がっているものになっているのか，また単発的なイベントにとどまっていないかが懸念される課題である。確かに，各学校では地域の自然環境，社会条件等を考慮しているため，ある学校での実践成果が他の同じ市町の学校にも当てはまると言い

▷1　ぼうさい甲子園
毎年1月には兵庫県で受賞校の表彰式および発表会が開催されている。詳細は以下のウェブサイトから確認できる。阪神・淡路大震災記念人と防災未来センター「ぼうさい甲子園」（https://www.dri.ne.jp/pickup/koshien/）（2025年2月9日最終閲覧）。

▷2　防災教育チャレンジプラン
防災に関わる専門家，研究者らが実行委員会として，防災教育活動を支援している。詳細は以下のウェブサイトから確認できる。防災教育チャレンジプラン実行委員会「防災教育チャレンジプラン」（https://bosai-study.net/top.html）（2025年2月9日最終閲覧）。

3-Ⅰ-6 全国的な防災教育の展開

切れない。しかし，他校の実践例でも，学校内の組織体制，保護者や地域との連携など，参考にできるところは多い。最近では教育委員会がウェブサイトで公開しているところもあるので情報収集として便利である。

❷ カリキュラム・マネジメントと防災教育

　学校では多様な教育活動が展開されているが，その内容の関連性も教育効果として考えたい。例えば，防災・安全のための取り組みには，3-Ⅰ-4 のような避難訓練や防災訓練があるが，これと教科・科目等との連動，さらには体育大会，文化祭，校外学習・遠足などの学校行事等にも生かされる教育活動であるのか，防災教育の実践として，学校としての取り組みの系統性なども図られる必要がある。

　学校では，授業が教育活動の中心であり，現在，学力の3要素として「知識・技能」「思考力・判断力・表現力」「学びに向かう力・人間性」が目指されている。2017・2018年告示の学習指導要領では，防災教育と関連した取り組みが期待されている。例えば，「生きる力」育成のための，カリキュラム・マネジメント，アクティブラーニング（「主体的・対話的で深い学び」）などの展開は一例である。特に，現学習指導要領の特色の一つにカリキュラム・マネジメントが挙げられ，開かれた教育課程の視点が求められている。学習指導要領総則編の解説の付録では，「防災を含む安全に関する教育」が**現代的な諸課題に関する教科等横断的な教育内容**[3]として記された。つまり，学習指導要領においても「防災教育」を具体的かつ教科横断的に取り扱うことが記載されたといえる。

　カリキュラム・マネジメントの実現には，PDCA サイクルの取り組みが重要であることが文科省等によって指摘されている。しかし，「生きる力」を育む防災教育の学びの展開としては，その方法だけでは適切であるとはいえない。自然災害等の発生は，想定外の状況が多く，そこからの復旧・復興を意図した思考力・判断力等を培うには，**OODA ループ**[4]という別の取り組み方法も存在する。OODA ループとは，観察・状況把握（Observe）—情勢への適応・行動の方向づけ（Orient）—意思決定（Decide）—行動（Act）によって，適切な意思決定を実現するものである。自然災害に対する防災・減災，復興教育，さらには放射線教育などの探究的な学びとして，このような学びの展開も重要であろう。この視点は，これからの時代に生きていく子どもたちだけでなく，大人にも備わっている必要がある。防災教育を通して総合的な学びを目指すためには，科学技術と社会との関係も視野に入れた**文理融合型の学び**[5]がますます必要となってくる。

（藤岡達也）

▷3　現代的な諸課題に関する教科等横断的な教育内容
中央教育審議会「幼稚園，小学校，中学校，高等学校及び特別支援学校の学習指導要領等の改善及び必要な方策等について（答申）」（平成28年12月21日）で例示された現代的な諸課題に対応して求められる資質・能力に関して，具体的に教科等横断的に教育内容を構成する例として13項目掲載されている。

▷4　OODA ループ
「観察」から始まるため，災害発生時などの，変化が起こりやすく，そのスピードが速い状況や迅速な意思決定が必要な場面に適している。アメリカ空軍のジョン・ボイド氏が提唱した意思決定の考え方である。

▷5　文理融合型の学び
近年，学校では文理融合型の学びとして STEAM 教育（「科学（Science）」「技術（Technology）」「工学（Engineering）」「芸術・リベラルアーツ（Art）」「数学（Mathematics）」の頭文字）が注目されている。

参考文献

藤岡達也編著（2022）『よくわかる STEAM 教育の基礎と実例』講談社。

第3部　学校，地域での防災教育

Ⅰ　学校における防災教育

7 近年の学校での防災教育カリキュラムの実際

▷1　津波による被害

七郷小学校よりもさらに沿岸にあった仙台市立荒浜小学校は甚大な被害を受け，2016年に本校と統合された。荒浜小学校は現在は震災遺構となっている。

1　研究の歩み

　仙台市立七郷小学校は，仙台市の東部に位置し，東日本大震災では，学区の一部が津波による被害を受けた。本校は，文部科学省による指定を受けて，2013〜2016年度の4年間，新しい教育課程や指導方法の開発に取り組み，各教科・領域に散在している防災を中心とした安全教育に関する内容を統合し，「防災・安全科」を創設した。研究開発学校の指定期間を終えた2025年現在も「防災・安全の学習」と名称を改め，全校で取り組みを継続している。ここでは七郷小学校で行われた，災害対応力を身に付けるための3つの実践について紹介する。

2　「防災・安全の学習」の実際

○第4学年　外国語活動（全5時間）

　「Do you have 〜 ?」の表現を用いて，防災グッズを持っているかどうか尋ねる活動を行った。学習プリントには，食料，水，毛布，乾電池，ラジオ，懐中電灯など様々な防災グッズの絵が描かれている。児童は，教師が話す防災グッズを聞き取り，絵に印を付けていく。聞き取りに慣れてきたら「I have 〜」の表現を使って，家庭で備えている防災グッズを紹介し合う活動も行った。防災に関する指示を聞いて，ジェスチャーをする活動も行った。「ドアを開けて」「窓を閉めて」「塀から離れて」など8個の英語表現をジェスチャーとともに学んだ。繰り返し練習するうちに，教師の言葉に即座に反応し，ジェスチャーを行うことができた。

○第4学年　子ども版・避難所運営ゲーム（HUG）（全2時間）

　第4学年社会科の単元「地震からくらしを守る」と関連させ，避難所の受付を疑似体験する避難所運営ゲームを行った。表3-Ⅰ-1のように，児童の実態に合わせて作成した30名の避難者情報を教師が読み上げ，同時に5つの課題も

表3-Ⅰ-1　児童に提示した避難者例と主な課題

避難者例1	A地区に1人で住む女性74歳。キャリーケースに猫を1匹入れて避難してきた。
避難者例2	B地区に住む男性。フランス人45歳。日本語が話せない，英語は話せる。
課題例	トイレの水が出ず流れないと言っています。対応してください。

出所：授業者作成

図3-Ⅰ-1 避難所運営ゲームをする児童の様子

図3-Ⅰ-2 VR体験をする児童

解決させた。

　高齢者など配慮が必要な方にどのように対応していくかを4～5名のグループで話し合い，校舎配置図に避難者カードを並べていった（図3-Ⅰ-1）。また，5つの課題への対応策も話し合い，グループの考えを書いて掲示した。災害時にどのような困り事があるのか，避難所運営者の気持ちを感じることができた。

　○第5学年　風水害から身を守る（理科全14時間，総合的な学習の時間全4時間）

　第5学年理科「台風」「流れる水のはたらき」の2つの単元を柱に，「風水害から身を守る」として，自然事象の理解から各家庭の備えまでをひとつながりの学習として取り組んでいる。気象庁のデータ活用や実験を通して，台風の特徴や大雨によって引き起こされる地形変化について学んだ。仙台市危機管理課の協力を得て，内水氾濫の際に町の中がどのように変わるかをVRで体験した（図3-Ⅰ-2）。VRによる疑似体験は，児童の風水害に備えようとする気持ちを高めることに非常に効果的であった。

　2019年の台風19号で学区内に被害があった際には，保護者へ冠水状況などについてアンケートを実施した。アンケートをもとに，市民センターと共同で冠水箇所を示した地域マップ「テクテク」を作成した。さらに，保護者アンケートの結果や地域マップを参考にして，どのような避難行動をとればよいか各自が考え，タイムラインを作成した。タイムラインの作成にはインターネットで公開されているマイ・タイムライン作成ガイドを活用した。児童らは，自宅で家族防災会議を開き，家族へタイムラインを提案し，風水害に対応した非常持ち出し袋についても話し合った。

　このように，地域の実情をふまえた小学校段階からの防災教育は，様々な活動や展開が可能である。今後も本校のような被災地だけでなく，各地での防災教育のカリキュラムの開発や実践を期待したい。

（齋藤由美子）

▷2　仙台市「大雨災害時における家族一人ひとりの避難計画『マイ・タイムライン』を作成してみよう！」（https://www.city.sendai.jp/anzensuishin/kurashi/anzen/saigaitaisaku/sonaete/mytimeline.html）（2023年11月30日最終閲覧）。

参考文献

宮内主斗編著（2020）『［新版］理科実験の教科書　5年』さくら社。

小佐野正樹・八田敦史（2020）『本質がわかるやりたくなる　新理科の授業　5年』子どもの未来社。

第3部 学校,地域での防災教育

Ⅰ 学校における防災教育

8 防災意識を育む野外学習

① 八百万の神々,その原点は自然災害の中にある

　日本は世界でも有数の自然災害列島である。地震,津波,火山噴火,土砂災害,風水害……近年を振り返っただけでもそのあまりの多さに驚かされる。また,それに伴い,多くの尊い命や土地,財産が失われる。私たち日本人は,このように自然災害が多発する国土にあり,有史以前から,様々な自然の恵みと災いに寄り添いながら,日本独特の**自然観**と伝統文化を身に付け,育んできた。地震には大地の神,火山には火の神,土砂災害には森の神,水害には水の神,台風には風の神というように,日本人は自然の中から「八百万の神」を誕生させてきた。例えば図3-Ⅰ-3は,「加賀の潜戸（くけど）」と呼ばれる海食洞門で,佐太大神という神様が生まれた場所であると『出雲国風土記』には記されている。これは,大部分を占める平穏な時の中に大地の恵みを感じ,時として起こる災害に,幾度も災いを被り,それをおそれ,沈めるために「神」として存在させてきたのだと推察される。また,日本独特の自然観は生活の中に溶け込み,各地に伝わる「祭り」にもなった。自然の恵みと災いの中に畏敬の念を抱き,そこから生まれた神々,祭り,伝統文化には減災・防災教育の原点があるといえるだろう。

　自然災害は当然のことながら,山,平地,川,海,空など,自然の中で発生する。しかし,それを学ぶ「防災教育」は室内で行われることが大半である。また,避難訓練は,普段過ごす場所から避難場所への経路確認や避難時の心構えが中心である。ここで大切なことは,防災教育を推進し,個々の防災意識を高めるために,自然を見つめる「科学的な目」が必要なことである。自然の事象を科学的に理解することは,災害時にどこにいようとも冷静さを保ち,誤った判断を防ぐことにつながると期待されるからである。つまり,災害時に身を守り,適切な避難行動を冷静に行うためには「正しく学び,正しく怖がる」ことが求められる。この「正しく」とは,自然災害発生のメカニズム,大地の成り立ちや気象現象を科学的に知る・理解するということである。知らないことは,人間にとって「怖さ・恐怖」を助長する。それゆえに,自然に触れ,自然を観察する学びの場としての野外学習が重要なのである。

▷1 自然観
文部科学省が発行する学校での教育内容を示したものとして「学習指導要領」があるが,「理科」の学習目標の中には「自然に親しむ」や「自然を愛する」という文言が盛り込まれている。これは,自然災害を多く経験してきた日本人独特の自然観を示したものであり,科学的な言葉が並ぶ「理科」という教科の中にあって,「愛」や「親しむ」という言葉が対照的であり興味深い。

図3-Ⅰ-3　松江市島根町の「加賀の潜戸」

2 野外学習の魅力と防災意識の醸成と利点

学校の活動の中には、野外での学習機会がいくつかある。理科での野外学習、社会科での社会見学や臨海・林間学校などがそうである。しかし、地層や岩石が露出する場所の近くを訪れることがあっても、そのものについて解説・学習する機会はきわめて少ないのが現状である。野外学習は、地学や生物の関連単元の中で行うと効果的であるにもかかわらず、時間的・予算的な制約、教員の専門知識の不足などの条件が重なり、その実施率はきわめて低い。また、数少ない地学的な野外学習においては、地層の成り立ちや岩石・鉱物の産状の観察などの理科的内容に留まっており、防災教育としては不十分である。

図3-Ⅰ-4 松江市島根町の須々海海岸で大地のつくりを学ぶ小学生

地学的な野外学習を、防災的な内容を加味して有効的に実施すれば、地学教育的にも防災教育的にも高い相乗効果が期待できる。例えば、野外で目にする地層や岩石などは、長い地球時間をかけて誕生しており、それ自体が神秘的なものであることから、学習者の科学的関心を引き出し、探究心を大きく刺激する（図3-Ⅰ-4）。また、それらの地層や岩石などが美しく壮大であればあるほど、その風景・景観をもたらした現象の一端に、自然災害が起因していることを知ることで、学習者に驚きをもたらす。これは、時間概念・空間概念の獲得にもつながる。つまり、目の前に広がる不思議がつまった露頭（地層・岩石の露出地）に立った時、地学現象の解明・理解という謎解きを通して、自然の猛威を実感し、その上で、その美しい景観が存在することの理解に役立つのである。それが、自然の二面性、つまり恵みと災いを同時に学べる野外学習の魅力である。

3 持続可能な地域社会の構築は防災教育の充実から

様々な自然災害は、気候変動の進行に伴い増加し、甚大になりつつある。災害に強いまちづくり、地域づくりがますます重要である。そのためにSDGsやESDを参考にしながら、防災教育の充実が求められている。地域の様々な団体・学校などが連携し、自然災害とその被害の想定を重ね、教育・訓練を積むことが、強靭なまちづくり、人づくりにつながる。日本列島の四季に彩られた美しい景観や自然の観察を通して、その恵みと災いを科学的に理解することが重要である。その上で、過去の災害から様々な想定を導き出し、地域全体で防災教育を充実させていくことが必要である。

（松本一郎）

▷2 松本一郎（2018）「大地のつくりから学ぶ地域の環境・防災・故郷教育——教科横断的な野外学習を通して」『日本教育大学協会研究年報』36、213〜222頁。

松本一郎（2019）「理科における『自然を愛する心情』についての一考察——日本の自然環境に寄り添い、持続可能な社会の再構築に向けての試金石として」『理科の教育』68、13〜17頁。

松本一郎（2021）「自然災害に対応した理科教育の役割と重要性——命・財産を護るための防災・減災教育と地域を護るための持続可能教育」『理科の教育』70、9〜13頁。

参考文献

藤岡達也（2021）『SDGsと防災教育——持続可能な社会をつくるための自然理解』大修館書店。

松本一郎（2022）「SDGs実践における見方・考え方についての一考察」『学校教育実践研究』5、53〜59頁。

第3部　学校，地域での防災教育

Ⅰ　学校における防災教育

9　コミュニティ・スクールにおける防災訓練

▷1　コミュニティ・スクール

文部科学省によると，コミュニティ・スクール（学校運営協議会制度）とは，学校と地域住民等が力を合わせて学校の運営に取り組むことが可能となる「地域とともにある学校」への転換を図るための有効な仕組みとのこと。コミュニティ・スクールでは，学校運営に地域の声を積極的に生かし，地域と一体となって特色ある学校づくりを進めていくことができるとされている（文部科学省「コミュニティ・スクール（学校運営協議会制度）」〈https://www.mext.go.jp/a_menu/shotou/community/〉〈2024年7月23日最終閲覧〉）。

▷2　第3次学校安全の推進に関する計画

学校保健安全法に基づき，各学校における安全に係る取り組みを総合的かつ効果的に推進するため，令和4年度から令和8年度までの5年間の計画として国が策定したものである（文部科学省〈2022〉「第3次学校安全の推進に関する計画について」〈https://www.mext.go.jp/a_menu/kenko/anzen/1419593_00001.htm〉〈2024年7月23日最終閲覧〉）。

1　コミュニティ・スクールと地域が連携した防災訓練

　近年，各地域におけるコミュニティ・スクール◁1の設置とその展開が注目されている。地域と学校が連携する具体的な取り組み内容として，「防災」は重要なものの1つである。「第3次学校安全の推進に関する計画◁2」において，防災教育には，災害時に自分と周囲の人の命を守ることができるようになるという効果とともに，児童生徒等の主体性や社会性，郷土愛や地域を担う意識を育む効果や，地域と学校が連携して防災教育に取り組むことを通じて大人が心を動かされ，地域の防災力を高める効果も期待されると述べている。ここでは，滋賀県大津市立堅田中学校での実践事例を紹介する。

2　防災訓練の実例

　コミュニティ・スクールの活動の一環として，2015年から市内の公立中学校と地域とが防災について実践的な取り組みを行っている。堅田学区での防災訓練の実施に向けて，まず，中学校内では第3学年の学年主任とコミュニティ・スクール担当教員の2名が中心となり，関係する外部講師と打ち合わせを行うなどの準備が進められた。地域連携担当教員である筆者は，講師との打ち合わせに同席し，学校運営協議会◁3および堅田学区自主防災会と連携を図った。
　第1会場の防災訓練では，琵琶湖に向けての放水訓練，10tダンプ1台分の土を使った土嚢積み，そして，消火体験装置「消すぞう君」を使い，実際に燃える炎に向かっての消火訓練を行った。第1会場での防災訓練の後，生徒とともに参加した地域住民約80名が移動し，第2会場に合流した。第2会場では，生徒たちが避難所で生活することを想定し，4つのテーマを設け，各講師に体験的な活動を実施してもらった。最後の炊き出しでは，生徒と地域住民が協力して配膳を行い，一緒に食事をとることで，温かい雰囲気に包まれ，味もいっそうおいしく感じた。表3-Ⅰ-2が堅田学区防災訓練の内容をまとめたもので，表3-Ⅰ-3が第2会場における4つの体験内容である。

3　コミュニティ・スクールと地域が連携した防災訓練の意義

　コミュニティ・スクールと地域が連携し，地域ぐるみで防災訓練を行ったことで，関わった人々全員が達成感や充実感を味わうとともに，仲間意識や当事

3-Ⅰ-9 コミュニティ・スクールにおける防災訓練

（表3-Ⅰ-2　堅田学区防災訓練の内容）

場所	参加者	主催者・協力者	活動内容
第1会場：なぎさ苑跡地（堅田中学校から徒歩約15分の琵琶湖畔）	堅田中学校　代表生徒約10名　地域住民　約80〜100名	［主催者］学校運営協議会堅田学区自主防災会［協力者］大津北消防署	防災訓練・放水訓練・土嚢積み・消火訓練
第2会場：堅田中学校	堅田中学校生徒（第3学年）・保護者・教職員・地域住民200〜250名　（うち地域住民約80名）	［主催者］学校運営協議会堅田学区自主防災会［協力者］大津市役所滋賀県国際協会自衛隊地方協力本部	避難所体験・テーマごとの体験・炊き出しの配膳，食事，片付け

（表3-Ⅰ-3　第2会場における4つの体験内容）

外部講師	テーマ
大津市危機・防災対策課	避難所での段ボールベッド，防災用テントの組み立てと使い方
大津市観光振興課・MICE推進室滋賀県国際協会・在日外国人	在日外国人から学ぶ，避難所における外国人への配慮やコミュニケーションの取り方
大津市障害福祉課聴覚障がい者	聴覚障がい者から学ぶ，避難所における障がい者への配慮や接し方
自衛隊地方協力本部	自衛隊員より，自衛隊車両（炊事車）の紹介と自衛隊の災害時の取り組みについて

者意識が高まったといえる。生徒らは，「地域の輪というものを感じた」「すごく自分の価値観が変わった」「将来はもっと人の役に立てるような人間になりたいと思った」「自分が大人になった時に，堅田の子どもと関われたらいいなと思った」などという感想を持った。学校と地域が一丸となって取り組んだ結果，生徒たちの心に変化をもたらしたのである。そして，地域住民から直接「ありがとう」「よく頑張ったね」と声をかけられるなど，感謝されたり，褒められたりする経験を通して，堅田の街も人も好きになり，自分が地域の一員であるという意識も育まれた。

　また，生徒たちは，地域の人々とのつながりを通して，堅田の街と自分の将来のあり方について見つめることができた。そして地域の安全・安心に関わる多様な仕事や大人と出会い，様々な学びから自分らしい生き方を見つけ，地域の人々とともにより良い学校，より良い堅田のまちづくりを目指すというコミュニティ・スクールの意義を共有できたのではないだろうか。

　自然災害への備えが求められる今日，各地のコミュニティ・スクールにおいても，学校と地域が連動した「防災教育」は，活動の大きなテーマとなることが期待できる。

(門地弘太)

▷3　学校運営協議会
地方教育行政の組織及び運営に関する法律第47条の5に基づいて教育委員会が学校に設置する学校運営協議会には，主な役割として，以下の3つが挙げられている。「校長が作成する学校運営の基本方針を承認する」「学校運営に関する意見を教育委員会又は校長に述べることができる」「教職員の任用に関して，教育委員会規則に定める事項について，教育委員会に意見を述べることができる」。

（参考文献）
　小西哲也・中村正則編著(2019)『奇跡の学校——コミュニティ・スクールの可能性』風間書房。
　諏訪清二(2015)『防災教育の不思議な力——子ども・学校・地域を変える』岩波書店。

第3部　学校，地域での防災教育

Ⅱ　地域社会における防災教育

建築と防災（免震・耐震）

1　建物の耐震技術の変遷と耐震構造

　現在施行されている「建築基準法」が制定されたのは1950年である。1978年に発生した宮城県沖地震による建物被害と地震観測記録をふまえ，1981年に同法が改正され，「新耐震基準」が定められた。それ以降における建物の耐震基準の基本的な考え方は，現在も踏襲されており，以下の通りである。

　中小地震レベル：建物の耐用年限中に何度か遭遇する可能性のある中小地震に対しては，建物は損傷せずに，使用性が保たれること。

　大地震レベル：建物の耐用年限中にきわめてまれに遭遇する可能性のある大地震に対しては，人命に関わる倒壊・崩壊が起こらないこと。

　すなわち，大地震の際は人命に関わる倒壊・崩壊が起こらない範囲で建物の骨組みは損傷しても許され，地震後の使用性が保てなくても許される。この考え方は，すでに存在している既存の建物を耐震補強する場合でも同様である。耐震構造は，激しい揺れに対して，骨組みが「耐える」ように設計されている。

　近年では，大地震の際でも可能な限り骨組みの損傷を軽減するための新しい耐震技術として，制震構造や免震構造が発展し，実際の建物に適用されることが増えてきている（図3-Ⅱ-1）。

2　制震構造

　先に述べた耐震構造の建物では，地震による揺れのエネルギーを骨組みが損傷することにより吸収する。一方，ダンパー等の制震装置を骨組みに組み込んだ制震構造の建物の場合は，地震によるエネルギーの多くを制震装置で吸収す

耐震構造	制震構造	免震構造
倒壊や崩壊を起こさずに，大地震にも耐えるように骨組みを堅固につくる技術	建物に組み込んだダンパー等の制震装置により，地震による揺れを抑制する技術	基礎部分等に免震装置を設置し，地震の揺れを建物に伝えにくくする技術

図3-Ⅱ-1　地震に対する建物の構造の特徴と仕組み

出所：一般社団法人日本建設業連合会編（2017）『施工がわかるイラスト建築生産入門』彰国社

> 鎖骨というものはこういう場合に折れるためにできているのだそうである。これが，いわば安全弁のような役目をして気持ちよく折れてくれるので，その身代わりのおかげで肋骨その他のもっとだいじなものが救われるという話である。（中略）それで自分の素人考えでは，いっその事，どこか「家屋の鎖骨」を設計施工しておいて，大地震がくれば必ずそこが折れるようにしておく。しかしそのかわり他のだいじな致命的な部分はそのおかげで助かるというようにすることはできないものかと思う。こういう考えは以前からもっていた。時々その道の学者達に話してみたこともあるが，だれもいっこうに相手になってくれない。

図3-Ⅱ-2　寺田寅彦の「鎖骨」からの抜粋

出所：寺田寅彦（1933）「鎖骨」『工業大学蔵前新聞』

ることになり，その分だけ骨組みの損傷を軽減することができる。このような発想は，1933年にすでに，物理学者の寺田寅彦が「鎖骨」という表現で提案していることは興味深い（図3-Ⅱ-2）。

ダンパー等で建物の揺れを軽減する方式は，受動的な振動制御により「パッシブ制震」と呼ばれる一方で，コンピュータで計算した最適な制御力を建物に与え能動的に振動制御を行う「アクティブ制震」の建物も1989年に登場して以来，目覚ましい進展を見せている。

3　免震構造

免震構造は，パッシブ制震の技術のうちの1つである。建物と地面の間に免震装置（積層ゴムやダンパー）を設置することにより，建物の周期を長周期化して共振を避けると同時に，建物が受ける地震のエネルギーを吸収する。

2011年東北地方太平洋沖地震発生の際に同時観測された，耐震構造と免震構造の隣り合う建物の地震観測記録を紹介する（図3-Ⅱ-3）。耐震構造では，1階と最上階の揺れの激しさ（加速度）の増幅が約3倍だったのに対して，免震構造ではほとんど増幅していない。このような免震構造の揺れ方の特性から，室内空間における家具類の転倒や落下物などによる災害リスクを軽減することもできる。

免震構造は激しい揺れに「耐える」耐震構造とは異なり，文字通り「免れる」技術ということができ，中高層マンションや災害拠点となる医療施設などへの適用が増えてきている。ただし，免震構造では，長周期地震動に対する安全性の確認が必要である。　　　（佐藤　健）

▷1　共振

地震による地面の揺れの周期と，建物の固有周期が一致することにより建物の揺れが大きく増幅され，被害が発生する可能性が高くなる。このことを，「共振現象」という。ここでいう「周期」とは，揺れが1往復するのにかかる時間のことである。

▷2　長周期地震動

南海トラフ地震のような規模の大きい地震が発生すると，周期の長いゆっくりとした大きな揺れ（地震動）が生じることがある。このような地震動のことを長周期地震動という。
気象庁では，地震時の人の行動の困難さの程度や，家具類の移動・転倒などの被害の程度をもとに，長周期地震動による揺れの大きさを4つの階級に区分した「長周期地震動階級」という指標を新たに導入している。

参考文献

東北大学災害科学国際研究所（2022）『地球防災ラボ　実験でしくみを知って，命を守る』岩崎書店。
斉藤大樹（2008）『耐震・免震・制震のはなし［第2版］』日刊工業新聞社。

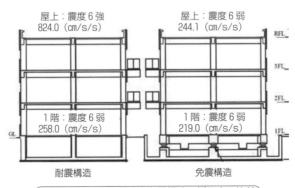

図3-Ⅱ-3　耐震構造と免震構造の揺れ方の比較

出所：日本建築学会（2011）『2011年東北地方太平洋沖地震災害調査速報』日本建築学会

第3部　学校，地域での防災教育

Ⅱ　地域社会における防災教育

 まちづくりと防災

1　地域の魅力と課題をふまえたまちづくり

　地域コミュニティにとっての防災活動は，他の活動と同様にまちづくり活動の一環でもある。したがって，地域コミュニティが醸成されているほど，防災活動も展開しやすくなる。そこで，まちづくり活動の中に上手に防災活動を位置付け，さらにそれを持続可能な取り組みとしている例として，2013年に発足した仙台市青葉区の「片平地区まちづくり会」の活動を紹介する[1]。図3-Ⅱ-4は，片平地区まちづくり会の体制図であり，地域に根差した多様な主体が関わっていることがわかる。

▷1　今野均（2017）「片平流防災まちづくり」（地区防災計画フォーラム）。

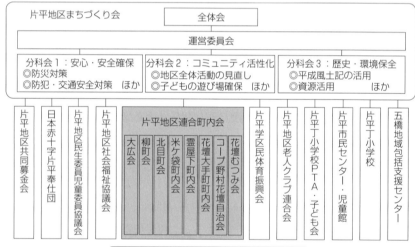

図3-Ⅱ-4　片平地区まちづくり会の体制図

出所：片平地区まちづくり会（2013）「片平地区まちづくり計画」

▷2　片平子どもまちづくり隊
発足のきっかけは，片平地区の子どもたちが通学する片平丁小学校の6年生の総合的な学習の時間である。この授業で，片平地区の魅力や大人たちの地域活動に接する機会があり，この学習に取り組んだ子どもたちの中に，「もっと地域のことが知りたい」「自分たちでもできることをしたい」と，学校以外でも地域の大人と一緒に自発的な地域活動に参加する有志が現れた。この子どもたちが中心となり，「片平子どもまちづくり隊」が結成された。

表3-Ⅱ-1　片平地区まちづくりの目標

〜安全・安心の確保〜 支え合いによる安全・安心なまちづくり
〜コミュニティの活性化〜 子どもを育み多世代交流が活発なまちづくり
〜歴史・環境の保全・活用〜 広瀬川と歴史を活用した観光・文化交流のまちづくり
〜持続可能な体制の構築〜 多様な主体との連携・協働によるまちづくり

出所：図3-Ⅱ-4に同じ

　また，片平地区まちづくり会は，『片平地区まちづくり計画』を策定し，表3-Ⅱ-1をまちづくりの目標として掲げている。片平地区が取り組む活動は，決して防災活動だけではなく，地区の魅力と課題をふまえたまちづくりのための活動であることがわか

る。また、「子ども」や「多世代」といったキーワードからも、それらの活動を持続可能な取り組みとする意図が読み取れる。

表3-Ⅱ-2　三日月団の心得

第1条	自分の身は自分で守るべし
第2条	みんなが安心して暮らせるよう備えるべし
第3条	仲間との協力を惜しまぬ心を育むべし
第4条	地域の自然・文化・歴史を尊ぶべし
第5条	後世に誇れるまちづくりを心がけるべし

出所：片平地区まちづくり会（2017）「三日月団認定証」

② 防災人材育成の取り組み

　まちづくりを持続可能とするため、片平地区まちづくり会は人材育成に注力している。その代表的な取り組みは、「片平子どもまちづくり隊」である。その活動の1つに、2016年度から継続開催している「防災宝探しゲーム」がある。これは、仙台市地域防災リーダーを中心とした地元の大人がガイド役となり、郷土の豊かな自然や歴史、防災資源等を、宝探しゲーム風のまち歩き形式で子どもたちが学ぶ活動である。

　この活動に参加し、防災に関する確認テストに合格した子どもたちは、片平地区まちづくり会によって「三日月団」として認定証が授与される。片平地区まちづくり会は、三日月団の子どもたちに、仙台市地域防災リーダーをサポートする次世代の地域防災人材となることを期待している。また、認定証には、表3-Ⅱ-2に示すような子どもたちに向けての心得が記載されている。自助や共助の精神を述べた基本的な心得（第1～3条）に加えて、第4条と第5条を通して、防災活動をまちづくり活動の一環としている片平地区まちづくり会の基本姿勢が見て取れる。

③ 持続可能なまちづくり

　表3-Ⅱ-3は、片平地区まちづくり会が取り組んでいる防災人材育成のポイントである。子どもたちの郷土愛を育むことや、大人が学校や地域のために積極的に活動すること、学校と地域の協働の枠組みをつくる内容となっている。

　このように、片平子どもまちづくり隊が持つ地域に対する貢献意欲と、その意欲を片平まちづくり会の大人が積極的に生かしている片平地区の防災を含むまちづくり活動の中に、コミュニティベースの活動の持続可能性を見出すことができる。

表3-Ⅱ-3　片平地区まちづくり会による防災人材育成のポイント

- ・防災をまちづくりの全体計画に取り込むこと
- ・地域を好きになるために楽しんで取り組むこと
- ・大人たちが地域を支えている姿を見せること
- ・学校など教育機関と協働して継続できる仕組みをつくること
- ・子どもたちに「努力すればできる」という達成感を持たせること

出所：東北大学災害科学国際研究所（2017）「持続可能な防災まちづくりと防災人材育成——片平流防災まちづくり」（世界防災フォーラム）

（佐藤　健）

▷3　仙台市地域防災リーダー

仙台市が2012年度より独自に養成している地域防災人材。Sendaishi chiiki Bousai Leader の頭文字をとって、SBLの愛称で呼ばれる。SBLには、町内会長などを補佐しながら、平常時には地域特性を考慮した防災計画づくりや効果的な訓練の企画運営、災害時には地域住民の避難誘導や救出・救護活動の指揮を行うなどの役割が期待されている。

また、SBLに承諾を得た上で、SBLが居住する地元の学校や町内会に対してSBLの情報が提供されており、地域から顔の見える地域防災人材であることが最大の特徴となっている。2024年4月1日現在、899名（男性661名、女性238名）のSBLが仙台市に登録されている。

【参考文献】

菅原康雄・三好亜矢子（2015）『仙台・福住町方式減災の処方箋——1人の犠牲者も出さないために』新評論。

佐藤健（2021）「コミュニティの防災」東北大学災害科学国際研究所編『東日本大震災からのスタート——災害を考える51のアプローチ』東北大学出版会、121～124頁。

第3部　学校，地域での防災教育

Ⅱ　地域社会における防災教育

ハザードマップと活用

1　ハザードマップは「見る」ものではなく「読む」もの

　災害が多発する昨今，「ハザードマップ」は，私たちにとってより身近な防災情報となっており，同時にその効果的な活用が求められている。ハザードマップとは，洪水災害を例にとれば，台風や大雨による浸水被害を予測し，その被害範囲や**浸水深**を地図化したものであり，**指定緊急避難場所**などの防災資源があわせて記載されていることも少なくない。

　ハザードマップは，市町村のホームページや紙地図などで公開されている。また，国土交通省は全国のハザードマップを集約し，後述する地理院地図上に重ねて全国どこでも閲覧できるように公開している（ポータルサイト「重ねるハザードマップ」）。図3-Ⅱ-5は，仙台市の名取川と広瀬川の合流付近について，「重ねるハザードマップ」で閲覧した洪水浸水想定の例である。

　しかし，ハザードマップの閲覧が容易になった一方で，ハザードマップで示された浸水範囲や浸水深などを単に「見る」だけではなく，なぜ，そうなっているのかを「読み取る」ことができれば，より地域特性をふまえた避難計画や事前の備えも可能となり，実効性の高い学校防災や地域防災の推進に役立つ。

▷1　浸水深
津波や洪水によって，市街地や家屋，田畑が水で覆われることを浸水といい，それぞれの場所でのその深さ（浸水域の地面から水面までの高さ）を「浸水深」という。浸水深は，場所によって異なる。

▷2　指定緊急避難場所
災害対策基本法等の一部改正により，市町村長による指定緊急避難場所の指定制度が2014年4月1日から施行された。「指定緊急避難場所」と「指定避難所」は相互に兼ねて指定することを可能としているが，指定緊急避難場所とは，「居住者等が災害から命を守るために緊急的に避難する施設又は場所」として指定避難所の役割とは明確に区別することになった。

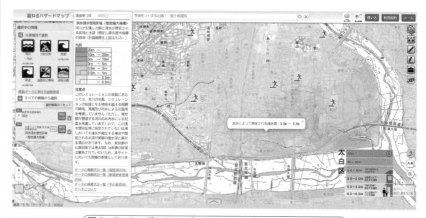

図3-Ⅱ-5　重ねるハザードマップ（洪水浸水想定）の例

注：地図上で色が濃ければ濃いほど浸水深が深い
出所：国土交通省「ハザードマップポータルサイト」（https://disaportal.gsi.go.jp/）（2024年8月15日最終閲覧）

2　地理院地図の利活用の促進

　ハザードマップが示すことの背景を「読み取る」ための有力なツールの1つに，

国土地理院の「地理院地図」がある。地理院地図により，土地の成り立ちや高低差をはじめとしたローカルな地域の自然環境を端的に理解することができる。

自然災害の規模と様相は，ローカルな自然環境と社会の脆弱性に強く影響を受ける。地形や標高といった自然環境が異なることで，浸水の範囲や深さも異なるように，地理院地図は，人間が自然と共存するためのヒントを与えてくれる。加えて，上手に活用すれば，防災だけでなく郷土の自然と暮らしの理解をも強力にサポートするツールともなりうる。

図3-Ⅱ-6は，図3-Ⅱ-5と同じ仙台市の名取川と広瀬川の合流付近について，地理院地図の機能の1つを用いた，地形分類図である。ここで，低地の微地形に関する重要なキーワードとして，「自然堤防」「後背湿地」「旧河道」などがある。自然堤防は，周囲より高い微高地であるため，その分だけ浸水深が浅くなり，一方の後背湿地や旧河道については，周囲よりもわずかに低いため，浸水深が相対的に深くなりやすい。0.5～数mのわずかな土地の起伏でも大きな意味を持つことになる。

▷3　微地形
微地形（micro-landform）は地形学の専門用語であり，地形の階層構造のうち最も小さなスケールのものとされる。地形学辞典によれば，「5万分の1～2.5万分の1の地形図には表現されないような地表面の微細な凹凸」と記述されている。

図3-Ⅱ-6　重ねるハザードマップ（地形分類図）の例

出所：国土交通省「ハザードマップポータルサイト」(https://disaportal.gsi.go.jp/)（2024年8月15日最終閲覧）をもとに筆者作成

③ 地形分類図と浸水想定図との関係性

図3-Ⅱ-5と図3-Ⅱ-6との関係性を見ると，微高地である自然堤防では浸水深が相対的に浅く，周囲より低い凹地となっている旧河道や後背湿地では逆に深くなっているような対応関係を確認することができる。

また，地形分類図において，自然堤防や後背湿地，旧河道が存在しているということは，河川の歴史的な氾濫の痕跡や履歴を示している。例えば自然堤防は，河川が氾濫した際に土砂が堆積してできたものであり，文字通り自然がつくった微高地である。ハザードマップが示すことの背景を主体的に「読み取る」ことにより，現代を生きる私たちが災害に対する賢さを得ることが期待される。

（佐藤　健）

参考文献
村山良之（2021）「ハザードの種別と地形理解，災害リスク」小田隆史編著『教師のための防災学習帳』朝倉書店，19～28頁。
佐藤健（2022）「地理院地図を使ってハザードマップを読む」『季刊地域』48，126～129頁。

Ⅱ 地域社会における防災教育

 # マイ・タイムライン，ハザードマップと災害への備え

1 マイ・タイムラインの活用

災害には，事前・発生直後・発生後のそれぞれの対応が重要であることは多くの人が理解し，それなりの備えもしているだろう。しかし，災害の危険が迫った時には，平時に想定し，準備していたことと状況が異なる場合もある。ただし，そのような中でも直前の予測が困難な地震などの自然現象に比べ，数日前に予想可能な気象現象では，直前の具体的な準備計画を立てることができる。現在では，時系列に行動や活動をまとめた「タイムライン」や「タイムテーブル」という言葉は一般的であるだけでなく，日程が確定されている行事やイベント等などに備えて，具体的な準備計画を「見える化」して，個人やグループで検討することは日常的に行われているだろう。

これと同様に，災害発生時を想定して，住民一人ひとりが防災行動計画を時系列で検討，整理し，そして準備することを「マイ・タイムライン」と呼ぶようになっている。「平成27年9月関東・東北豪雨」の経緯から国土交通省（以下，国交省）では，これを「台風等の接近による大雨によって河川の水位が上昇する時に，自分自身がとる標準的な防災行動を時系列的に整理し，自ら考え命を守る避難行動のための一助とするもの」として，その活用を呼びかけてきた。つまり，マイ・タイムラインとは，災害時にどんなことが起きるかを想定して，「いつ，だれが，何をするか」ということを，時間軸で整理した「防災行動計画」のことであり，このタイムラインを，個人や家族，学校，地域レベルでつくってみるという取り組みが各地で見られるようになっている。

地震や火山噴火等では，事前・発生直後・事後の対応などを平常時のうちに検討はできても，直前のタイムラインの作成は予測の困難さのため，実質的には不可能に近い。しかし，豪雨，暴風等によって災害が生じる可能性がある場合に，台風の接近，前線の状況などを想定して，あらかじめタイムラインを作成することは，現実的な備えだけでなく，防災への意識を高めることにもつながる。日頃から避難行動に向けた準備や課題を意識することを促し，災害時にどのように行動するかを「考える」「判断する」場面を創出することが重要である。また，マイ・タイムラインの検討中に，他者の意見を参考にしたり，自分自身の状況に置き換えたりして，新たな発見をすることも多い。そこで，ワークショップ形式による実践も様々な研修会や防災訓練で行われている。

▷1 平成27年9月関東・東北豪雨
2015年9月，台風18号から変化した温帯低気圧の影響で記録的な大雨が発生し，死者8名，住宅の全・半壊合わせて3,926棟の甚大な被害をもたらした。
マイ・タイムライン普及のきっかけは，本豪雨時の避難遅れや避難者の孤立である。災害後，国，県，流域の市町で様々な取り組みを進める中で，住民が水防災に関する知識と心構えを共有し，事前の計画等の充実を促すツールとして開発された。

▷2 5段階の警戒レベル
「避難情報に関するガイドライン」（内閣府〈防災担当〉）（⇨ 3-Ⅰ-3 ）では，住民は自らの判断で避難行動をとる方針が示されている。これに沿って自治体や気象庁等から発表される防災情報を用いて住民がとるべき行動を理解しやすくな

現在，各都道府県でマイ・タイムラインが準備され，地域住民に配布されている。学校から地域まで活用が広がりつつあると言えよう。図3-Ⅱ-7は，その一例であり，滋賀県が提供している「しがマイ・タイムライン」である。ここでは，横軸に，5段階の警戒レベル，つまり警戒レベル1（早期注意情報），警戒レベル2（大雨・洪水・高潮注意報），警戒レベル3（高齢者等避難），警戒レベル4（避難指示），警戒レベル5（緊急安全確保）が記されており，国や市等から発令される警戒レベルを合わせて確認することも促されている。

図3-Ⅱ-7　しがマイ・タイムライン「避難行動計画シート」

出所：滋賀県「〜命を守るツール〜」「しがマイ・タイムライン」を作ってみませんか」(https://www.pref.shiga.lg.jp/ippan/bousai/sougo/322920.html)（2025年2月9日最終閲覧）

❷ ハザードマップとの連動

マイ・タイムラインを効果的に活用していくためには，検討していくプロセスそのものが，まず大切となる。そのため，市区町村が作成・公表した洪水ハザードマップ等を用い，自分の居住地域などで発生する可能性のある様々なリスクを知り，どのような避難行動が必要か，どの場所へどのタイミングで避難することが良いのかを自ら考えることが求められる。ハザードマップの情報は更新されることもあり，最新の情報を入手したり，家族や地域の人達と一緒に日頃から考えたりすることも重要である。

国交省はマイ・タイムラインを推奨し「水害ハザードマップ作成の手引き」等を用いて検討のプロセスを公開している。これは，各自治体にとって住民を守るためのハザードマップ作成の基本となる。住民はこの洪水ハザードマップを用いて，例えば，河川流域などでは，居住地の自然条件・環境などに起因する水害リスクやそれに適した防災情報を知ることから取り組みを始めることができる。ハザードマップでは具体的に破堤や溢水しやすい場所などが示されているので，危険予測に役立つ。しかし，ハザードマップに断り書きがあるように，記載を鵜呑みにして，絶対的に正しいと思って行動することは逆に危険になる場合もある。土地の高低や破堤，溢水した場合，考えられる流路を自ら検討しておくことも場合によっては必要となる。避難場所を考える場合も，避難経路をふまえて種々の自然条件を視野に入れなくてはならない。状況によっては避難をせずに自宅にとどまっていた方が安全な場合もある。さらに豪雨時には土砂災害についても意識しておく必要がある。

そのためには，地形・地質・気象・気候などの地学的な知識も地域を知る喜びとともに基本的には学んでおきたい。

（藤岡達也）

るために，5段階の警戒レベルを明記して防災情報が提供されることとなっている。

▷3　洪水ハザードマップ
2024年3月時点で，全国の1,576自治体（90％以上）が洪水ハザードマップをWebサイトで公表している。国交省・国土地理院はハザードマップポータルサイトを作成しており，住所を入れる各自治体のサイトから洪水，土砂災害など身のまわりの災害リスクを調べることができる。（⇨3-Ⅱ-3）

▷4　「水害ハザードマップ作成の手引き」
水防法改正（2015年）により，国，都道府県または市町村は想定しうる最大規模の降雨・高潮に対応した浸水想定を実施し，市町村はこれに応じた避難方法等を住民等に適切に周知するためにハザードマップを作成することが必要となった。平成27年9月関東・東北豪雨時に，ハザードマップが作成・配布されていても住民が見ていなかったり避難行動に結びつかなかったりした。そこで，2016年に洪水，内水，高潮・津波に分かれていた各ハザードマップ作成の手引きが統合・改定された。2021，2023年にも一部改定された。インターネットから入手可能である（国土交通省「水害ハザードマップの手引き」〈https://www.mlit.go.jp/river/basic_info/jigyo_keikaku/saigai/tisiki/hazardmap/suigai_hazardmap_tebiki_202305.pdf〉〈2025年2月9日最終閲覧〉）。

Ⅱ 地域社会における防災教育

 # 災害用伝言ダイヤル・伝言板

1 緊急時の連絡方法

　災害発生時において，まずすべきことは，自分で自分の命を守ることである。自身の安全が確保された後には，家族・職場など公私共々に安全確認を行い，事業継続等のために緊急連絡をとること等が求められる。しかし，2011年の東日本大震災発生時の**通信インフラへの影響**では，予定されていた伝言ダイヤルどころか，携帯電話等も全くつながらず，安否確認さえも行えずに混乱をきわめた。学校や職場においては，停電のため，校内や社内の放送が使用不可能となり，結局，メガホンを持って走り回ったり，状況を掌握するために直接向かったりするなど，人的な対応に頼らざるをえなかった。この教訓を受け，今日，電話からスマートフォン等に至るまで，大規模な災害発生時においても連絡可能なシステムの整備は向上している。

　例えば，現在，災害用伝言ダイヤル（171）が利用できる電話は一般家庭での固定電話，公衆電話（激減しているが），携帯・スマートフォン，インターネットにまで及ぶ。また，災害時には避難所などで，災害時用公衆電話がNTTによって設置されるようになっている。災害発生時に慌てて災害用伝言ダイヤルの利用方法を調べるのでなく，平時にNTTのウェブサイトなどから情報を入手し，備えておくことが重要である。今日では体験利用もできるようになっているので，試してみるのも良い。特に伝言ダイヤルではメッセージを録音できる時間が限られているので，あらかじめ伝えておきたいことを整理しておくことも求められる。

　また，災害用伝言ダイヤルと後述する災害用伝言板（web171）等との連携も知っておくと便利である。災害用伝言板（web171）と災害用伝言ダイヤル（171）では，それぞれで登録された伝言内容を，相互に確認できる。もちろん，利用にあたって料金はかからない。避難所等に設置する災害時用公衆電話も，利用に費用が生じないように設定されている。図3-Ⅱ-8にNTTが公開している利用のイメージを示す。

2 災害用伝言板（web171）の活用

　2024年1月，能登半島地震でも**通信インフラへの影響**が生じた。インターネットを利用して被災地の人の安否確認を行う伝言板である災害用伝言

▷1　通信インフラへの影響（東日本大震災時）
総務省によると，地震や津波の影響により，通信ビル内の設備の倒壊・水没・流失，地下ケーブルや管路等の断裂・損傷，電柱の倒壊，架空ケーブルの損壊，携帯電話基地局の倒壊・流失などにより，通信設備に甚大な被害が発生した。さらに，商用電源の途絶が長期化し，蓄電池の枯渇により，サービスが停止した（総務省〈2011〉「情報通信白書　平成23年版」〈https://www.soumu.go.jp/johotsusintokei/whitepaper/ja/h23/pdf/n0010000.pdf〉〈2025年2月7日最終閲覧〉）。

▷2　通信インフラへの影響（能登半島地震時）
固定通信は，輪島市，珠洲市，志賀町等で，サービスが利用できない状況が発生した。NTT西日本によると，地震により通信ビルが停電，土砂崩れなどの影響で中継伝送路やケーブルが損傷し，そのため大規模な障害が発生し，最大で固定電話7,860回線，固定インターネット約1,500回線に影響した。携帯電話等も，発災直後から停電の長期化や土砂崩れなどによる伝送路等の断絶等によ

156

3-Ⅱ-5　災害用伝言ダイヤル・伝言板

（web171）は，この時も活用された。今後，将来に想定される大規模地震，例えば南海トラフ地震に備え，さらには，毎年の台風・前線の発達による集中豪雨等の風水害が発生した時にも，家族・親戚，友人・知人等の安否確認の重要性が再認識されている。これまでも阪神・淡路大震災や中越地震等の規模の大きい自然災害発生時の教訓をもとに，被災地での安否確認のためにインターネットを活用した「災害用ブロードバンド伝言板」がNTTより提供されていた。さらに，東日本大震災での新たな課題，スマートフォンの普及などにも対応して，前述の災害用伝言板が運用開始となった。これは，災害発生時に被災地域の住民がインターネットを経由して災害用伝言板にアクセスし，電話番号を用いて伝言情報を登録するというシステムである。登録された伝言情報は国内外から確認し，追加の伝言を登録することができる。さらには災害用伝言ダイヤルに登録されたメッセージを

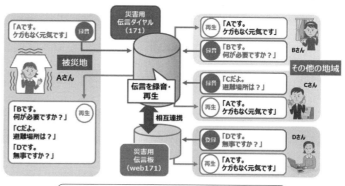

図3-Ⅱ-8　災害用伝言ダイヤル（171）のしくみ

出所：NTT東日本「災害用伝言ダイヤル（171）概要とご提供のしくみ」〈https://www.ntt-east.co.jp/saigai/voice171s/intro.html〉（2025年2月9日最終閲覧）

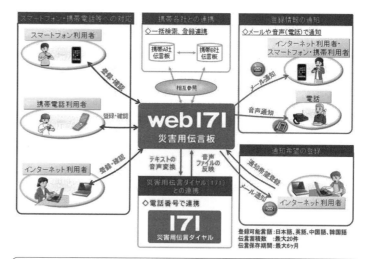

図3-Ⅱ-9　災害用伝言板（web171）概要と災害用伝言ダイヤル等との連携

出所：NTT東日本「災害用伝言版（web171）概要とご提供のしくみ」〈https://www.ntt-east.co.jp/saigai/web171s/shikumi.html〉（2025年2月9日最終閲覧）

確認することも可能である。NTTによる，このシステム・イメージを図3-Ⅱ-9に示す。

　現在，スマートフォンが生活に浸透しているが，勤務先の電話番号だけでなく，家族のスマートフォン等の電話番号を覚えていないことは意外と多い。そのため，重要な連絡先は昔のように覚えておいたり，少なくとも手帳等に控えておいたりする必要もある。災害時には時としてアナログのシステムが必要になる。

（藤岡達也）

り，NTTドコモ，KDDI，ソフトバンク，楽天モバイル各社を合計して最大839の携帯電話基地局（うち石川県799）において停波が報告された（総務省〈2024〉「情報通信白書　令和6年版」〈https://www.soumu.go.jp/johotsusintokei/whitepaper/ja/r06/pdf/n1120000.pdf〉〈2025年2月9日最終閲覧〉）。

第3部　学校，地域での防災教育

Ⅱ　地域社会における防災教育

非常持ち出し品と備蓄品

1　非常持ち出し品の準備

　災害の発生後，避難時にすぐに持ち出せるように，日頃から用意しておく必要最低限の物品（防災用品）が非常持ち出し品である。防災用品（防災グッズ）を防災リュック（両手が使用できるように）などに入れておき，緊急時にも取り出しやすいところに保管しておくことが必要である。

　近年，防災に関する子ども向けの取り組みから大人向けの研修や防災訓練等まで，防災リュックに何を準備するかを考える作業が，グループワークなどに取り入れられている。当然，防災をテーマとした場合は，絶対的な正解はなく，グループの中で，様々な立場から話し合うプロセスや置かれた状況などの違いに気付くことが，この取り組みのねらいである。例えば，外部から支援のない避難所等で3日間生き抜くには何が必要か，また，緊急時に持ち出せる量として限界がある中で最優先するものは何か，などを意見交換する。

　非常持ち出し品を話し合う際には，一般的にはどのようなものが準備されているか，販売されている防災グッズの中から整理してみる。まず，暗闇でも移動を可能にする小型の懐中電灯がある。続いて，様々な情報が入手できる携帯ラジオが挙げられる。近年ではスマートフォン等がこれらの機能を持ち合わせていることが多い（充電が十分な場合に限られるが）。また，ペットボトル入りの飲料水は不可欠である。現実的にはリュックに詰めるだけの水を入れておくこと，という経験者の意見もある。ヘルメット，雨具や軍手，靴下，タオル，カッターナイフ，常備薬，チョコレートなど小さくてカロリーの高い食料品，いくらかのお金，ロープや新聞紙（折ればスリッパになるし，身体に巻いて暖をとるなど用途は多い）等から**家族構成に合わせた準備品**まで，出てくる意見や考えは様々である。

　このような準備を考えることによって，緊急時に最も大切なものは何かなど，普段は意識もしない被災状況に置かれた時の対応を予想できるようになる。また，避難所等では，様々なニーズを必要とする人がいることを実感することができる。このことが研修や防災訓練の目的の一つといえるだろう。

　実際に上の内容を取り入れた防災学習での子どもたちの意見を聞いてみると興味深いものが見られる。「大切な宝石などを詰めておく」から，「ゲーム機を入れておく」まで，子どもたちの素直な思いが現れる。教員はゲーム機等に対

▷1　家族構成に合わせた準備品
家族構成に合わせた準備品の例としては，おむつ，粉ミルク，生理用品，介護用品など。コロナ禍においては，マスク，消毒品なども必要となった。

して否定的なコメントをすることもあるが，子どもたちにとっては不安や恐怖から気持ちをそらすのに好適なのかもしれない。実際，避難所でゲームに夢中になっている子どもたちをこれまでも数多く見てきたのは事実である。

❷ 家庭や地域における備蓄品

◯家庭での備蓄品

避難所だけでなく自宅で避難することも考えられる。自宅では，緊急時にも使える生活用品が揃っているように見えても，電気・ガス・水道などのライフラインが停止した場合に備えておきたいものは多い。飲料水は最重要であるため，箱入りペットボトルの購入など絶やさないことを意識したい。飲み水に限らず，水の用途は広く，入浴後の風呂の水をすぐに流さず溜めておいて，翌日新たに風呂を沸かす前に流す習慣も断水時に役立つ。また，ガス等の供給が停止された時に，カセットコンロやガスボンベは調理に欠かせない。ただ，現在の生活では，**停電を伴う災害**▷2が発生した場合，悲惨な状況となる。まず，電気冷蔵庫の中のものはすぐに悪くなる。現在の日本列島の夏場では，クーラーや扇風機すらない状況は命に関わる。キャンプの道具など，野外活動時に使用するものが，災害時に役立った事例もある。

今日，アルファ米など非常食の味のレベルも上がってきており，**災害食**▷3へと変わりつつある。ただ，保存期間が長いのは良いが，どうしても価格が高く感じるのも事実である。そのため，新たな災害食を購入し，消費期限が近づいた古いものから使用することも必要となる（これをローリングストックという）。工夫次第で，缶詰などをアルファ米に一緒に入れてお湯で温めるだけで，バラエティに富む災害食となることもある。

車のガソリンも満たしておくことを常に意識することも重要である。帰路にガソリンが残り少なくなっていても翌日の朝に入れれば良いと思いがちである。しかし，東日本大震災時には，供給できるガソリンスタンドの数が限られ，給油に長時間待つことになったという出来事も見られた。

◯地域での備蓄品

地域でよく見かけるのが，**防災倉庫**▷4である。この中には何が入っているのか，ぜひ多くの人に気にとめてもらいたい。水や非常食は当然ながら，ヘルメットや長靴まで様々である。一般的には学校や公共施設等，避難所となる可能性の高いところで，備蓄品が準備される。登校中の子どもたちが，災害につながる自然現象の影響で学校に待機せざるをえないこともある。その時，不可欠なのは食料であり，学校では児童生徒分の備蓄がされていることは珍しくない。しかし，地域の避難所となった時，学校では，それほどまでの備蓄はされていない。そのため，最近では地域の人達が学校にあらかじめ食料を備蓄していることも増えつつある。

(藤岡達也)

▷2　**停電を伴う災害**
令和元年房総半島台風時に，千葉県内では最大で64万戸あまりが停電し，長期化して復旧まで2週間かかったところもあった。災害関連死12名のうち8名は，停電の影響で熱中症等によって犠牲になったといわれる。

▷3　**災害食**
非常食，災害食は同じように使われることがあるが，非常食は災害などの際に最低限の必要な食料のことである。災害食とは，被災地で生活，活動する全ての人々に必要な食事であり，ある程度の期間にわたるため，栄養バランス等を考慮したり，対象者に応じて工夫したりする必要がある。

▷4　**防災倉庫**
災害時の地域等の備えとして，非常用の物品が保管・備蓄されている倉庫であり，国や県・地方自治体や消防団・町内会等が管理しているところが多い。

第3部　学校，地域での防災教育

Ⅱ　地域社会における防災教育

広域防災拠点，広域避難場所，広域避難訓練

1　災害対策における広域

　日本の災害対策は市区町村単位での活動を基本としている。「広域」という用語は，市区町村単位を超える大規模災害対策において主に使用される。近年，大規模災害が発生あるいは想定される中では，「広域」の言葉の意味を理解しておく必要があるだろう。

2　広域防災拠点

　政府は，阪神・淡路大震災（1995年1月17日）の教訓をふまえ，大規模かつ広域的な災害が発生した際に，災害対策活動の核となる政府の現地対策本部機能を確保するために，基幹的広域防災拠点の整備を三大都市圏で進めてきている。首都圏臨海部，京阪神都市圏では，すでに供用が開始されていて，中京都市圏での整備計画も進んでいる。
　自治体は，主に都道府県単位で広域防災拠点を整備している。その目的は災害時に広域応援のベースキャンプや物資の流通配給基地等に活用するものとしている。都道府県ごとに整備が計画的に進められている。

3　広域避難場所

　広域避難場所とは，地震に伴う大火災等が発生した場合の**避難場所**[1]のことで，公園，緑地，住宅団地，大学等のオープンスペースが指定されている。
　ここで注意すべき点は，震災時の避難先の名称が自治体ごとに異なっていることである。避難場所の名称には広域避難場所（広域避難地），一時（いっとき）避難場所，指定緊急避難場所があるが，これらの名称の違いは，自治体ごとに被害想定や広域避難の位置付けが異なることから来ている。
　大火災発生を想定していない自治体や，人口が密集していない自治体では広域避難場所を指定する必要がないことも多く，通常の避難所が避難場所も兼ねていることから，避難場所の名称そのものが使用されていない場合がある。

4　広域避難と広域避難訓練

○水害時の広域避難

　近年，気候変動の影響により風水害が激甚化する中で，大規模水害時の広域

▷1　避難場所
（震災時）避難場所とは，震災時に想定される大規模火災から住民を安全に保護するための場所で，大規模な公園，緑地，スペース等の屋外の広場が行政により指定されている。一方，（震災時）避難所とは，大規模火災等の危険がなくなった後に，自宅で生活できなくなった人が一時的に生活をする場所で，小中学校等の体育館が指定されている。一字違いの名称だが目的が異なることに注意が必要である。

避難の必要性が高まり，関係する自治体等において対策が進められている。

例えば，洪水・高潮において大規模な浸水が想定される東京・江東5区（墨田区・江東区・足立区・葛飾区・江戸川区）では，2016年8月に広域避難推進協議会を発足させ，広域避難計画を策定し，対策を進めている。広域避難対象者は区域内住民の9割の249万人であり，これまでにない規模の広域避難計画が必要となっている。

◯大津波時の広域避難

東日本大震災では，津波被害が広域に発生した後に，市町村の区域を越えた被災住民の移動およびその受け入れが必要となったが，その受け入れ支援の実施までに時間を要することになった。

このような教訓および課題をふまえ，2012年に災害対策基本法が改正され，大規模広域な災害に対する被災者対応の改善のための広域一時滞在に関する調整（第86条の8等）が新設された。

◯原子力災害時の広域避難

東日本大震災では，福島第一原子力発電所事故により原子力災害も発生した。周辺地域の住民が緊急かつ広域の避難を余儀なくされ，さらに避難生活も長期化した。事故の教訓もふまえて，政府は「防災基本計画（原子力災害対策編）」を修正し，地域防災計画の作成マニュアル（改訂版）を2012年12月に公表し，関係する自治体では，これらに基づき対策が進められた。

福島県では地域防災計画を改定し，住民避難等の応急対策が迅速に実施できるよう，県民の安全・安心を確保するための原子力災害広域避難計画を2014年4月に策定している。

◯広域避難訓練

災害対策基本法，防災基本計画，その他関連する各種規定等では，防災訓練を行うことが定められている。日本政府は毎年，「総合防災訓練大綱」を決定し，自治体等と連携して様々な防災訓練を実施している。総合防災訓練の中で震災，水害，津波，原子力災害等の災害分野別に広域避難訓練が実施されている。

主な訓練としては，首都圏9都県市合同防災訓練（9月1日），地震・津波防災訓練（11月5日），総合水防演習（5月），原子力総合防災訓練がある。

以上のように阪神・淡路大震災，東日本大震災，原発事故，気候変動による風水害の広域化をふまえて，広域での災害対策，広域での避難対策を整備することが求められている。

（澤野次郎）

参考文献

江東5区広域避難推進協議会（2018）「江東5区大規模水害広域避難計画」（https://www.city.edogawa.tokyo.jp/e007/bosaianzen/bosai/kojo/koto5_kyougikai.html）。

内閣府（2015）『平成27年版　防災白書』日経印刷。

福島県（2024）「福島県原子力災害広域避難計画（第5版）」（https://www.pref.fukushima.lg.jp/sec/16025c/genan139.html）。

II　地域社会における防災教育

AED と蘇生法

1　一次救命処置

　一次救命処置（BLS：Basic Life Support）とは，心停止・呼吸停止等，直ちに手当が必要な傷病者に対して行う救命処置のことで，主に心肺蘇生法（CPR：Cardio Pulmonary Resuscitation）やAED（Automated External Defibrillator：自動体外式除細動器）を用いた電気ショック，気道異物除去のことを指す。心肺蘇生法とは，胸骨圧迫（心臓マッサージ）と人工呼吸のことであり，AEDと組み合わせることにより救命の効果は増大する。AEDは，心室細動（不規則に細かく震える不整脈）を起こした心臓に対し，電気ショックで細動を取り除く（除細動する）医療機器で，2004年7月から一般の人でも使えるように規制が緩和された。規制緩和以降，学校や駅，公共施設，商業施設等を中心に，多くのAEDが設置されるようになった。

2　バイスタンダーの重要性

　傷病者が発生した場合，バイスタンダー（その現場に居合わせた一般市民）の役割は非常に重要となる。直ちに119番通報した場合でも，現場に救急隊員が到着するまで約10.3分（2022年全国平均）かかってしまう。救急隊が到着するまで，バイスタンダーが心肺蘇生法を実施するのか，何もしないのか，それにより傷病者の生存率や社会復帰率は大きく異なってくる。2022年のデータでは，心肺蘇生法をしなかった場合の1カ月後生存率は6.6％，1カ月後社会復帰率は3.3％。心肺蘇生法を実施した場合の1カ月後生存率は12.8％，1カ月後社会復帰率は8.8％で，しなかった場合と比較して数値はそれぞれ約1.9倍，約2.7倍となる。[1]

　さらに，心肺蘇生法に加えてAEDを用いた除細動を実施することにより，1カ月後生存率は50.3％，1カ月後社会復帰率は42.6％と大幅に向上する。心肺蘇生等の実施の有無による1カ月後社会復帰率の差異は図3-II-10の通りである。心肺蘇生法とAEDの組み合わせによる効果が高いのは明白で，AEDが用いられるかどうかが，傷病者の未来を大きく左右するといっても過言ではない。しかし，現状でのAED使用率はわずか4.3％（2022年の事例28,834名中1,229名）しかなく，この数値をいかに上げていくかが課題となっている。

▶1　総務省消防庁（2024）「令和5年版救急救助の現況」（https://www.fdma.go.jp/publication/rescue/post-5.html）（2024年7月31日最終閲覧）。

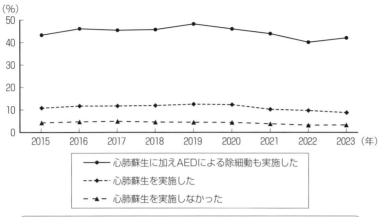

図3-Ⅱ-10　一般市民による心肺蘇生等実施の有無別の1カ月後社会復帰率

出所：総務省消防庁（2015〜2021, 2023, 2024）「平成27年〜令和5年版救急救助の現況」（https://www.fdma.go.jp/publication/#rescue）（2024年7月31日最終閲覧）をもとに筆者作成

3 地域社会における防災教育としての応急手当

　AEDと心肺蘇生法については、実施率のさらなる向上が必要ではあるものの、従来と比べれば着実に伸びてきている。その要因としては、学校教育での取り組み（中学校・高等学校保健体育で学ぶ応急手当）が大きいと思われる。教育を通じて若い世代から改革していくことは効果的であり、若者に知識と技術が広がれば、他の世代も刺激され、講習を受けるきっかけにもなるであろう。

　ここまで、平時におけるAED・心肺蘇生法の普及が、地域社会の医療にとって重要かつ有益であることを述べてきた。この効果は平時だけでなく、災害発生等の非常時においても、被災地での人命救助活動としてさらに重要な役割を担う。災害等で多数の傷病者が同時発生した場合、人的にも物的にも医療資源が限定されるため、平時と同じ救助活動や救急医療（公助）を提供することができなくなる。そのような時、一次救命処置の知識と技術を持った一般市民が多数存在すれば、「自助」「共助」としての機能が格段に向上する。もちろん、一次救命処置の知識・技術だけでは限界があるが、市民が救助活動を担当する分、医療従事者が自分の仕事に専念することができるようになる。

　さらに、一次救命処置の知識・技術を得た市民は、次のステップである応急手当（止血法や包帯法・固定法・搬送法等）の修得も視野に入ってくる。赤十字や消防で行われている講習は、中学生でも十分に理解できる内容となっている。こういった応急手当を学校教育や地域での防災教育で積極的に取り入れることにより、大規模災害が発生したとしても、救助活動に一般市民が多数参加し、「自助・共助」の力で多くの人命を救う社会が実現すると考えられる。

（井山慶信）

▷2　**公助**
公的機関（消防・警察・自衛隊等）による救助。

▷3　**自助**
自分や家族の命・財産は自分で守ること。

▷4　**共助**
地域やコミュニティで互いに協力して助け合うこと。

参考文献

　日本赤十字社「講習の内容について」（https://www.jrc.or.jp/study/safety/）。

　日本赤十字社「赤十字WEB CROSS　電子講習室」（https://www.jrc.or.jp/lp/webcross/）。

　総務省消防庁「一般市民向け応急手当WEB講習」（https://www.fdma.go.jp/relocation/kyukyukikaku/oukyu/）。

Ⅱ　地域社会における防災教育

DIG と HUG

1　DIG とは

　DIG とは，「Disaster（災害）Imagination（想像力）Game（ゲーム）」の頭文字で，日本語では「災害図上訓練」と表現される。地図を使って防災対策を練るトレーニングである。例えば，昔の地図と比較することにより，以前は川があった・山があった等，地形の変化を知ることができたり，古い家屋や狭い道路・浸水しやすい場所等を色分けすることにより，災害に弱い箇所をわかりやすく把握することができたりする。また，災害時に必要となる病院や避難場所等の拠点，安全な道路等を地図上に示すことにより，最適な避難経路を見付けることができるようになる。

　防災関連の地図といえば「ハザードマップ」が最も有名であるが，これをただ眺めるだけでは，「我が家が安全かどうか」の確認だけで終わってしまう人も少なくない。もちろんそれでは不十分であり，想定外の災害が発生した場合，逃げ遅れにより被害を受けることになる。地域全体の状況を把握して初めて，最適な避難行動を行うことができるのである。

　DIG では，やり方に絶対的なルールがある訳では無いので，参加者それぞれの視点から，地図を見て気付いたこと・感じたことを自由に話し合うことが重要となる。DIG（掘る）の言葉通り，「深掘り」することが大切なので，そこで出た意見は皆で共有し，今後の地域防災に役立てていくのが良い。

2　HUG とは

　HUG とは，静岡県が開発した図上訓練のカードゲームで，「避難所（Hinanjo）運営（Unei）ゲーム（Game）」の頭文字をとって HUG と呼ばれる。避難所を開設した場合，様々な事情を抱えた周辺地域の人々が次々と避難してくる。限られたスペース，限られた資材の中で，どうやって安心安全に過ごしてもらえるか，運営側の立場として避難者の配置等を考えるゲームである。体育館等，避難所の平面図を用意し，その図上に避難者カードを配置していく。避難者カードには年齢や性別，家族構成だけでなく，被災状況や家族の事情等も書かれており，その内容に配慮した上で，避難所のどこに配置するかを決めていく。イベントカードというものもあり，避難所で起こりうるトラブル等への対応も求められる。

実際に避難所を運営するのは主に役場の職員ら（現場に担当者が到着するまでは地域の自主防災組織等）ではあるが，一般市民の立場でも避難所運営を経験することには意味がある。平時に何を準備しておくべきか考えるきっかけになり，また非常時には避難所運営をサポートすることも可能となる。実際の避難所では，数十人・数百人もの避難者を，たった1人か数人の役場職員で対応することが多い。そのような時にHUGの経験のある住民が運営をサポートできることは，避難者にとっても地域にとっても非常に有益なことである。

3 DIGやHUGをさらに活用するために

DIGもHUGも，どちらも平時に「机上」で行われる訓練であるため，非常時にどこまでリアルに対応できるのか，「現場」で実際に検証する必要がある。

まずDIGについては，地図上で議論したことを現場で確認する。実際に行き，地形や脆弱性，災害発生前の兆候を体感する。特に避難行動に関しては，天候・気温・時刻・持ち物・引率者によって難易度は大きく変わる。大雨・強風・暗闇の中，物資を持って子どもや高齢者を連れて歩けるかどうか。実現可能なルートやタイミングは何か。そういったことを平時に試行錯誤してみることが，非常時での避難行動を成功させることにつながっていく。

HUGについては，架空の避難所だけで訓練を終わらせるのではなく，地域の避難所を実際に見学し，広さや間取り，何が置いてあるのか等を知っておく必要がある。どの場所に何人まで入れられるのか。トイレはいくつあって洋式なのか和式なのか。空調は使えるのか。コンセントはどこにいくつあるのか。防災用に何が備蓄されており，どのタイミングでどこまで配布が可能なのか。どれも重要な情報なのだが，実際に行かなければ知ることができない。

避難所に行った経験のある人は少数派なので，避難所に行けば飲み物や食べ物，寝具やパーテーション，テレビや充電器等，全て揃っていると勘違いしている人は多い。そのため，避難所の実情について平時から広報をする必要があると筆者は考える。避難所に関する情報を持たないために，避難を躊躇せざるをえない人もいるであろう。さらに，日本の避難所環境は世界水準（**スフィア基準**）と比較して非常に劣っているといわれている。例えば，1人当たりの居住スペースは最低3.5㎡とされているが，この基準を満たしていない避難所は多い。避難所に来たものの，不便さのため引き返す人がいるのも現実である。

避難所に行きやすくするためにも，スフィア基準を満たした避難所を増やすことが，今後の最重要課題であると考える。対策の1つとして，地域での防災教育の中に防災キャンプ（実際に避難所で宿泊体験すること）を積極的に取り入れ，参加者とともに改善を繰り返すことが一番の早道であろう。これからの地域防災の柱としてDIG・HUG・防災キャンプの3つが定着することを期待する。

（井山慶信）

▷1 **スフィア基準**
災害や紛争の影響を受けた人々に，尊厳ある生活を営んでもらうための国際的な最低基準で，NGOグループと国際赤十字・赤新月運動によって1997年に策定された。

コラム 8

防災士の役割と自主防災組織への取り組み

1　防災士とは――阪神・淡路大震災の教訓と防災士への期待

　近年，頻発する自然災害発生への緊張に伴い，個人レベルから地域レベルまで，防災士への期待が高まっている。防災士とは，日本防災士機構が認証し，「自助」「共助」「協働」（公助ではないことに注意）を原則としている。日本防災士機構は，1995年に発生した阪神・淡路大震災を契機として2002年に創設された。

　阪神・淡路大震災は，早朝に地震が発生したことに加え，被害規模も大きかったことから，消防・警察・自衛隊をはじめ公的な支援が十分に機能するまでには一定の時間を要した。結果的に，地域の人に救出されたり，自然的に発生した地域の自主組織によって助け出されたりした人が多かった（⇨ 1-10 ）。この教訓から，災害発生時には，地域・職場等で助け合い，被害拡大を防ぐことの重要性が明確になった。

　以上の経緯からも，行政の対応が整う前の発災直後での初期消火，避難誘導，避難所開設などを住民が自らの意思によって行うことが求められ，その活動のためにも防災士の役割が期待される。また，災害発生時だけでなく，平常時の備えや防災訓練を呼びかける防災士は，その知識や技能などによって地域のリーダーとなることが可能である。結果として，各地域に災害に関わる取り組みが生まれ，さらに防災士が育成されることによって，今後も災害の発生が予想される日本の防災・減災や危機管理に寄与することが考えられる。防災士に期待されるのは社会の様々な場で防災力を高める活動を行うことであり，そのための十分な意識と一定の知識・技能の修得が求められている。

　防災士の資格を取得するためには，消防・警察の現職およびOB等が「特例制度」によって取得する方法

図1　防災士養成講座における研修講座

と，多くの一般市民が取得する方法とがある。ここでは，後者について紹介する。

　まず，日本防災士機構が認証した防災士養成研修実施機関（都道府県，市町村，大学等）が実施する研修講座を受講する（図1）。内容は，機構が作成した防災士教本に示された12講目以上（全部で21講目）を2日間で履修し，防災や災害に関する専門家を講師として講義形式で行われる。そして，自治体，消防署，日本赤十字社等の公的機関等が主催する「救急救命講習」（心肺蘇生法やAEDを含む）を受け，修了証を取得する必要があるが，研修講座と同日の日に開催されることも多い。最終的には，防災士資格取得試験に合格しなくてはならない。これは，研修講座の最終日に同じ会場で実施されるのが一般的である。試験は3択式で30問出題され，80％以上の正答で合格となる。防災士受験の年齢制限はなく，小学校低学年から80歳以上の高齢者まで合格している。

　一方で，防災士の資格を習得しても直接の報酬等はなく，国や都道府県・市町村等の公的な財政支援が受けられるわけではない。しかし，今日，全国の地方自治体や大学等の教育機関，民間研修機関において，養成講座の受講料の補助などが行われている。例えばある大学の看護学科では，大学で取得する既存の資格に加え，防災士の資格も取得できるようなカリキュラム

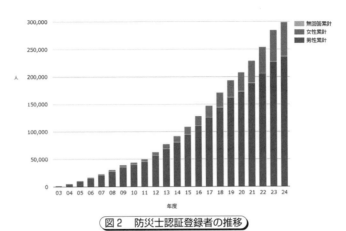

図2　防災士認証登録者の推移

出所：機構日本防災士「防災士とは」(https://bousaisi.jp/aboutus/)（2025年2月9日最終閲覧）

も見られる。各地域の様々な機関が資格取得を進めるために講座費等を支援することによって，自主組織のリーダーを育て，地域防災力の向上に努めている。その結果，各地域の自主防災組織や学校，福祉施設，事業所等で防災士の配置・活用の動きが広がり，2025年1月現在約31万人が認証されている（図2）。

2　防災士の役割と地域防災力の向上

前述のように，防災士の原則として，「自助」「共助」「協働」がある。これらは日常的にも用いられる言葉だが，防災士としても自助は不可欠である。災害時に被災者となると，防災士としての活動は不可能となり，習得した知識や技能を生かせない。そこで，日頃から防災士としての資質・能力を高めることを意識するだけでなく，災害発生時を想定し，自宅や近隣，職場での安全・安心な環境を率先して整えておくことが不可欠である。具体的には，まず自分や家族を守るため自宅の耐震補強，家具固定，備蓄などを進める。親戚，職場の同僚，友人等にも広めていく。

「自助」「共助」とともに防災士に求められるのが「協働」である。市民，地域住民として身近な地域の連携を深めることから始め，日頃から行政をはじめ防災・減災に関わる多様な機関，団体，NPOなどと情報交換したり，防災訓練等の活動を通じたりして，多くの関係者との関わりを深め，「災害に強いまちづくり」を地域の人達と醸成する。日頃のこれらのつながりが，大規模災害が発生した時に，自分たちの地域だけでなく，近辺の被災地救援・支援活動に広がる。

しかし，自主防災組織の構築にしても，地域・職場での防災への啓発，避難・防災訓練等の企画，実施等にしても，必ずしも容易に進むとは限らない。地域協議会会長，町内会長などの働きかけが重要であり，そのため，地域のリーダー的な立場の人が防災士の資格を取得することも多い。また，防災士が，地域の実情に応じて，防災に関する講演会，DIGやHUGなどの災害図上訓練，避難所訓練等のコーディネータ役を果たし，さらには自主防災組織や消防団の活動にも積極的に参加する姿もよく見られる。

近年の災害では，防災士による被災地支援活動が積極的に行われている。防災士は自分の安全も考慮しながら避難誘導，初期消火，救出救助活動等にあたる。東日本大震災や熊本地震でも，防災士の取り組みによって住民が助かったり，避難所開設がスムーズに運んだりした事例が見られる。今後も災害への対応を自分事として捉え，防災士の活動に関心を高めることは重要である。

（藤岡達也）

Ⅱ　地域社会における防災教育

10　地震模擬体験，防災キャンプ

1　地震等災害の意識を高めるために

　自然災害に対する備えは，いかに「自分事」として捉えることができるようになるかが重要であるが，これは容易ではない。今日では，いつ発生してもおかしくない災害に対して，個人・家族から，学校・地域まで日頃からの備えが必要であることは理解されている。しかし，逆にいつ起こるかわからない災害に対し，常に各個人で意識し備えておくだけでなく，地域を巻き込んだ防災訓練を企画したり参加したりするほど時間の余裕はない，防災訓練は時間がかかる割には，効果についての検証が困難なため後回しにしたい，という人間の心境は否定できない。そもそも，楽しいイベントの計画でなく，むしろ辛かったり悲しかったりする体験を伴う自然災害を想定すること自体，心情的に避けたいものである。交通安全と同じように，「○○しないとこのような事故となり悲劇となるから，○○しなさい」等の脅迫的な働きかけは適切とは思えない。また，事故災害と異なり，自然災害は人間の努力をいかに重ねても，もとになる自然現象の発生を止めることできない。防災は不可能で減災が精一杯であり，それにも限界がある。

　それゆえ，安心な地域づくりの一歩として自然と人間，人間と人間（社会）とのつながり，関わりを認識し，能動的に取り組むことができる日頃の防災・減災の内容，方法，システムづくりが現在求められている。例えば，学校や地域では，避難訓練や防災訓練が行われる。日常的にできていないことは喫緊の非常時に対応できない。ただ，現状を見る限り，緊張感をもって実施している学校・地域とそうでないところとの温度差は明らかである。担当者は訓練が形式化（場合によっては形骸化）していると感じ，このような訓練で災害発生時，本当に子どもや地域の人々が守れるのか，と危機感を持っていることも多い。避難訓練では，震度5弱以上の揺れを想定することが多いが，ほとんどの人は震度5弱以上の地震の揺れを経験したことがない。大人たちは得た情報から想像を働かせることができても，子どもたちには想像すらつかない。そこで，起震車による地震の模擬体験をさせることもある。子どもたちはスリリングな経験を味わえることもあって，起震車の需要は高い。しかし，実際の地震とは異なること，何のために子どもたちに起震車体験をさせるのかについて指導者側は明確にし，事前に指導しておく必要がある。揺れの大きさによっては防御姿

▷1　起震車
地域の消防署によって所有する起震車の特色には違いがある。一般に，震度2から震度7までの8種類の地震が体験できる起震車は多いが，東京消防庁の起震車では，車椅子昇降装置を使用し，車椅子のまま訓練をすることも可能である（東京消防庁「起震車」〈https://www.tfd.metro.tokyo.lg.jp/ts/bousai_fukyu/bousai_kishin.html〉〈2025年2月9日最終閲覧〉）。

勢もとれず，現実にはつかまるものもない場所もある。これらを実感することに意味があるのは，子どもだけではない。揺れを経験しておくことがパニックを防ぐことにつながる期待もできる。

❷ 防災キャンプの展開

災害発生直後，被災地では，避難所，野外などでの生活を余儀なくされ，場合によっては宿泊を伴うこともある。そこで，防災訓練の1つとして，体育館や教室，野外施設などでの**防災キャンプ**が各地で展開されている。

防災キャンプの実施は，学校など地域やクラスの中でほぼ同じ年齢を対象としてグループ単位で行うことが多いが，家族で実施されるキャンプもあり，これは実際の災害発生時の状況に近く現実的でもある。防災キャンプのプログラムや内容は，水害に関すること，地震に関すること，など地域や想定される災害の種類によっても取り組みが異なる。一般的にキャンプなど野外での活動には飯ごう炊飯など協力して調理したり飲食を伴ったりすることが多く，参加者の楽しみになっている。しかし，防災キャンプでは，実際の避難所生活と同様に，乾パンや缶詰といったあまり美味しくないものを味わってもらうこともある。最近は非常食から災害食（⇨ 3-Ⅱ-6 ）へ，といわれるようにそれなりの味の質は向上している。それでも，あえて美味しくないものを子どもたちに経験させることには意義がある。飽食の時代に育った子どもたちの中には，三食普通に食べることは当然のことと思い，毎日食事ができるありがたさに感謝することが少ない子どもたちもいる。そのため，防災キャンプでの冷たく美味しくない食事は，避難所生活を送っている人の状況を理解させたり，食事への感謝や日常の幸せに気付かせたりすることができる。ただ，防災キャンプの最後には暖かい豚汁などを提供することもあり，それもまた，調理をしてくれた人へのありがたさやキャンプの楽しさにも気付かせることができるのである。また，体育館や校舎内など，必ずしも宿泊に適さない硬い床の上で過ごすことは，被災者の人たちの辛さを共感することにもつながる。

防災キャンプには，目的によって，準備から展開の仕方まで，プログラム内容は全く異なる。例えば，水害を目的とした場合，ロープワークや着衣水泳の方法などが取り入れられる。地震を想定する場合は，野外でのテントの設営や学校での体育館での宿泊体験などがある。同時に，それぞれの防災キャンプの中で，自然の恐さだけでなく，自然の恵みや自然との共生などを認識させる取り組みも重要である。水害の発生した河川周辺でのキャンプでは，河川の中にいる魚や水生昆虫を調べたり，野外では自然景観から自然の壮大さを感じさせたりするプログラムも見られる。いずれにしても，自然と人間，人間と人間（社会）とのつながり，関わりを体験する機会として，防災キャンプは参加者，特に子どもたちには貴重なものとなる。 （藤岡達也）

▷2　防災キャンプ
災害時を想定して，アウトドア活動や自然体験・野外活動などと連動して実施されることが多い。子どもたちへの防災意識を高める教育活動であるとともに，それを支援する地域の参加者にとっても学びの場となることが多い。

（参考文献）
藤岡達也（2021）『SDGsと防災教育──持続可能な社会をつくるための自然理解』大修館書店。

II 地域社会における防災教育

災害ボランティアとNPO

1 阪神・淡路大震災と災害ボランティア

　災害対策としての災害ボランティア活動のはじまりは，阪神・淡路大震災（1995年1月17日）での復旧・復興活動を契機としている。この時に，ボランティア活動に延べ180万人（1997年12月までの推定）が参加したといわれ，ネットワーキングによる新たな活動が生み出された。

　実際の活動を契機として，政府も災害時のボランティア活動の必要性を認めることになり，1995年12月に災害対策基本法を改正し，第8条2項13号に「ボランティアによる防災活動の環境の整備」を加えた。広く国民が災害時におけるボランティア活動についての認識を深めることを目的に，1996年より1月17日を「防災とボランティアの日」に制定している。

　さらに被災者支援の取り組みの中で，住宅を失った被災者への公的補償の実施を望む声が高まり，1998年に被災者生活再建支援法が制定された。その後支援法は数度にわたり改正され，被災者支援の大きな柱となっている。

2 NPO法制定と法人格の取得

　災害時のボランティア活動が継続的に取り組まれる中，ボランティア活動の発展のためには法人格が必要との要望等を背景に，特定非営利活動促進法（NPO法）が1998年に制定された。これにより全国各地で法人格を有する災害ボランティア活動団体が次々と結成された。

3 阪神・淡路大震災以後の活動の様々な課題

　阪神・淡路大震災以後，災害ボランティア活動は，新たな災害の発生とともに次のような課題に向き合うことになった。

　第一は活動上の安全衛生である。ナホトカ号重油流出事故（1997年1月）での厳寒の浜辺での重油回収活動において，ボランティア活動参加者5名の死亡が発生したことを教訓として，危険を伴う活動への制限，活動時の安全衛生の確保，ボランティア活動時の保険加入が進められた。

　第二は被災地の受け入れ体制整備である。被災地内外から集まってくる無数の団体・個人のボランティアが様々な混乱を発生させる事態が発生した。多数のボランティアをいかに受け入れるかが課題となり，市町村ごとに災害時のボ

▷1　ネットワーキング
緩やかな横のつながりを基礎とする流動的，動態的なネットワークづくりのことで，阪神・淡路大震災の被災地支援を目的とした組織づくりにおいて多く用いられた手法である。インターネットが普及し，パソコン，スマートフォン等の情報機器が個人に普及する中でさらに広まった手法でもある。

▷2　NPO
Non-profit Organizationの略語である。特定非営利活動促進法（NPO法）によりNPO法人が設立されることで社会に広まった用語である。狭義のNPOとは，法律に定められた20の分野（災害救援活動が含まれる）の特定非営利活動を意味するが，NPOの本来の意味は非営利活動全般を包括しているので，法人としてのNPOとは，訳語も用法も区別して使用されている。

ランティア受け入れ組織，災害ボランティアセンターが**社会福祉協議会**[3]等を窓口として設置される仕組みが整備された。またセンター運営の人材として，ボランティア・コーディネーターが養成されるようになった。

第三は地域に根差した災害ボランティア活動の存在である。全国各地で地震災害，風水害が発生する中で，地域で想定されるまたは発生した災害に対応する活動が必要なことから，地域住民による地域でのボランティア活動を重視する動きが生み出されていった。

❹ 東日本大震災での国民的規模での活動の広がり

東日本大震災（2011年3月11日）が発生し，戦後最大の地震災害となった。災害ボランティア活動は今までの活動経験の蓄積をふまえて，国民的規模で，かつ海外からの支援も含む広域な活動が展開された。

政府は，東日本大震災での国民的な活動等をふまえて，2013年5月に災害対策基本法を改正し，第5条の3「国及び地方公共団体は，ボランティアによる防災活動が災害時において果たす役割の重要性に鑑み，その自主性を尊重しつつ，ボランティアとの連携に努めなければならない」を追加し，災害ボランティア活動の法的な位置付けを明確にした。

❺ 東日本大震災以後の今日的課題

東日本大震災をふまえて，ボランティア活動では新たに次の課題に向き合うことになった。

第一は都道府県域を超える大規模かつ広域災害におけるボランティア活動において，連絡調整組織と組織を担う専門家が必要になったことである。

第二は活動参加者の減少への対応である。今後の人口減少等の社会変動のもとでは，有償ボランティアの活用，IT等による効率的な仕組みづくり，企業との連携等で人材不足を補う新たな活動モデルの構築が求められている。

❻ 災害ボランティア活動への参加

具体的なボランティア活動については，自治体，社会福祉協議会，専門団体等が，地域ごと，専門ごとにマニュアル，手引き，ガイドブック等を作成しているので参考にすることができる。また研修等を定期的に開催している地域・団体もあるので，インターネット等で調べて参加することもできる。

災害ボランティア活動は，専門家の領域から市民による地域協力の領域まで幅広く，参加者の意識も含めて多様な活動になっている。さらに対象とする災害ごとに活動の違いもあるので，活動前によく確かめて自分に合った活動を選ぶことができるし，またつくることもできる。 (澤野次郎)

▷3 **社会福祉協議会**
社会福祉協議会は，1951年に社会福祉事業法（現在の社会福祉法）に基づいて設立された，社会福祉活動を推進することを目的とした民間組織で，都道府県，市区町村単位で組織されている。災害時においては自治体の要請に基づいて災害ボランティアセンターを設置する場合が多い。

参考文献

内閣府「阪神・淡路大震災教訓情報資料集 2-04. ボランティア」(https://www.bousai.go.jp/kyoiku/kyokun/hanshin_awaji/data/detail/2-4-1.html)。

菅磨志保・山下祐介・渥美公秀編（2008）『災害ボランティア論入門』弘文堂。

災害ボランティア活動ブックレット編集委員会編（2019）『被災地につなげる災害ボランティア活動ガイドブック』全国社会福祉協議会。

Ⅱ 地域社会における防災教育

災害と保険

1 地震等の自然災害から自分自身を守る方法

　災害が発生した時は，まず何よりも生命，健康の保持が第一であることは述べるまでもない。しかし，災害発生後の生活を考えると，国や行政だけに頼っても十分な補償が得られるわけではない。自分の生命だけでなく，財産・所有物等も守りたいものであるが，自分の力で全てを守るためには限界がある。そこで，「保険」が重要となってくる。保険には様々な種類がある。例えば，家屋を所有している人は火災保険に加入し，車を運転する人は自動車保険に入っている。しかし，保険には適用範囲があり，大規模地震が発生し，地震によって生じた火災の被害は，火災保険だけでは保障されない。多くの人がこのことを痛感したのは，阪神・淡路大震災時に地震が原因となって火災が生じ，多数の家屋が延焼した時である。火災保険に加入している人は保険会社に補償を求めたが，認められなかった。地震による火災では，火災保険では免責されるからである。補償には別に地震保険が必要だったのである。納得のいかない人たちは法的に訴えたが認められなかった。そのため，阪神・淡路大震災後，神戸市側の延焼した住宅は再建までに長時間を要した。火災による損失は火災保険に加入しておけば十分と考え，当時は地震保険の存在すら知らなかった人が多かった。

　一方，神戸市側と違い，淡路島側では火災が発生しても住宅等はすぐに再建された。そもそも震度7（当時）という地域だっただけに，倒壊家屋自体が多かったが，新築として立て直された家屋も多数見られた。これは淡路島側の多数の人達が地震保険に入っていたからであった。疑問に思うかもしれないが，彼らが加入していた保険（多くは農協の保険）には，火災だけでなく地震保険も付いていたからである。自分の入っている保険が地震にも対応していたかどうかを知らなかった人が多かったこと，そして地震保険がいかに大切かが，この地震以降，明確になった。

2 地震保険とは

　地震保険とは，地震や噴火，またはこれらによる津波を原因として，建物や家財などが損害を被った場合に保険金が支払われる保険である。この保険では直接地震で家が壊れた場合（前述のように地震による火災で家が燃えた時も含まれ

▷1　火災保険
火災保険では，地震による建物の火災や損害については支払われない。理由としては，発生確率や損害額の予測が困難であり，さらには被害が広範囲にわたった場合，損害額が莫大になるためである。ただし，地震，噴火またはこれらによる津波を原因とする火災で，保険の対象（建物・家財）が一定以上の損害を受けた場合に，支払限度額（保険金額）の5％（1事故1敷地内について300万円限度）が支払われることがある。

る）だけでなく，地震に起因する津波で家が流された場合，さらには噴火に伴う噴石で家が壊れた場合でも補償される。

　地震保険は特に公共性の高い保険であり，内容は法令によって定められている。例えば，地震保険は火災保険とあわせて契約することとされている。保険金額についても，火災保険の保険金額の30～50％の範囲内（ただし，居住用建物は5,000万円，家財は1,000万円が限度）に設定されている。

　また，**支払われる保険金の額**も決められている。迅速な保険金支払いの観点から，居住用建物または家財に生じた損害が，全損，大半損，小半損，一部損のいずれかに該当する場合に，保険金が支払われ，その割合は上述の損害によって異なる。建物の損害は主要構造部（壁，柱，床など）の損害により判定される。

　興味深いのは，大規模な地震により巨額な損害が生じる場合など，保険会社のみでは補償しきれない（状況によっては，保険会社が倒産してしまう懸念もある）時には，地震保険に対し，政府が再保険をする仕組みになっていることである。

③ 地震保険から見る地域ごとの災害発生の確率

　さらに地震保険は全国画一ではない。当然ながら地震が起こりやすい地域（過去に生じ，将来の発生の可能性も高いところ）とそうでない地域等，地震発生リスクなどは地域により異なり，その結果，保険の金額も違ってくる。そこで地震保険では，**所在地などによる地震リスクの差異に応じた区分**を設けており，地域によって保険料率が異なってくる。日本列島の都道府県も３つの区分に分けて，地震保険の基本料率が設定されている。その状況を図３-Ⅱ-11に示す。太平洋側の海溝型地震の可能性の高さが反映されている。

　近年では，保険会社から様々な自然災害に関する保険が提供されている。例えば，台風，雹，または大雪などの雪災により建物や家財に損害が生じた場合などがある。さらには建物に付属した設備も「建物」の補償対象である。雨どいや窓ガラスなどの破損まで保険金が支払われる。台風などによる洪水・高潮での損害は，水災の補償の対象になる。住宅を建てる場合には火災保険だけでなく，地域に応じた，発生する可能性の高い保険の検討も必要である。

（藤岡達也）

▷２　支払われる保険金の額
2017年以降保険始期の地震保険契約の場合，以下のように定められている。
全損：地震保険の保険金額の100％，大半損：地震保険の保険金額の60％，小半損：地震保険の保険金額の30％，一部損：地震保険の保険金額の５％（財務省「地震保険制度の概要」〈https://www.mof.go.jp/policy/financial_system/earthquake_insurance/jisin.htm#4〉〈2025年２月９日最終閲覧〉）。

▷３　所在地などによる地震リスクの差異に応じた区分
地域の違いだけでなく，同じ地域の中でも，建物の構造などが異なると，地震の揺れによる損壊や火災による焼失などのリスクが異なる。このため，地震保険では，建物の構造によっても地震リスクの差異に応じた区分を設けており，保険料率が異なってくる。

図３-Ⅱ-11　料率区分

出所：損害保険料率算出機構「地震保険基準料率」（https://www.giroj.or.jp/ratemaking/earthquake/）（2025年２月９日最終閲覧）

Ⅱ 地域社会における防災教育

13 社会教育施設での学び

① 自然災害や防災を学ぶための社会教育施設

　防災教育に限らず，学びの最も効果的な方法は，自分自身が体験することである。しかし，自然災害の厳しさや無情さを実感する経験，例えば大切な人を失ったり，大きな経済的損失を被ったりすることは誰も経験したいとは思わない。確かに読者の大部分の人たちは，生涯自然災害によって直接大きなダメージを受けることはないかもしれない。しかし，現地でのボランティア活動以外にも，自身が災害に備え，被災者の人たちや地域に寄り添いながら自分は何ができるかを考えることは，持続可能な社会の構築には不可欠である。

　その方法の1つに読書などによる代理経験によって，自然災害と人間生活，個人と社会，地域社会と国等の関わり，つながりをいっそう深く理解することが可能である。本書のような防災，減災，復興に関する書籍を読み，体系的に学ぶことも重要であるのは述べるまでもない。一方，それと同様に現地での学び，災害後に被災地で建設された祈念（記念）館などの訪問も印象深く記憶に残る。最近ではリアルな映像等を設置しながら，語り部の方々から生々しい実体験を聞くことができる。自然災害に関する施設等を全て紹介することはできないが，ここでは，その一部について触れておきたい。

② 大規模災害と教訓の伝承

　震災から30年経った1995年の兵庫県南部地震については，「阪神・淡路大震災記念　人と防災未来センター」▷1で理解を再認識することができる。この施設では，阪神・淡路大震災の経験を継ぎ，教訓を未来に生かすことを通じて，災害文化の形成，地域防災力の向上，防災政策の開発支援を図り，安全・安心な市民協働・減災社会の実現に貢献することを使命としている。地震発生当時の緊迫感のある映像，涙を誘う実話に基づいたストーリー，災害時の状況が実感できる様々な展示資料が集約されている。同地震時に甚大な被害を受けた淡路島側にも，「野島断層保存・北淡震災記念公園」▷2が設置されている。ここには，地表に現れた野島断層そのものが保存されていたり，その断層の真上にあり，震度7（当時）を記録したにもかかわらず，倒壊を免れた2階建て住宅がメモリアルハウスとして見学可能である（⇨ コラム4）。むしろ，大きな揺れにも関わらず，倒壊しなかった家の構造部材等を考えることができる。

▷1 阪神・淡路大震災記念　人と防災未来センター
神戸市中央区。震災資料の一部は人と未来防災センター「資料収集保存」（https://www.dri.ne.jp/material/）（2025年2月9日最終閲覧）で見ることができる。

▷2 野島断層保存・北淡震災記念公園
兵庫県淡路市。野島断層は，国際地質科学連合（IUGS）から世界地質遺産100に認定されている。

3-Ⅱ-13 社会教育施設での学び

　2004年中越地震については，「長岡震災アーカイブセンターきおくみらい」を中核施設とした「中越メモリアル回廊」（⇨ 2-Ⅰ-10 ）があり，新潟県中越大震災の記憶・記録・教訓を未来に役立てるための施設とされている。「中越メモリアル回廊」は，4つのメモリアル施設と3つの公園（メモリアルパーク）で構成されている。後に，2007年中越沖地震によって大きな被害を受けた柏崎市もこれに加わるようになった。かつての柏崎市公会堂であった施設は，地域拠点「まちから」として活用され，そこは原子力発電所事故を含めた複合災害としての中越沖地震を教訓として語り継ぐことがねらいとされている。当時の人々の生の声も展示されているのが興味深い。阪神・淡路大震災の記録もそうであるが，当時を生きた人々の記述は訪問者には臨場感や切実感を与える。

　東日本大震災については，被災範囲が広く，被災地各県，各市で様々な施設の設置が見られる。紙面の都合上，全て詳しく紹介できないため，一部の施設名称だけ記載する。東日本大震災津波伝承館（岩手県陸前高田市），みやぎ東日本大震災津波伝承館（宮城県石巻市），福島県環境創造センター（福島県郡山市）などは県を主体に設置されている。

　なお， 2-Ⅰ-3 でも紹介した震災遺構は，現地で被災状況が実感できる最たるものである。石巻市立大川小学校のように資料館を併設している震災遺構も存在する。地域によって受けた災害の特色や教訓が見られる。

③ 防災教育施設

　防災教育を学ぶにあたっては様々な施設を活用することができる。南海トラフ地震に備えた静岡県地震防災センター，和歌山県の「稲むらの火の館」[3]は，国内の防災教育に関する代表的な施設と呼べる。静岡県地震防災センターは，設立当初は東海地震に備えた教育・啓発施設であったが，現在では地震だけではなく，豪雨，土砂，噴火等の国内で発生する可能性の高い災害への対応まで紹介され，防災力の啓発・創造・発信拠点として意図されている。戦前の文部省「国定教科書」に記された「稲むらの火」（⇨ 2-Ⅰ-5 ）のモデルである濱口梧陵の自宅をもとにした記念館と津波防災教育センターからなる「稲むらの火の館」は，1854年の安政南海地震の教訓を，将来の南海トラフ地震に生かすことがねらいである。2004年スマトラ沖地震，2011年東日本大震災発生以降，より注目されるようになった。付近には梧陵による広川堤防の一部も現存する。

　ここでは，地震・津波を中心とした施設を紹介したが，火山災害についても過去の災害の教訓をふまえた火山博物館等が国内に多数存在する。磐梯山噴火記念館（⇨ コラム6 ），富士山科学研究所などでは，火山噴火メカニズムを映像だけでなく，来館者を対象とした実験等でも解説している。

　なお，各自治体の消防と関連した施設は，多数設置されている。

（藤岡達也）

▶3 稲むらの火の館
和歌山県有田郡。2024年9月には，地域で発生した災害の状況を分かりやすく伝える施設や災害の教訓を伝承する活動を内閣府・国土交通省が認定する制度「NIPPON防災資産」の「優良認定」に選ばれている。

第4部

日本と世界の防災・防災教育

第 4 部　日本と世界の防災・防災教育

I　日本における防災

内閣府中央防災会議

1　日本最高の防災議決機関

　日本では，防災に関する最高の議決機関として中央防災会議が設置されている。中央防災会議は，会長を務める内閣総理大臣をはじめとし，防災担当大臣および全閣僚，指定公共機関の代表者，さらには学識経験者により構成されている。ここでは，防災基本計画の作成およびその実施の推進等，防災に関する重要事項の審議等を行う。組織としては図 4-I-1 のようになっている。

　近年の中央防災会議では，「防災基本計画の修正」「総合防災訓練大綱」が毎年行われている他，次のことが審議されている。「南海トラフ地震防災対策推進基本計画の変更について」「地震調査研究の推進について（第 3 期）」（2019年 5 月31日），「日本海溝・千島海溝地震特措法の地域指定の答申について」「日本海溝・千島海溝地震対策推進基本計画の変更について」（2022年 9 月30日）。また，中央防災会議は，専門的事項を調査させるため，その議決により専門調査会を設置することができる。

2　ワーキンググループの設定

　発生した自然災害等については，中央防災会議防災対策実行会議のもとに，ワーキンググループを設置することができる。公表されているワーキンググ

▷1　近年の中央防災会議
令和（2019年）以降の中央防災会議は以下の日程で開催されている（内閣府「中央防災会議」〈https://www.bousai.go.jp/kaigirep/chuobou/pdf/joukyo.pdf〉〈2025年 2 月 9 日最終閲覧〉）。
・2019年 5 月31日
・2020年 5 月29日
・2021年 5 月25日
・2022年 6 月17日
・2022年 9 月30日
・2023年 5 月30日

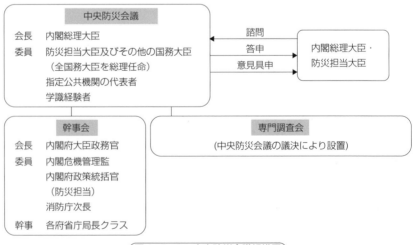

図 4-I-1　中央防災会議組織図

出所：内閣府「中央防災会議」〈https://www.bousai.go.jp/taisaku/soshiki1/soshiki1.html〉（2025年 2 月 9 日最終閲覧）

178

ループの報告等を見ることで、発生した甚大な自然災害に対する国の対応を知ることができるので、ここでいくつか紹介しよう。

対策全般としては、中央防災会議防災対策実行会議「災害対策標準化推進ワーキンググループ」がある（以下、「中央防災会議防災対策実行会議」は省略し、ワーキンググループはWGと略記する）。

図4-Ⅰ-2　「総合的な土砂災害対策検討WG」の会議前の様子

風水害としては、「令和元年台風第19号等による災害からの避難に関するWG」「平成30年7月豪雨による水害・土砂災害からの避難に関するWG」「水害時の避難・応急対策検討WG」「洪水・高潮氾濫からの大規模・広域避難検討WG」「総合的な土砂災害対策検討WG」が設置された（図4-Ⅰ-2）。一般的にWGの第1回目の会議の冒頭では、担当大臣から挨拶および趣旨説明があり、この時だけはマスコミの撮影が許可される。その後、大臣が退出すると、マスコミも退出を促され会議の議題に沿って運営される。

火山については、「火山防災対策推進WG」があり、これは2014年9月に発生した御嶽山の火山災害から得られた教訓をふまえ、日本の今後の火山防災対策のいっそうの推進を図ることを目的としている。その後、2020年4月には「大規模噴火時の広域降灰対策検討WG」から報告があった。

地震・津波については、東日本大震災発生後、南海トラフ地震に備え、以下のように他より多くのワーキンググループが設置、開催されている。「南海トラフ巨大地震対策検討WG」「南海トラフ沿いの大規模地震の予測可能性に関する調査部会」「南海トラフ沿いの地震観測・評価に基づく防災対応検討WG」「南海トラフ沿いの大規模地震の予測可能性に関する調査部会（2016年9月〜）」「南海トラフ沿いの異常な現象への防災対応検討WG」「防災対応のための南海トラフ沿いの異常な現象に関する評価基準検討部会」「熊本地震を踏まえた応急対策・生活支援策検討WG」「日本海溝・千島海溝沿いの巨大地震対策検討WG」が2024年現在まで設置されてきた。ここでは全てのWGを紹介することはできなかったが、中央防災会議防災対策実行会議のもとに設置されたその他の最近のWG例もある。現在会議中の「首都直下地震対策検討WG」もあり、今後も新たなWGが設置されていくことが考えられる。

なお、内閣府中央防災会議とともに、防災推進国民会議も設置されている。この会議は、国民の防災に関する意識向上に関し、広く各界各層との情報および意見の交換ならびにその他の必要な連携を図り、中央防災会議と協力しつつ、国民の防災に関する意識向上を図るため発足したものである。この会議は、各界各層の有識者から成る。

（藤岡達也）

▷2　「大規模噴火時の広域降灰対策について——首都圏における降灰の影響と対策　富士山噴火をモデルケースに」（報告）（令和2年4月7日公表）

▷3　「防災関連調査研究の戦略的推進WG」は、日本の防災対策に関わる調査・研究について効率的、効果的、戦略的な推進を図るため2014年7月29日に設置された。「防災関連調査研究における現状の課題と今後の対応の在り方について」（報告）（平成29年4月11日公表）が、このWGから出されている。その他、「大規模噴火時の広域降灰対策検討WG」（2018年9月〜2020年3月）などもある。

Ⅰ　日本における防災

災害対策基本法関係

1　災害対策基本法の構造

　災害対策基本法（以下，災対法）は，伊勢湾台風（1959年）等の風水害をきっかけに，1961年に制定された。阪神・淡路大震災（1995年）後に法改正がなされた後，東日本大震災（2011年）を契機に２度の大きな法改正（2012年・2013年）がなされた。2013年の法改正においては，被災者支援に関する条項が多く設けられることになった。

　近年の動向としては2021年にも法改正がなされ，避難情報に関して「避難勧告」と「避難指示（緊急）」が「避難指示」に一本化されるとともに，避難行動については，避難行動要支援者に関する個別避難計画の作成が市町村長の努力義務とされた。また，災害対策の実施体制の強化（国の特定災害対策本部の設置）がなされた。

　災対法の全体構成は，①基本理念，②防災の担い手とその責任，③防災に関する組織，④防災計画の策定，⑤災害対策（災害予防・災害応急対策・災害復旧），⑥被災者保護対策，⑦財政金融措置，⑧災害緊急事態となっている。

　災対法は，伊勢湾台風の際に，災害に当たる行政機関の連携が不十分で，体系的・計画的な対応がとれなかったことを教訓に制定された法律である。それゆえ，災害を念頭においた防災会議や災害対策本部の設置，防災の担い手による防災計画の策定を法定化するとともに，「災害が発生した際に何をすればいいのか？」という災害応急対策を中心に条文が構成されている。

　災対法においては，災害応急対策に関して，警報の伝達等（第54〜57条），事前措置及び避難（第58〜61条の８），応急措置等（第62〜86条の５），被災者の保護として，①生活環境の整備（第86条の６〜７），②広域一時滞在（第86条の８〜13），③被災者の運送（第86条の14），④安否情報の提供等（第86条の15），物資等の供給及び運送（第86条の16〜18）といった具体的な規定を設けている。

　また，災対法では市町村長の役割を重視し，市町村長に広範な権限を付与するとともに，具体的な実効的規定も用意されている。迅速な対応が求められるため，警戒区域の設定による立入制限等（第63条），応急公用負担等（第64〜65条），従事命令・収用等（第71・78条），交通の規制・車両の移動等（第76〜76条の８）といった強制的な措置がとられることとなる。

❷ 災害対策基本法を起点とした防災教育

災対法の条文を見ると，防災教育の重要性が認識されていることがわかる。例えば，第7条（住民等の責務）には「過去の災害から得られた教訓の伝承」（3項）といった文言があり，国・自治体が取り組むべきこととして，「防災上必要な教育及び訓練」（第8条2項18号）の実施が挙げられ，また「教育及び訓練」を地域防災計画に定めることとされている（第40条2項2号・第42条2項2号）。さらに，災害予防施策の1つとして「教育及び訓練」が位置付けられている（第46条1項2号）。第47条の2はまさに防災教育の実施について規定をしており，災害予防責任者に防災教育の実施義務を課している。

災対法の規定をもとにどのような防災教育を展開していけばいいのだろうか。以下のように，災害時において，私たちにとって身近になされている事柄が災対法を根拠になされていることを伝えることが重要である。

例えば防災に関する組織について，防災会議は，平常時における災害対応組織であり，**防災計画**[▷1]の策定は防災会議が行うことが，災対法で規定されている。災害時においては，**災害対策本部**[▷2]が立ち上げられることになるが，これも災対法を根拠としている。

このような災害対策以外にも，災対法は避難行動・避難支援，被災者支援について，私たちに様々な示唆を与えてくれる。

基本理念の規定では，地域における自主的な防災活動を促進するとともに，人の生命・身体の保護を最優先すること，被災者の年齢・性別・障害の有無などへの配慮，迅速な被災者援護が要請されている（第2条の2）。国・自治体が取り組むべきこととしては，被災者に対する心身の健康の確保，居住の場所の確保（第8条2項14号），要配慮者に対する防災上必要な措置（同15号），被災者に対する的確な情報提供及び被災者からの相談（同17号）が挙げられている。被災者支援は，避難所に避難できたら終わりなのではなく，そこから始まる避難生活における様々な配慮や支援こそが重要であることを私たちに知らせてくれているといえる。

市町村長は，災害時に避難指示等の避難情報を発することになっているが，これも災対法を根拠としている（第60条）。市町村長は，学校等の一定期間滞在するための指定避難所と区別して，指定緊急避難場所を指定することになっている（第49条の4〜6）。また，災害時において，介護が必要な人や，障害があり自分自身で避難することが困難な人（避難行動要支援者）が，地域によって円滑に避難支援を受けられるよう，市町村長には避難行動要支援者名簿の作成が義務付けられている（第49条の10〜13）。要支援者一人ひとりについて個別避難計画の作成に努めなければならない（第49条の14〜17）とされているが，これは地域における防災の課題を表明した条文であるといえる。　　　　　（山崎栄一）

▷1　**防災計画**
国の中央防災会議（第11条1項）において防災基本計画（第11条2項1号）が，都道府県・市町村の防災会議（第14条1項・第16条1項）において地域防災計画（第14条2項1号・第16条1項）が策定されることになっている。

▷2　**災害対策本部**
国は，緊急災害対策本部（第28条の2第1項）・非常災害対策本部（第24条1項）・特定災害対策本部（第23条の3第1項）を設置できること，都道府県・市町村は災害対策本部（第23条1項・第23条の2第1項）を設置できることになっている。

参考文献

山崎栄一（2019）「避難所・避難生活に関する法制度」『消防防災の科学』135，19〜22頁。

山崎栄一他（2023）『個別避難計画作成とチェックの8 Step』ぎょうせい。

Ⅰ　日本における防災

自然災害に関する法律

1　自然災害に関する法律の特徴

自然災害に関する**法律**▷1はショッキングな災害が発生した後に，それまでの法律では対応できなかったことをふまえて，改正されたり，新たにつくられたりするという特徴を持っている。

自然災害に関する法律を概観する方法として，「災害予防—災害応急対策—災害復旧・復興」という災害のフェーズに着目して整理するとわかりやすい。以下においては，自然災害に関する法律について，災害のフェーズごとにどのような法律があるのか見てみよう。基本的には，災害対策の施策ごとに法律が制定されている。

2　災害予防

「災害予防」とは，災害の発生または拡大を未然に防止するために，平常時において実施される活動であるが，災害そのものの抑止・軽減（Mitigation）と災害発生後の対応に向けた事前の準備（Preparedness）に分けられる。

災害予防に関しては，表4-Ⅰ-1のような法律が存在する。▷2

▷1　法律
法律とは，国会において制定された法のことを指す。法律で規定をすると，全国の都道府県・市町村がそれをしなければならなくなることを意味する。つまり，ある施策を確実に浸透させるには，法律の条文に規定するという手法が有効である。

▷2　表4-Ⅰ-1の法律のほとんどは，災害の抑止・軽減に関する法律であり，災害発生後の対応に向けた準備に関しては災害対策基本法において多くが規定されている。

表4-Ⅰ-1　災害予防に関する法律

地震・津波
大規模地震対策特別措置法，津波対策の推進に関する法律，地震防災対策強化地域における地震対策緊急整備事業に係る国の財政上の特別措置に関する法律，地震防災対策特別措置法，南海トラフ地震に係る地震防災対策の推進に関する特別措置法，首都直下地震対策特別措置法，日本海溝・千島海溝周辺海溝型地震に係る地震防災対策の推進に関する特別措置法，建築物の耐震改修の促進に関する法律，密集市街地における防災街区の整備の促進に関する法律，津波防災地域づくりに関する法律，海岸法
火山
活動火山対策特別措置法
風水害
河川法，海岸法
地滑り・崖崩れ・土石流
砂防法，森林法，地すべり等防止法，急傾斜地の崩壊による災害の防止に関する法律，土砂災害警戒区域等における土砂災害防止対策の推進に関する法律，宅地造成及び特定盛土等規制法
豪雪
豪雪地帯対策特別措置法，積雪寒冷特別地域における道路交通の確保に関する特別措置法
原子力
原子力災害対策特別措置法

出所：内閣府（2023）「令和5年版　防災白書　附属資料6」（https://www.bousai.go.jp/kaigirep/hakusho/pdf/r5_fuzokusiryo1.pdf）（2024年7月24日最終閲覧）をもとに筆者作成

❸ 災害応急対策

「災害応急対策[▷3]」とは，災害が発生するおそれがある場合に災害の発生を防御する，または発生した場合に災害の拡大を防止するために行われる活動である。

具体的な法制度としては，災害救助法・消防法・警察法・自衛隊法・水防法がある。災害救助法は応急救助（避難所・仮設住宅の設置，炊き出し，応急修理等）を実施するための根拠法である。消防法・警察法・自衛隊法は災害応急対策の担い手に関する法である。水防法は，水害対策の担い手や具体的な対応に関する法である。

❹ 災害復旧・災害復興

「災害復旧[▷4]」とは，公共施設やインフラ施設といった基盤施設の復旧を図るために行われる活動である。「災害復興」とは，被災地や被災者が新たな地域社会や生活を構築するために行われる活動である。

災害復旧・災害復興に関しては表4-Ⅰ-2のような法律が存在する。

▷3　災害応急対策

災害応急対策の具体的な内容・権限については，その多くが災害対策基本法において規定されている（⇨ 4-Ⅰ-2 ）。

▷4　災害復旧

災害復旧の財源のあり方については，国による負担や補助が行われ，被災をした自治体は負担部分につき起債をすることが認められている。災害対策基本法において，財政金融措置として，災害復旧事業費等に対する国の負担及び補助（第96条），激甚災害の応急措置及び災害復旧に関する経費の負担区分等（第97～99条）等の規定が設けられている。

表4-Ⅰ-2　災害復旧・災害復興に関する法律

全般的な救済援助措置
激甚災害に対処するための特別の財政援助等に関する法律（激甚災害法）
災害復旧事業
農林水産業施設災害復旧事業費国庫補助の暫定措置に関する法律，公共土木施設災害復旧事業費国庫負担法，公立学校施設災害復旧費国庫負担法，被災市街地復興特別措置法，被災区分所有建物の再建等に関する特別措置法
被災者への救済援助措置
中小企業信用保険法，天災による被害農林漁業者等に対する資金の融通に関する暫定措置法，災害弔慰金の支給等に関する法律，雇用保険法，被災者生活再建支援法，株式会社日本政策金融公庫法，自然災害義援金に係る差押禁止等に関する法律
災害廃棄物の処理
廃棄物の処理及び清掃に関する法律
保険共済制度
地震保険に関する法律，農業保険法，森林保険法
災害税制関係
災害被害者に対する租税の減免，徴収猶予等に関する法律
その他
特定非常災害の被害者の権利利益の保全等を図るための特別措置に関する法律，防災のための集団移転促進事業に係る国の財政上の特別措置等に関する法律，大規模な災害の被災地における借地借家に関する特別措置法，大規模災害からの復興に関する法律

注：激甚災害法は，激甚災害が発生した際の応急措置および災害復旧に加え被災者に対する特例的な財政援助・助成措置について規定した法律である

出所：内閣府（2023）「令和5年版　防災白書　附属資料6」（https://www.bousai.go.jp/kaigirep/hakusho/pdf/r5_fuzokusiryo1.pdf）（2024年7月24日最終閲覧）をもとに筆者作成

（山崎栄一）

参考文献

生田長人（2013）『防災法』信山社。

大橋洋一編（2022）『災害法』有斐閣。

Ⅰ 日本における防災

災害防止の責任（訴訟判決から）

1 自然災害にまつわるもめ事──どのような裁判があるのか

　自然災害をきっかけに起こされる裁判としては，どのようなものが考えられるのだろうか。実際の実例を挙げながら見ていこう。

　時系列別に整理してみると，災害発生以前における「事前的予防措置」としての訴訟がある。例えば，自宅の隣や近辺に災害リスクの危険性があり，その所有者や管理者に対して何らかの安全措置を求める訴訟が考えられる。例えば，がけ工事の負担についての訴訟がある（東京高裁昭和58年3月17日，横浜地裁昭和61年2月21日）。

　災害発生後における「事後的な救済・責任追求」としては，損害賠償訴訟が考えられる。一口に損害賠償請求といっても，行政に対する国家賠償訴訟（国家賠償法第1条，第2条），私人に対する不法行為責任（民法第709条，第715条），土地の工作物責任（民法第717条），債務不履行（民法第415条）に基づく損害賠償が考えられる。

　原因別に整理してみると，行政や私人の活動に着目すれば，それらの活動に過失（＝注意義務違反）があり損害を与えた場合（国家賠償法第1条，民法第709条，第715条），契約上の債務不履行により損害を与えた場合（民法第415条）が考えられる。行政や私人の安全管理や避難のあり方をめぐる訴え，行政に対する権限行使のあり方をめぐる訴えがこれに該当する。

　津波からの避難については，後で述べる大川小学校訴訟，野蒜(のびる)小学校訴訟の他，職場における避難のあり方が問われたものとして七十七銀行女川支店訴訟（仙台高裁平成27年4月22日）がある。避難勧告に関する訴訟としては，佐用町豪雨水害訴訟（神戸地裁姫路支部平成25年4月24日）がある。土砂災害における行政の責任については，岩木山土石流訴訟（青森地裁弘前支部平成元年5月25日）がある。火山災害における行政の責任については，御嶽山噴火訴訟（長野地裁松本支部令和4年7月13日）がある。

　他方，行政や私人の営造物や工作物に着目すれば，行政が設置・管理している公の営造物（道路・河川など）に瑕疵(かし)（通常有すべき安全性を欠いている状態をいう）があったり（国家賠償法第2条），私人が所有・占有をしている土地の工作物の設置・保存に瑕疵があったり（民法第717条）して損害を与えた場合が考えられる。

　行政の河川管理に関する代表的な訴訟としては，大東水害訴訟（最高裁昭和

▷1　判決文の入手方法としては，裁判所ホームページ「裁判例検索」(https://www.courts.go.jp/app/hanrei_jp/search1)（2024年7月24日最終閲覧）が有用である。

59年1月26日），多摩川水害訴訟（最高裁平成2年12月13日）がある。

❷ 自然災害における学校の責任——大川小学校訴訟

以下においては，東日本大震災後の大川小学校訴訟を取り上げつつ，自然災害における学校の責務について言及をする。

石巻市立大川小学校は，石巻市の北東部に位置し北上川の河口より約4kmほどの場所にあり，2階建ての校舎であった。小学校の南側には「裏山」があり，西側には周辺よりも小高い平坦地があり「三角地帯」と呼ばれていた。

大震災当時，100名余りの児童と11名の教職員がおり，15時30分頃までには27名の児童が保護者等に引き取られたので，70名余りの児童が残っていた。また，15時30分頃までには広報車が大川小学校を通過していた。南側の裏山に避難することはなく，15時35分頃までには三角地帯の方向に徒歩で向かったものの，津波が襲来し，生き残った児童4名と教職員1名を除き，全員が死亡した。この件に関して，死亡した23名の遺族らが学校側に国家賠償訴訟を提起した。第1審（仙台地裁平成28年10月26日）においては，広報車が通過した時点で予見可能性があり，裏山に避難すべきであったのにそれを怠ったとして賠償責任を認めている。

児童に対する学校の責務として，第2審（仙台高裁平成30年4月26日）は事前防災に着目している。学校側に学校保健安全法第26条ないし第29条に基づく安全確保義務があるとし，危機管理マニュアルの作成・改訂作業の期限である2010年4月30日（2010年度の教育計画の提出期限）までに，作業を終えなかったことにつき，義務の懈怠（義務を怠ること）があるとされた。予見可能性について，石巻市の作成した津波ハザードマップによって学校が浸水予想区域外であったとしても，「教師は，（中略）独自の立場からその信頼性等について検討することが要請される」としている。児童の生命がかかっているので慎重なリスク判断が求められるのはわかるが，行政の作成したハザードマップについて，それに矛盾があったとしても，その責任を教師に負わせるのは負担が大きい。とはいえ，この判決により，防災マニュアルの点検や整備，災害発生時のリスク判断などにおいて，学校には高いレベルの防災意識・災害対応が求められることとなった。

周辺住民に対する学校の責務として，第1審において，「地域住民は，原則として自らの責任の下に避難の要否や方法を判断すべきものであり，教員は同住民に対する責任を負わない」としている。**野蒜小学校訴訟**第2審（仙台高裁平成29年4月27日）においても，「当該施設の管理者の地位にあることから当然に避難者らを誘導する義務までは負っていたと解することは相当ではない」としている。ただし，避難場所の管理者として，何らかのリスク情報を提供する責任はあるといえるだろう。

（山崎栄一）

▷2　なお，第2審の市と県による上告は棄却されている（最高裁第一小法廷決定令和元年10月10日）。

▷3　野蒜小学校訴訟
東松島市立野蒜小学校は，野蒜海岸から北西1.3kmの場所にあり，3階建ての校舎であった。東松島市地域防災計画においては，津波予測区域外とされ，避難場所に指定されていた。震災当時は，体育館を避難場所として開放していた。
野蒜小学校に避難してきた住民らは，2階建ての体育館に避難していたが，津波が2階の通路直下まで到達し，その際に津波に巻き込まれ死亡した。住民の遺族は，避難誘導をしなかったことに過失があるとして国家賠償訴訟を提起した（住民側敗訴）。
この訴訟では，小学校の児童の引き渡しについて災害時児童引取責任者以外に引渡した後，津波に巻き込まれて死亡したケースについても争われた（児童側勝訴）。

（参考文献）
村中洋介（2024）『災害行政法　第2版』信山社。

Ⅱ 世界の防災と日本の貢献

SDGsのゴール・ターゲットに見る持続可能な社会と自然災害削減

1 誰一人災害から取り残さない，取り残らせない

SDGsのゴールの中には，自然現象等による被害の削減（防災・減災）を目指すターゲットが数多く見られる。SDGs全体を通して，持続可能な社会の構築と防災（自然災害削減への取り組み）は連動していることが読み取れる。ここではレジリエントな社会を目指す17のゴール（表4-Ⅱ-1）と169のターゲットの中から具体的に考えてみる。

▷1 SDGs

持続可能な開発目標（SDGs：Sustainable Development Goals）は，2015年9月の国連サミットで加盟国の全会一致で採択された「持続可能な開発のための2030アジェンダ」に記載された，2030年までに持続可能でより良い世界を目指す国際目標である。17のゴール・169のターゲットおよび232の指標から構成され，地球上の「誰一人取り残さない（Leave No One Behind）」ことを目的に掲げ，日本でも積極的な取り組みが見られる。ゴール（目標）とターゲット（課題）だけでなく，指標を示すことによって，ゴールやターゲットの意義が明確になることも多い。例えば，SDGs13.1の指標には，「10万人当たりの災害による死者数，行方不明者数，直接的負傷者数」「仙台防災枠組み2015-2030に沿った国家レベルの防災戦略を採択し実行している国の数」「国家防災戦略に沿った地方レベルの防災戦略を採択し実行している地方政府の割合」がある。

表4-Ⅱ-1 SDGsの17のゴール

1．貧困の撲滅	2．飢餓撲滅，食料安全保障	3．健康・福祉
4．万人への質の高い教育，生涯学習	5．ジェンダー平等	6．水・衛生の利用可能性
7．エネルギーへのアクセス	8．包摂的で持続可能な経済成長，雇用	9．強靱なインフラ，工業化・イノベーション
10．国内と国家間の不平等の是正	11．持続可能な都市	12．持続可能な消費と生産
13．気候変動への対処	14．海洋と海洋資源の保全・持続可能な利用	15．陸域生態系，森林管理，砂漠化への対処，生物多様性
16．平和で包摂的な社会の促進	17．実施手段の強化と持続可能な開発のためのグローバル・パートナーシップの活性化	

SDGsのゴール，ターゲット，指標には，それぞれ連動した重要な意味がある。自然災害や防災・減災，復興と関連したゴールとターゲットの一部を表4-Ⅱ-2に抜き出す。自然災害等に関して多岐にわたるターゲットの内容も，地球上の全ての人達が生存するために，自然環境と調和した，災害に対する強靱性を構築する重要性を掲げ，ゴールにつながる具体的な内容が記述されている。災害の発生は経済的格差を広げ，とりわけ貧困層・脆弱層の生活は，より困難な状況に陥ることが懸念される。個人やその国だけでは対応や救済が不可能となり，生命や国家の存続すら脅かされることも起こりうる。

直接に明記はされていないが，SDGsには防災教育に関連する内容が様々なところで読み取れる。特に，SDGs4「すべての人々への包摂的かつ公正な質の高い教育を提供し，生涯学習の機会を促進する」は防災教育も含めて重要である。防災・減災や復興には，インフラ整備などハード面からの取り組みも必要であるが，教育・啓発などのソフト面からのアプローチも無視できない。また，SDGs全てのゴール達成には教育・啓発の充実が認識される。

表4-Ⅱ-2 防災と関連したSDGsのゴールとターゲットの一部

ゴール1：あらゆる場所のあらゆる形態の貧困を終わらせる
ターゲット5：2030年までに，貧困層や脆弱な状況にある人々の強靱性（レジリエンス）を構築し，気候変動に関連する極端な気象現象やその他の経済，社会，環境的ショックや災害に暴露や脆弱性を軽減する。
ゴール2：飢餓を終わらせ，食料安全保障及び栄養改善を実現し，持続可能な農業を促進する
ターゲット4：2030年までに，生産性を向上させ，生産量を増やし，生態系を維持し，気候変動や極端な気象現象，干ばつ，洪水及びその他の災害に対する適応能力を向上させ，漸進的に土地と土壌の質を改善させるような，持続可能な食料生産システムを確保し，強靱（レジリエント）な農業を実践する。
ゴール11：包摂的で安全かつ強靱（レジリエント）で持続可能な都市及び人間居住を実現する
ターゲット5：2030年までに，貧困層及び脆弱な立場にある人々の保護に焦点をあてながら，水関連災害などの災害による死者や被災者数を大幅に削減し，世界の国内総生産比で直接的経済損失を大幅に減らす。
ターゲットb：2020年までに，包含，資源効率，気候変動の緩和と適応，災害に対する強靱さ（レジリエンス）を目指す総合的政策及び計画を導入・実施した都市及び人間居住地の件数を大幅に増加させ，仙台防災枠組2015-2030に沿って，あらゆるレベルでの総合的なリスク管理の策定と実施を行う。
ゴール13：気候変動及びその影響を軽減するための緊急対策を講じる
ターゲット1：全ての国々において，気候関連災害や自然災害に対する強靱性（レジリエンス）及び適応の能力を強化する。
ゴール15：陸域生態系の保護，回復，持続可能な利用の推進，持続可能な森林の経営，砂漠化への対処，ならびに土地の劣化の阻止・回復及び生物多様性の損失を阻止する
ターゲット3：2030年までに，砂漠化に対処し，砂漠化，干ばつ及び洪水の影響を受けた土地などの劣化した土地と土壌を回復し，土地劣化に荷担しない世界の達成に尽力する。（下線は筆者による。）

2 防災・減災から展開するESD

SDGsと連動した具体的な教育活動の方向性や内容として，ESD（Education for Sustainable Development）の意義も大きい（図4-Ⅱ-1）。日本政府が提唱した2005～2014年までの「国連持続可能な開発のための教育の10年（UN/Decades of ESD）」，その後，2015年からはESDの後継プログラムとしてGAP（Global Action Plan），さらには2030年までは「持続可能な開発のための教育：SDGs実現に向けて（ESD for 2030）」が掲げられている。ESD for 2030では，目標として，持続可能な社会づくりを構成する次の「6つの視点」を軸に，教員・生徒が持続可能な社会づくりに関わる課題を見出すこととなっている。その持続可能な社会づくりの構成概念は，「多様性」「相互性」「有限性」「公平性」「連携性」「責任制」があり，SDGsのための基本的な理解といえる。防災教育を進めるにあたっても，これらの視点は全ての活動に関わっている。

（藤岡達也）

図4-Ⅱ-1 減災・防災とつながるESDの基本的な考え方と具体的な項目

出所：文部科学省「持続可能な開発のための教育（ESD：Education for Sustainable Development）」（https://www.mext.go.jp/unesco/004/1339970.htm）（2025年2月25日最終閲覧）

▷2 「持続可能な開発のための教育：SDGs実現に向けて（ESD for 2030）」
原題（英文）は，"Education for Sustainable Development: Towards achieving the SDGs"である。2021年12月，第74回国連総会において決議採択された。持続可能な開発目標（SDGs）の達成年度である2030年に向け，「持続可能な開発のための教育（ESD）」についてもさらなる取り組みを促すことがねらいである。同年11月に第40回ユネスコ総会でも採択され，ユネスコが主導的な役割を果たすこととされている。

参考文献

藤岡達也（2021）『SDGsと防災教育』大修館書店。
藤岡達也（2022）『1億人のSDGsと環境問題』講談社。

II 世界の防災と日本の貢献

 日本で3回開催された国連防災世界会議

1 国際社会の防災への意識と国連防災世界会議

自然災害への対応が国際的な共通の取り組みとなり始めたのは、以下に述べるように20世紀の終わり頃であり、比較的最近のことといえる。災害多発国の日本からすると世界の平和と安全（安定）を維持する国連の動きとしては意外に遅いと感じるかもしれない。世界各地の大規模な災害の発生や気候変動の状況を見れば、防災は国際的にも現代の重要課題になりつつある。

1989年に開催された国連総会において、1990年からの10年間は「**国際防災の10年**」と決議され、1994年には横浜市で、初の国連防災世界会議が開催された。開発途上国への甚大な被害だけでなく、アメリカでのハリケーンなど、先進諸国での被害にも目が向けられ、防災が世界共通の課題と意識され始めた。第1回国連防災世界会議では「**横浜戦略**」が採択され、防災における日本のリーダーシップが世界に示されたといって良い。横浜戦略の基本認識は「持続可能な経済成長は、災害に強い社会の構築と事前の準備による被害軽減なくしては達成できない」であり、リスクアセスメントや災害予防、応急対応準備に関する原則、2000年以降の戦略、各レベルでの行動計画等が定められた。

しかし、翌1995年に阪神・淡路大震災が発生し、甚大な被害は、災害に強いインフラが整備されていると考えられていた日本をはじめ、先進国の大都市でも無関係でないことが明確になった。先述の「国連防災の10年」の最終年度である2000年には「国連防災世界戦略」が成果文書として採択された。そしてこの実現のために、スイス・ジュネーヴに事務局が置かれた。

阪神・淡路大震災発生から10年後の2005年1月には、神戸市を中心に第2回国連防災世界会議が開催された。ちょうど前年12月にスマトラ沖地震が発生し、インド洋津波によって22万人を超える人が犠牲となった直後だけに、この会議は世界から注目を集めた。第2回国連防災世界会議の成果文書が「兵庫行動枠組2005-2015」である。兵庫行動枠組の概要は、自然の脅威に対する脆弱性を軽減し、災害に強い国・コミュニティを構築するための具体的な方法を特定することであった。災害による人的被害、社会・経済・環境資源の損失を実質的に削減するため、次の3つの戦略目標が設定された。①持続可能な開発の取り組みに減災の観点をより効果的に取り入れる、②全てのレベル、特にコミュニティレベルで防災体制を整備し、能力を向上する、③緊急対応や復旧・

▷1 国際防災の10年
英語では"International Decade for Natural Disaster Reduction (IDNDR)"。
目的は、災害が発生する前に、災害被害を軽減する取り組みを行うために国際社会の知見を結集させることである。災害発生後の応急対応・復旧を中心とした取り組みから、災害発生前の事前の取り組みへと国際社会の関心をシフトさせ、特に開発途上国における自然災害による被害を軽減することをねらいとした（内閣府「防災情報のページ」〈https://www.bousai.go.jp/kaigirep/hakusho/h27/honbun/0b_1s_01_01.html〉〈2025年2月9日最終閲覧〉）。

▷2 横浜戦略
第1回国連防災世界会議は、「国際防災の10年」の中間年において、それまでの国際社会の取り組み状況を評価し、後半の期間、さらにはその後の世界の防災取り組みのガイドラインを作成することが目的である。会議の成果文書として、「より安全な世界に向けての横浜戦略とその行動計画」（Yokohama Strategy and Plan of Action for a Safer World : Guidelines

4-Ⅱ-2 日本で3回開催された国連防災世界会議

図4-Ⅱ-2 第1回目のプラットフォーム会議

図4-Ⅱ-3 パブリック・フォーラムの様子

復興段階においてリスク軽減の手法を体系的に取り入れる。さらに，**優先行動**▶3が5つ設定され，その3つ目に「全てのレベルで防災文化を構築するため，知識，技術革新，教育を活用する」と記され，直接に教育の役割が示されている。兵庫行動枠組の期間を見ると，国連の「持続可能な開発のための教育」（ESD）の10年とも連動していることがわかる。

なお，2005～2015年までの隔年で，兵庫行動枠組をフォローアップするために，スイス・ジュネーヴの国連事務所でプラットフォーム会議が開催された（図4-Ⅱ-2）。また2006～2007年には，国際防災戦略のキャンペーン"Disaster risk reduction begins at school"が掲げられ，それについて日本からも講演があり，筆者が当時の日本の学校防災の現状と課題を報告した。

❷ 東日本大震災と第3回国連防災世界会議

2011年の東日本大震災を受け，2015年に仙台市を中心に第3回国連防災世界会議が開催された。本会議には，185の国連加盟国が参加し，元首7カ国，日本を含む首相5カ国，副大統領級6カ国，副首相7カ国を含む100名以上の閣僚等，関連事業を含めると国内外からのべ15万人以上が参加し，日本で開催された史上最大級の国連関係の国際会議となった（参加国数では過去最大）。

具体的な成果としては，兵庫行動枠組の後継となる新しい国際的防災指針「仙台防災枠組2015-2030」と，防災に対する各国の政治的コミットメントを示した「仙台宣言」が採択された。SDGsのゴール11の中でも「2020年までに，包含，資源効率，気候変動の緩和と適応，災害に対する強靱さ（レジリエンス）を目指す総合的政策及び計画を導入・実施した都市及び人間居住地の件数を大幅に増加させ，仙台防災枠組2015-2030に沿って，あらゆるレベルでの総合的な災害リスク管理の策定と実施を行う」として記載されている。またパブリック・フォーラムも開催された（図4-Ⅱ-3）。「東日本大震災の経験と教訓を世界へ」をテーマとして，新たな防災のあり方等を展望する「総合フォーラム」の他，350以上のシンポジウムおよびセミナー，200以上の展示，100以上のポスター展示が仙台市内等の会場で行われた。

（藤岡達也）

for Natural Disaster Prevention, Preparedness and Mitigation）（略称「横浜戦略」）を採択した。

▶3 （兵庫行動枠組の）優先行動
全ての国が防災活動の一義的な責任を有する，コミュニティの防災対応能力を高めるといった一般的配慮事項を定めた上で設定された，次の5分野ごとの具体的な優先行動。

・防災を国，地方の優先課題に位置づけ，実行のための強力な制度基盤を確保する。
・災害リスクを特定，評価，観測し，早期警報を向上する。
・全てのレベルで防災文化を構築するため，知識，技術革新，教育を活用する（情報交換，研究，意識啓発など）。
・潜在的なリスク要因を軽減する。
・効果的な応急対応のための事前準備を全てのレベルで強化する。

（内閣府〈2005〉「兵庫行動枠組 2005-2015」〈https://www.bousai.go.jp/kaigirep/chuobou/sekaikaigi/01/pdf/sankou_siryo_4.pdf〉〈2025年2月9日最終閲覧〉）

Ⅱ 世界の防災と日本の貢献

3 日本から海外への支援（1）

1 日本の国際的貢献

　日本の国際的な貢献として，国連防災世界会議の開催など，防災に関するリーダーシップが挙げられる。4-Ⅱ-2のように日本がホスト国として，3回の同会議を全て国内で開催してきた。第3回国連防災世界会議の成果は，兵庫行動枠組の後継となる新しい国際的防災指針「仙台防災枠組2015-2030」と，防災に対する各国の政治的コミットメント「仙台宣言」が採択されたことである[1]。これまで日本が国連を通して国際社会に貢献してきたことは，表4-Ⅱ-3の供出分担金を見ても明らかである。この割合はGDPを考慮して分担している。

　アメリカは世界のGDPの3割以上を占めるが，1国だけ突出することを避けるために例年22％にとどまっている。日本はGDP低下に伴い，その割合は落ちているが，それでも世界で3番目に分担金を供出している。ロシアのウクライナ侵攻以降，国連の機能は疑問視されつつあるが，国連は世界の平和と安定（安全）のために設立された組織である。これまで日本は，憲法第9条の制約もあり，軍事に関する協力は意図的に避け，他方面での貢献を模索してきた。世界の平和と安定，さらには持続可能な社会に自然災害が立ちはだかる今日，日本には防災・減災での果たす役割は大きく，今後も経済的支援に加え，技術開発等の提供が期待されるといえるだろう。

▷1　内閣府（2015）「仙台防災枠組2015-2030」(https://www.bousai.go.jp/kokusai/kaigi03/pdf/09sendai_kossi.pdf)，内閣府（2015）「仙台宣言」(https://www.bousai.go.jp/kokusai/kaigi03/pdf/11sendaisengen_kariyaku.pdf)（2025年2月9日最終閲覧）。

表4-Ⅱ-3　国連分担金の内訳

	2014〜2017年			2018〜2021年			2022〜2024年			2025〜2027年		
	国名	分担率	分担額	国名	分担率	分担額	国名	分担率	分担額	国名	分担率	分担額
1	米国	22.000	621.2	米国	22.000	674.2	米国	22.000	693.4	米国	22.000	826.9
2	日本	10.833	276.5	中国	12.005	334.7	中国	15.254	438.2	中国	20.004	685.7
3	ドイツ	7.141	182.2	日本	8.564	238.8	日本	8.033	230.8	日本	6.930	237.2
4	フランス	5.593	142.7	ドイツ	6.090	169.8	ドイツ	6.111	175.5	ドイツ	5.692	194.9
5	英国	5.179	132.2	英国	4.567	127.3	英国	4.375	125.7	英国	3.991	136.8
6	中国	5.148	131.4	フランス	4.427	123.4	フランス	4.318	124.0	フランス	3.858	132.3
7	イタリア	4.448	113.5	イタリア	3.307	92.2	イタリア	3.189	91.6	イタリア	2.813	96.3
8	カナダ	2.984	76.2	ブラジル	2.948	82.2	カナダ	2.628	75.5	カナダ	2.543	87.1
9	スペイン	2.973	75.9	カナダ	2.734	76.2	韓国	2.574	73.9	韓国	2.349	80.4
10	ブラジル	2.934	74.9	ロシア	2.405	67.1	スペイン	2.134	61.3	ロシア	2.094	71.8

国連通常予算分担率（％），分担額（100万ドル）

出所：外務省（2025）「国連分担金・拠出金（令和7年1月）」(https://www.mofa.go.jp/mofaj/fp/unp_a/page22_001258.html)（2025年2月9日最終閲覧）

2 被災地への日本の支援の例

日本が行う被災地への支援には様々な内容，方法がある。例としてアジアへの貢献を示す。アジアは世界の自然災害による犠牲者数が最も高い。

○921地震（台湾）

1999年に台湾で発生した**921地震**（台湾大地震）では多くの犠牲者が生じた。図4-Ⅱ-4は地震によって倒壊した中学校校舎である。現在は地震遺構「921地震教育園区」として，断層直上で甚大な被害を受けた光復中学校校舎や運動場の破壊状況が当時のまま保存されている。921地震の最大規模マグニチュードは7.6を記録し，建物への大きな影響がうかがえる。この時，被災地へ最初に救助に駆けつけたのは日本であった。このこともあり，台湾は東日本大震災発生後に日本へ最大の支援を行った。国内外にかかわらず，被災地への支援は還元されることが多い。

図4-Ⅱ-4 地震教育園区

▷2 921地震
台湾中部で1999年9月21日午前1時47分頃（現地時間）にM7.6の大地震が起こり，建物約3万棟が倒壊した。地震による被害は，震源に近い南投県や周辺の台中市などの台湾中部に集中した。死者・行方不明者は4,800名を超えた。震央から約150km離れた台北市でも12階建てのビルなどが倒壊した。国連人道問題調整事務所の要請を受け，日本政府は過去最大規模の国際緊急援助隊を派遣した（東京大学地震研究所地震予知情報センター〈1999〉「1999年9月21日台湾中部の地震」〈https://wwweic.eri.u-tokyo.ac.jp/topics/taiwan/index-j.html〉〈2025年2月9日最終閲覧〉）。

○スマトラ沖地震

2004年スマトラ沖地震の犠牲者の総数は22万名を超え，地震津波による被害だけでなく，自然災害としても歴史上最悪の惨事であった。地震後に発生した大津波は，インドネシアからインド，スリランカ，タイ，マレーシアなど東南アジア全域に広がり，甚大な被害が生じた。日本はスマトラ島沖地震による被害に対し，5億ドルの支援をはじめ，救助目的の護衛艦・補給艦他自衛隊の災害派遣，国際緊急援助隊の派遣を行った。

この時，太平洋側の国々に整備されている津波警報，国際ネットワーク（津波早期警報システム）はインド洋の各国には設置されていなかった。太平洋津波警報センター（ハワイ）は津波発生に気づいたものの，警報を出した地域は限られ，結果的に甚大な被害を生じた国は適切な情報を得ることができず，インドネシアなどは全く対応できなかった。観測体制や教育体制が不十分な国もあり，国際的なシステムの構築の面でも日本の貢献が期待される。

また日本は，災害が発生してからの支援だけではなく，日頃の備えとして，消防自動車や救急車などの車両も海外に提供している。図4-Ⅱ-5は，日本からモンゴルに提供された消防車である。

図4-Ⅱ-5 日本からモンゴルに提供された消防自動車

（藤岡達也）

Ⅱ 世界の防災と日本の貢献

4 日本から海外への支援（2）

① 海外での自然災害発生時の日本の支援

　海外，特に開発途上国で自然災害が発生した場合，日本政府は様々な支援を行っている。日本は1979年に医療チームの派遣を中心とする国際緊急援助活動を開始した。現在，日本の海外支援には人的，物的，資金援助の3つがあり，災害の規模や被災国のニーズに応じて実施している。人的援助については，1987年に「国際緊急援助隊の派遣に関する法律」（通称JDR法）が施行されて以降，医療チーム，救助チーム，専門家チーム，自衛隊部隊の4つのチーム，2015年には新たに感染症対策チームが設立され，現在5つのチームで支援できる体制となっている。国際緊急援助は地震・津波・洪水などの自然災害と，人為的災害のうち，紛争に起因しない災害を対象としている。最近では，2023年のモロッコ地震の例が挙げられる。地震発生から約1週間後，日本政府は，モロッコ中部における地震被害に対して，総額300万ドルの緊急人道支援を実施することを決定した。国際赤十字・赤新月社連盟（IFRC）を通じて，一時的避難施設や食料等を提供し，現地のニーズをふまえた支援活動として200万ドルの緊急無償資金協力，さらに，ジャパン・プラットフォーム（JPF）を通じ，日本のNGOによる100万ドルの支援を行っている。

② 日本からの教育・研修，技術支援

　日本では，従来からJICAをはじめとして，開発途上国の人々に対し，技術研修等を中心に多くの教育支援を行ってきた。防災に関しても技術者だけでなく，教育関係者や学校教育への協力・支援も見られる。

　例えば，アジア防災センターでは，アジアを中心に，日本の教材を現地語に翻訳したり，現地の学校への直接・間接的な支援，さらには防災教育を主題とした文科省研究開発学校に指定された日本の学校で，防災教育を視察することを支援したりすることもある。開発途上国では，どうしても自国だけでの教材開発等に限界がある。また，欧米とアジアでは自然環境そのものが異なり，翻訳しただけでは使用できないものも多い。何より教材だけでなく，それを活用する教育方法や効果的な教育を実施するためにも人材の育成が必要となる。

　図4-Ⅱ-6はJICA関西での海外技術者の研修の様子である（左）。また，海外の教育行政担当者や関係者が，日本の研究開発学校での防災教育の取り組

▷1　モロッコ地震
2023年9月9日，モロッコの深さ19kmでMw6.8の地震（Mwは気象庁によるモーメントマグニチュード）が発生した。この地震により，死者2,946名，負傷者5,674名などの被害が生じた（2023年9月27日現在）。地震の震央の北側（約550km）にはユーラシアプレートとアフリカプレートの境界が位置しており，今回の地震はアフリカプレート内で発生した。

▷2　国際赤十字・赤新月社連盟（IFRC）
正式な英文名称はInternational Federation of Red Cross and Red Crescent Societies。国際赤十字・赤新月社連盟は，災害の被災者に対する救援活動を行うこと，将来の災害に備え，リスクを抑えるための活動を行うことなどを主な任務とする各国の赤十字社・赤新月社の国際的な連合体である。スイスのジュネーブに事務局と世界60カ所以上に代表部を置いている（日本赤十字社「国際赤十字を支える機関」〈https://www.jrc.or.jp/about/organization/〉〈2025年2月9日最終閲覧〉）。

▷3　ジャパン・プラットフォーム（JPF）
世界各地で起こる危機に迅

図4-Ⅱ-6　JICA関西での海外技術者の研修の様子（左），日本の教育関係者との交流（右）

みを参観し，その後，日本の教育関係者との交流を行うこともある（右）。

3　2004年スマトラ沖地震後の教育貢献

2004年12月に生じたM9.0のスマトラ沖地震，その後のインド洋大津波に対して，日本はハード面の支援の支援を行ったことを 4-Ⅱ-3 で紹介したが，それだけでなく，ソフト面での支援も行った。地震津波発生後，日本は現地語による津波防災の冊子を作成し，被害に遭った国々に配布した（図4-Ⅱ-7）。冊子では戦前の国定教科書に掲載された「稲むらの火」という物語を紹介し（⇨ 2-Ⅰ-5 ），津波が発生するメカニズム，津波の特性，さらには避難することについての重要性を記している。大地震後に発生する津波被害を多く経験してきた日本にとって，世界に発信すべき情報は多い。この教訓を伝えることを意図した冊子である。

遠い国や地域の災害は自分事としては考えにくいものである。また，自分の住む地域で起きた災害であっても，過去のことであれば風化しやすい。しかし，プレート同士の境界域であれば地震・津波の発生条件は同じである。地震津波の発生するメカニズムを理解し，地域の過去の災害を知ることは世界共通の防災教育の基本である。残念なことに，この時，冊子配布は海外への支援という意識にとどまり，日本国内向けの教訓とした情報発信までにはつながらなかった。この津波から7年後の2011年に東日本大震災が起き，地震や大津波が日本にとって他人事でなかったことを痛感することになる。

図4-Ⅱ-7　稲むらの火が掲載された教科書（左），被災地に配布した副読本（右）

（藤岡達也）

4-Ⅱ-4　日本から海外への支援（2）

速かつ効果的な支援を届ける，日本の緊急人道支援のプラットフォームのことである。国内外の自然災害による被災者，紛争による難民・国内避難民に，個人・企業・NGO・政府がパートナーシップのもとに協働し日本の支援を届けることをねらいとする（JAPAN PLATFOAM「ジャパン・プラットフォームについて」〈https://www.japanplatform.org/about/index.html〉〈2025年2月9日最終閲覧〉）。

▷4　JICA
正式な英文名称はJapan International Cooperation Agency。外務省が所管する独立行政法人国際協力機構法に基づいて設置された独立行政法人である。政府開発援助（ODA）の実施機関の1つであり，開発途上地域等の経済および社会の発展に寄与し，国際協力の促進に資することを目的としている。開発途上国で大規模災害が発生した場合，国際緊急援助隊（JDR）が救助・医療・学術的支援を行う。被災国の要請を受理してから24時間以内に日本を出発し，被災地での被災者の捜索，発見，救出，応急処置，安全な場所への移送を行う（JICA「国際緊急援助」〈https://www.jica.go.jp/activities/schemes/jdr/index.html〉〈2025年2月9日最終閲覧〉）。

おわりに

■よくわかる防災教育

　本書を手にとられた皆様は，改めて防災教育とは何かについて考えられたと思う。科学技術が進んでも，地震や火山噴火を予知することは難しい。比較的予想が可能な豪雨・暴風，地震後の津波への対策としても避難を無視できない。我々の周囲には，事件・事故，災害が満ち溢れ，科学技術や社会の発展，国際化の時代にも危険は減少するどころか増加する懸念がある。自然災害への備えは危機管理の基本となり，先行き不透明な VUCA の時代に，危険を予測し，避けるための判断力は，ますます求められる。防災教育で培われた力は，自然災害だけでなく，今日的なあらゆる危機・危険への対処につながる。

　今日，学校教育では，「生きる力」の育成が謳われ，「知識及び技能」「思考力・判断力・表現力等」「学びに向かう力・人間性等」の資質・能力を，主体的，対話的で深い学びを通して養うことが求められている。学びの内容，方法として防災教育以上に具体的に取り組めるものはないといえる。社会の構造も変化し，かつてのような地域のイベント等は激減し，人々のつながりは希薄になっているといわれる。しかし，大規模な自然災害への対応や復興を考えた地域の「自分たちの地域は自分たちで守る」という連携が，より重視される。本書のサブタイトルに学校・地域防災を記したのは，このような背景がある。

　防災教育は，本書の冒頭でも紹介した通り，そのねらいから切り口は多岐にわたり，内容や方法も多様である。これを反映して，本書の執筆者の専門領域も幅広い。自然科学や工学の研究者，法律，教育，健康・保健など社会科学の専門家，職種を見ても大学教員，博物館館長，教育行政，NPO，学校教育関係者と多様な領域にわたる。そのため，本書の通読から見えてくるものも多い。現在は STEAM 教育などに見られるように，文理融合型，学際的・総合的な学びが求められている。教育も学校内や教職員だけに留まらず，社会や地域と融合した学びの環境も重要となっている。この点からも防災教育は開かれた次の時代の教育として期待したい。本書を読まれる方の興味・関心や専門，職種なども広いことが想像される。立場は異なっても，防災教育への思いが強くなることが執筆陣の願いである。

　最後になったが，本書を刊行するにあたっては，多くの方から指導や助言，協力をいただいた。また，ミネルヴァ書房編集部，特に平林優佳様には多大なご尽力をいただいた。ここに深謝する次第である。

2025年2月

　　　誰一人自然災害から取り残さない社会を願って　編著者　藤岡達也

さくいん

＊「防災」「防災教育」「減災」「台風」「津波」「阪神・淡路大震災」「東日本大震災」など，頻出する語句は省略した。

あ行

合川南小学校　40
秋雨前線　80, 81
アクティブ制震　149
熱海市伊豆山土石流災害　116
アメダス（AMeDAS）　96, 104
霰　109
有馬－高槻活断層帯　27, 77
安政東海地震　37
安政南海地震　34, 37
安定ヨウ素剤　122, 123
イエローストーン　74
硫黄（S）　62
生きる力　3, 6, 121, 130, 141
畏敬の念　12, 144
伊豆・小笠原海溝　61
『出雲国風土記』　144
伊勢湾台風　6, 84, 85, 91, 180
一次救命措置（BLS）　162
一級河川　93, 114
溢水　13, 17, 86, 155
一時避難場所　160
糸魚川－静岡構造線　8, 27, 38
「稲むらの火」　37, 58, 175, 193
稲むらの火の館　37, 175
岩手・宮城内陸地震　49, 126, 127
岩なだれ　71, 79, 112
ウィンズケール　118
ヴェスヴィオ火山　70
ウラン（U）　119
瓜生堂遺跡　88
雲仙普賢岳　112
運搬（作用）　5, 13, 88
エアロゾル　68, 70, 71, 99
液状化現象　39
エコノミークラス症候群　45
越水　86
エルチチョン火山　68
エルニーニョ現象　100, 101
エルニーニョ・南方振動（ENSO）　101
大雨特別警報　80, 86, 126
大川小学校　31, 175, 184, 185
大阪教育大学附属池田小学校事件

132
大阪府北部地震　18, 27, 33, 125, 136, 137
大津波警報　41
御囲堤　90
小笠原気団（北太平洋気団）　11, 80
おかしも　136
雄勝町立小学校　31
オフサイトセンター　123
オホーツク気団　11, 80
温室効果ガス　99, 102, 103
温泉　5, 77
温帯低気圧　83
温帯モンスーン気候　5, 10, 80
御嶽山　9, 67, 74, 184

か行

外核　53
海溝型地震　8, 26, 27, 29, 33, 39, 46, 50
外水氾濫　86, 87
外部被ばく　122
海洋プレート　8, 9, 26, 36, 60, 61
海嶺　72
学習指導要領　3, 6, 87, 130, 134, 135, 141, 144
拡大する境界　28, 29
崖崩れ　5, 13, 44, 48, 80, 116, 126, 127
火砕サージ　66
火砕旋風　124
火砕物　63
火災保険　172
火砕流　63, 65, 66, 71, 79
火山ガス　9, 62, 63, 66, 68, 70
火山弾　63
火山の冬　68
火山灰　63, 67, 68, 70, 78
火山フロント　61
火山噴火予知計画　64
火山噴火予知連絡会　9, 60, 64
柏崎刈羽原子力発電所　49
ガストフロント　111
霞堤　89, 91

カスリーン台風　92
河川法　92, 93
活火山　9, 60, 67, 70, 72-74, 78
学校安全　2, 132-134
　――資料　131
　――総合支援事業　140
　――の推進に関する計画　132, 134, 146
学校防災参考資料　135
学校防災のための参考資料　131
学校防災マニュアル　131
　――作成の手引き　135, 137
学校保健安全法　132, 134, 136, 185
渇水　98
活断層　27, 42, 45, 73, 77
　――型地震　26, 27, 33, 39, 42, 46, 50, 57
門脇小学校　31
カハロア噴火　69
釜石の奇跡　31
雷注意報　110
亀岡暴走事故　132
火力発電　118
軽石　63, 70
カルデラ　70, 88
干害　5, 98
環太平洋火山帯　70, 72
関東大震災　4, 32, 47, 124
干ばつ　5, 98, 99, 101
かんらん岩　61, 62
既往降水量　86
帰還困難区域　13, 120, 131
危機管理　3, 7
　――マニュアル　31
キキクル　97
飢饉　69
気候区分　10
気候分類　10
気候変動　68, 102, 103
　――枠組条約（UNFCCC）　103
気象衛星　14, 105
気象干ばつ　98
気象庁マグニチュード（Mj）　55

気象レーダー　96, 105
起震車　168
季節風　10, 106
木曾三川　90, 95
北但馬地震（北但地震）　22
気団　11, 80
記（祈）念館　174
記（祈）念碑　34, 35, 46, 49, 91,
　　127
逆断層　28, 29
旧河道　153
921地震　191
共助　20, 21, 43, 151, 163, 166, 167
共振　149
郷土愛　12, 146, 151
協働　166, 167
緊急安全確保　16
緊急地震速報　26, 56, 57, 136
空間放射線量　122
空振計　9, 64
空白域　50
「空白の天気図」　84
熊本地震　44, 50, 126, 127, 132, 138
栗駒山麓ジオパーク　49, 127
グレート・リフト・バレー　73
グローバル・ストックテイク
　　（GST）　102
警戒レベル　16, 135, 155
傾斜計　9, 64
慶長地震　37
警報　14, 15
ケッペンの気候区分　10
研究開発学校　131, 142, 192
原子力発電所　118
　　――事故　4, 139
建築基準法　148
顕著な大雨に関する気象情報　97
広域避難　122, 160
　　――訓練　161
　　――場所　160
広域防災拠点　160
豪雨　4, 14, 80, 84, 91, 94, 126, 127
公助　20, 43, 163
鉱床　5, 76
洪水　5, 13, 88, 91-93, 95, 97, 161,
　　192
豪雪　5, 106, 106, 111
豪雪地帯　106
　　――対策特別措置法　106

交通安全　2, 3, 134
後背湿地　153
後発開発途上国　103
鉱物資源　76
高齢者等避難　16
国際緊急援助隊の派遣に関する法
　　律（JDR法）　192
国際赤十字・赤新月社連盟（IFRC）
　　192
国定公園　5, 74, 75
国立公園　5, 74, 75
国連防災世界会議　2, 21, 188-190
国連防災の10年　188
『古事記』　89
国家賠償法　184
個別避難計画　180, 181
コミュニティ・スクール（学校運
　　営協議会制度）　146
コミュニティセンター　140
コリオリの力　83
災害安全　2, 134
災害関連死　18, 45
災害救助費等負担金制度　7, 138
災害救助法　7, 21, 183
災害時用公衆電話　156
災害食　159, 169
災害対策基本法　2, 21, 84, 152, 161,
　　170, 180
災害対策本部　181
災害ボランティアセンター　171
災害用伝言ダイヤル（171）　19,
　　156, 157
災害用伝言板（web171）　156, 157
サイクロン　82
桜島　67
佐渡金山　76
砂防堰堤　114
砂防法　114
早明浦ダム　98
『三代実録』　32
三陸・北海道東岸地震　33
自衛隊派遣　41, 43
ジェーン台風　85
ジオパーク　5, 75, 76, 78
事故災害　2, 4, 132, 168
自助　20, 43, 151, 163, 166, 167
地震及び火山噴火予知のための観
　　測研究計画　64
地震観測点　56

地震計　9, 56, 64
地震調査研究推進本部　51
地震塚　35
地震動　52, 54, 124, 125, 127, 149
地震波　52, 54, 56
地震保険　172, 173
静岡県地震防災センター　175
地すべり　5, 13, 44, 49, 80, 112, 116,
　　117
沈み込み帯　61
自然公園法　74
自然災害　2, 4
自然堤防　153
持続可能な社会　6, 174, 186, 190
七十七銀行女川支店　184
実践的安全教育総合支援事業
　　131, 140
実践的防災教育総合支援事業
　　131, 140
指定緊急避難場所　152, 160, 181
指定避難所　152
ジパング　76
シベリア気団　11, 80
社会福祉協議会　171
蛇ケ端御藪　89
シャドーゾーン　53
蛇抜け　116
ジャパン・プラットフォーム（JPF）
　　192
収束する境界　28, 29
集中豪雨　80, 86, 96, 112, 116
首都直下地震　6, 46, 47
主要動　52
常願寺川　91, 117
貞観地震　32
常時観測火山　9, 73
小島嶼開発途上国　103
庄内沖地震　38
消防法　136
昭和52年豪雪　107
昭和56年豪雪　107
昭和59年豪雪　107
昭和38年1月豪雪　107
昭和三陸地震津波　32
昭和の三大台風　6, 85
昭和の東南海地震　37
昭和の南海地震　37
昭和噴火　66, 67
初期微動　52

さくいん

――継続時間　26, 52
震央　52
　　――距離　53
新河川法　114
新型コロナウイルス感染症　3, 6,
　　7, 20, 130, 132, 139
震源　52
信玄堤　89
震災遺構　23, 31, 175
震災の帯　42
侵食（作用）　5, 13, 88, 114
浸水　85, 86, 95, 97
　　――深　152
新耐震基準　148
震度　56
震度階　54
震度計　56
心肺蘇生法（CPR）　162, 163
水害統計調査　87
水素爆発　118
垂直避難　17
水平避難　17
水防建築　94, 95
水防法　92
水文干ばつ　98
スーパーセル　111
スフィア基準　7, 165
スペイン風邪　6
スマトラ沖地震　31, 55, 188, 191,
　　193
スマトラ島　29
スラブ　26
　　――内地震　26
スリーマイル島　118
すれ違う境界　28, 29
生活安全　2, 3, 134
西高東低型の気圧配置　81, 101,
　　106
制震構造　148
成層火山　78, 79
正断層　28, 29
政府間海洋学委員会（IOC）　29
世界遺産　76
石碑　31, 34, 35, 40
積乱雲　96, 97, 101, 111
セシウム（Cs）　119
ゼロメートル地帯　84, 91
善光寺地震　35
全国地震動予測地図　51

線状降水帯　96, 97
前震　45
前線　11, 80, 101
全層雪崩　108
仙台宣言　189, 190
仙台防災枠組　190
前兆現象　50, 64
セント・ヘレンズ火山　71, 112
潜熱　83
千年希望の丘　32
（災害の）素因　87
総合的な学習の時間　130, 131, 143
総合防災訓練大綱　161
相互応援協定　21
走時曲線　53
側撃　110
損害賠償　184

た行

大正噴火　66, 67
耐震構造　19, 148, 149
堆積（作用）　5, 13, 88, 114, 153
第二室戸台風　85
退避壕　67
台風　4, 80, 82-84, 86, 91
タイフーン　82
太平洋津波警報システム　29
太平洋津波警報センター　29, 191
太平洋プレート　8, 38, 61
大陸プレート　8, 9, 26, 36, 60, 61
ダウンバースト　111
高潮　85, 93, 161
宅造地　33, 126
竜巻　111
タービン　77, 118
ダム　114
タンボラ火山　68, 70
段ボールベッド　7, 139
地域防災計画　161, 181
地球温暖化　68, 76, 80, 102
千島海溝　8, 61
治水　88-90, 114
地熱発電　5, 76
　　――所　77
注意報　14, 15
中越メモリアル回廊　48, 126, 175
中央海嶺　72
中央構造線　27
中央防災会議　36, 47, 178, 179
沖積平野　5, 13, 22, 28, 42, 46, 80,
　　88, 92, 126

長周期地震動　149
　　――階級　44, 56, 149
直下型地震　46
チョルノービリ　118
チリ地震　29, 34, 55
沈降　13
津波警報　40, 69
津波早期警報システム　191
津波てんでんこ　20, 31
津波の遡上　34, 39, 59
津波避難タワー　41
つむじ風　111
停電　18, 19, 43, 44, 156, 159
泥流　112
寺田寅彦　12, 21
電気火災　125
「天災と国防」　21
天井川　89
透過型砂防堰堤　114
東北地方太平洋沖地震　30, 44, 55,
　　118, 119, 149
特異日　81
特別警報　14, 15, 44, 135
特別豪雪地帯　106
戸倉小学校　31
土砂災害警戒区域　113
土砂災害特別警戒区域　113
土砂災害防止法　109, 113
土壌干ばつ　98
土石流　13, 44, 80, 92, 112, 114, 116,
　　127
　　――危険渓流　112
鳥取県中部地震　136, 137
ドップラー効果　105
ドップラーレーダー　105
トラフ　8, 38, 61
トルネード　111
トレント，D. D.　112

な行

内核　53
内水氾濫　86, 87
内部被ばく　122
長岡地震　107
長良川安八・墨俣水害訴訟　91
那須雪崩事故　108
雪崩　108
　　――地すべり　107, 108, 117, 127
夏のない年　68, 71
ナホトカ号重油流出事故　170
南海トラフ　38, 50, 61

197

──地震　6, 8, 27, 36, 37, 50, 175, 179
南西諸島海溝　61
南方振動　81, 101
新潟県中越沖地震　39, 49, 132, 175
新潟県中越地震　39, 44, 48, 116, 127, 132, 138, 175
新潟地震　39
新潟水俣病　39
二酸化硫黄（SO2）　68
二酸化ケイ素（SiO2）　62
二酸化炭素（CO2）　13, 62, 68, 99, 102
西日本火山帯フロント　61
西穂高岳落雷遭難事故　110
日本海溝　8, 38, 61, 72
日本海中部地震　35, 39-41
日本海東縁ひずみ集中帯　39
日本ジオパーク委員会　75
『日本書紀』　89, 116
日本版改良藤田スケール（JEFスケール）　111
二面性　3, 12, 17, 49, 145
熱帯低気圧　11, 82
ネットワーキング　170
ネバド・デル・ルイス火山　71
寝屋川市立中央小学校事件　132
野島断層　54
──保存・北淡震災記念公園　174
能登半島地震　44, 126, 132
野蒜小学校　184, 185

は行
梅雨前線　80, 81, 91, 98
バイスタンダー　162
ハザードマップ　17, 71, 152, 155, 164
バックビルディング型　96, 97
発光現象　32
パッシブ制震　149
破堤　17, 86, 91, 92, 155
花折断層　27
濱口梧陵　37, 175
パリ協定　102, 103
ハリケーン　82
波浪　59
半減期　119
阪神・淡路大震災記念　人と防災未来センター　174
磐梯山　13, 78, 79

磐梯山噴火記念館　78, 175
氾濫　5, 13, 20, 86, 153
東日本火山帯フロント　61
東日本大震災津波伝承館　175
東日本台風　84
引き渡し訓練　132, 136, 137, 140
非構造部材　57
被災者生活再建支援法　113, 170
菱刈金山　76
非常食　159, 169
非常持ち出し品　158
備蓄品　20, 138, 159
微地形　153
人づくり　145
日奈久断層　45
ピナツボ火山　68, 71
避難勧告　16
避難訓練　56, 136, 140, 141, 168
避難指示　16, 67, 120, 135, 180
避難準備　16
避難所　17, 138, 156, 160, 165
避難情報に関するガイドライン　135
避難所運営　7, 135, 138, 142, 165
──ガイドライン　7, 138
避難所生活　169
避難場所　160, 164
ビブキン，B. W.　112
雹　109
兵庫県南部地震　18, 27, 42, 44, 54, 130, 138, 174
兵庫行動枠組　188-190
兵庫南部地震　126
表層雪崩　108
広川堤防　37, 175
フィリピン海プレート　8, 38, 61
フィールド授業　79
風化　5, 13
風評被害（問題）　49, 121
フォッサマグナ　27
福井地震　22, 23, 35, 46, 54, 84
福祉避難所　43
福島県環境創造センター　175
福島第一原子力発電所　118-120
──事故　3, 13, 30, 49, 131, 161
福徳岡ノ城火山噴火　63
富士山科学研究所　175
富士山噴火　6
藤田スケール　111

布田川断層　45
復旧　2, 18, 21, 22, 47, 141, 183
復興　2, 21-23, 47, 49, 127, 141, 183, 186
プッシュ型支援　21
不透過型砂防堰堤　114
ブラックアウト　18
プル型支援　21
プレー火山　71
プレート境界型　40
プレートテクトニクス　9
ブロック塀　33, 137
噴煙　79
──柱　63
噴火警戒レベル　9, 65-67
フンガトンガ・フンガハアパイ火山　69
噴気　60
噴石　63, 66, 67, 78
文禄堤　89
平成11年6月豪雨　113
平成18年豪雪　107
平成23年7月新潟福島豪雨　132
平成26年8月豪雨（広島土砂災害）　113, 132
平成27年9月関東・東北豪雨　84, 132, 154, 155
平成28年台風10号　16
平成29年7月九州北部豪雨　84, 132
平成30年7月豪雨（西日本豪雨）　80, 84, 94
偏西風　11, 81, 83
宝永地震　34, 37
貿易風　100
防災科学技術研究所　4, 56
防災基本計画　2, 161, 181
防災キャンプ　165, 169
防災教育チャレンジプラン　140
防災教育副読本　131
防災グッズ　142, 158
防災訓練　41, 140, 141, 146, 154, 158, 161, 166, 168
防災計画　2
ぼうさい甲子園　140
防災士　21, 166, 167
防災推進国民会議　179
防災倉庫　20, 159
防災用品　158

さくいん

放射性物質　118-120, 122
放射性ヨウ素　122
放射線教育　120, 121, 131, 141
房総半島台風　84
暴風　14, 85
宝暦治水　90
北西太平洋津波情報センター　29
北米プレート　8, 38-40, 61
北海道胆振東部地震　18, 44, 126, 127
北海道南西沖地震　39, 41
ホットスポット　72
ボランティア活動　17, 43, 170, 171
ボランティア元年　43
ボランティア・コーディネーター　171
本震　45
ポンペイの悲劇　70

ま行

マイ・タイムライン　143, 154, 155
マグニチュード　27, 55
マグマ　9, 61, 62, 70, 73, 77
　──溜まり　9, 62, 72
枕崎台風　84, 85
真砂土　112
まちづくり　125, 145, 147, 150, 167
茨田堤　89
マントル　9, 61, 73
三河地震　37
水屋　90, 95
宮城県沖地震　33, 126
みやぎ東日本大震災津波伝承館　175
宮島紅葉谷岩石公園築造趣意書　115
民法　184

室戸台風　85
明応地震　36
明治三陸地震津波　32
メルトダウン　118
免震構造　19, 148, 149
モーメントマグニチュード（Mw）　55
モロッコ地震　192

や行

野外学習　145
焼け止まり　125
八岐大蛇　116
（災害の）誘因　87
湧昇　100, 101
融雪型火山泥流　63, 66
雪下ろしの雷（雪起こしの雷）　111
ユネスコ世界ジオパーク　75, 78
ユーラシアプレート　8, 29, 38-40, 61
ユレダス（UrEDAS）　53
溶岩流　63, 66
揚子江（長江）気団　11, 80
ヨウ素（I）　119
横ずれ断層　28, 29
横浜戦略　188
余震　44, 45
予知（予測）　50, 64
ヨハネス・デ・レーケ　91, 117

ら・わ行

ラキ火山　70
落雷　4, 110
ラジオゾンデ　104
ラニーニャ現象　100, 101
リアス海岸　59
利水　88-90, 93, 114
隆起　5, 13

硫酸エアロゾル　68
令和元年東日本台風　92
令和元年房総半島台風　18
令和2年7月豪雨　84, 92, 132
令和6年能登半島地震　117, 124, 125
レジリエンス　21, 189
六甲─野島断層帯　27, 77
六甲山地　42
ローリングストック　159
ワーキンググループ　47, 178
輪中　90

欧文

AED　162, 163
COP28　99, 102
DIG　164, 165, 167
ESD　145, 187
　──for 2030　187
GNSS観測装置　9, 64
HUG　142, 164, 165, 167
IPCC　102
JCO臨界事故　122
JICA　192
NDC　102
NPO　22, 167, 170
　──法　170
OODAループ　141
PAZ　122
P波　52, 57
SDGs　21, 103, 145, 186, 189
STEAM教育　141
S波　52, 57
UNESCO　29
UPZ　122
VUCA　3

執筆者紹介 (氏名／よみがな／現職／主著／防災教育を学ぶ読者へのメッセージ) ＊執筆担当は本文末に明記

藤岡達也（ふじおか　たつや）編者
滋賀大学大学院教育学研究科　教授
『SDGsで考える日本の災害①〜③』（単著・大修館書店）
『絵でわかる日本列島の地震・噴火・異常気象』（単著・講談社）
持続可能な社会を目指し，自然や社会と人間との関わり，つながりを防災をキーワードに考えていきましょう。

佐藤　公（さとう　ひろし）
磐梯山噴火記念館　館長
『吾妻山・安達太良山・磐梯山　火山防災副読本』（共著・国土交通省東北地方整備局福島河川国道事務所）
火山の噴火は災害を発生させる一方，多くの恵みを与えてくれる。火山とうまく付き合っていこう。

阿部洋己（あべ　ひろき）
福島市立松陵中学校　校長
『レジリエントな学校づくり』（共著・大修館書店）
原子力発電所の事故後の福島での放射線教育をふまえて，全国で放射線についての学びを展開してください。

澤野次郎（さわの　じろう）
災害救援ボランティア推進委員会　委員長
跡見学園女子大学・十文字学園女子大学　兼任講師
『災害救援ボランティア活動の理論と原則』（単著・日本法制学会）
『学校防災のための参考資料「生きる力」を育む防災教育の展開』（共著・文部科学省）
防災教育の実施は，災害対策基本法，学校保健安全法（学校安全計画）等で定められた国民的な努力義務です。

井山慶信（いやま　よしのぶ）
広島国際大学健康科学部　准教授
『病院管理』（共著・メディカルエデュケーション）
いつどんな災害が起きても後悔しないように，平時から楽しみながら防災・減災に取り組んでいきましょう。

松本一郎（まつもと　いちろう）
島根大学学術研究院教育学系　教授
『新しい科学（中学校理科教科書）』（共編著・東京書籍）
『平成29年改訂　中学校教育課程実践講座　理科』（共著・ぎょうせい）
自然と人間の持続可能な共存・共栄を目指すなかで，自然の恵みと災いを実感し，学ぶことが大切です。

岡田大爾（おかだ　だいじ）
広島国際大学教職教室　教授
『空間認識能力の育成をめざす天文分野の学習指導』（単著・風間書房）
『子どもの科学的リテラシー形成を目指した生活科・理科授業の開発』（共著・東洋館出版社）
災害メカニズムを理解し，避難を促す方法を深く探究してフェーズフリーで多くの命を救いましょう。

門地弘太（もんち　こうた）
大津市教育委員会事務局学校教育課　指導主事
学校と地域が一体になった防災教育を実践し，今の時代だからこそ挑戦し続ける価値があると強く感じました。

川真田早苗（かわまた　さなえ）
北陸学院大学教育学部　教授
『よくわかるSTEAM教育の基礎と実例』（共著・講談社）
『近年の自然災害と学校防災Ⅲ』（共著・協同出版）
災害から命を守る力を身に付け，共に生きられる社会をつくる防災教育を一緒に取り組んでいきましょう。

山口克彦（やまぐち　かつひこ）
福島大学共生システム理工学類　教授
『よくわかる力学の基礎』（共著・講談社）
当たり前にできると思っていることが災害時には突然できなくなります。その時に備えた知識と想像力を！

齋藤由美子（さいとう　ゆみこ）
仙台市立榴岡小学校　教諭
『近年の自然災害と学校防災Ⅰ～Ⅲ』（共著・協同出版）
『理科で考える自然災害』（共著・東洋館出版社）
子どもたちが自分の力で命を守れるよう，防災教育が広まることを願います。私の実践がお役に立てば幸いです。

山崎栄一（やまさき　えいいち）
関西大学社会安全学部　教授
『自然災害と被災者支援』（単著・日本評論社）
『個別避難計画作成とチェックの８Step』（共著・ぎょうせい）
私たちが自然災害にどのように対応していくのかという問いの答えの１つとして，法制度があります。

佐藤真太郎（さとう　しんたろう）
京都ノートルダム女子大学現代人間学部　講師
『新編　新しい理科３年～６年』（共著・東京書籍）
『よくわかるSTEAM教育の基礎と実例』（共著・講談社）
命を守るための教育をみんなで取り組みましょう。「生きる力」の育成にも，防災教育が効果的です。

吉本直弘（よしもと　なおひろ）
大阪教育大学理数情報教育系　教授
『天と地の理をさぐる地球学と宇宙学』（共著，プレアデス出版）
自然の摂理に抗うことはできません。自然の声に耳を傾け，人と自然が共生する社会を探究していきましょう。

佐藤　健（さとう　たけし）
東北大学災害科学国際研究所　教授
『レジリエントな学校づくり』（共編著・大修館書店）
『教師のための防災学習帳』（共著・朝倉書店）
地域に根差した自然の二面性理解と郷土愛を育む学びのプロセスを通して次世代が育まれることを期待します。

やわらかアカデミズム・〈わかる〉シリーズ
よくわかる防災教育
──災害理解から学校・地域防災まで──

2025年3月30日　初版第1刷発行　　　　　　　〈検印省略〉

定価はカバーに
表示しています

編著者	藤 岡	達	也
発行者	杉 田	啓	三
印刷者	藤 森	英	夫

発行所　株式会社　ミネルヴァ書房
607-8494　京都市山科区日ノ岡堤谷町1
電話代表　(075)581-5191
振替口座　01020-0-8076

©藤岡達也ほか, 2025　　　　　　亜細亜印刷・新生製本

ISBN978-4-623-09763-0
Printed in Japan

よくわかる環境教育

水山光春 編著 　　　　　　　　　　　　　　　　　　　　B5・184頁　本体2,800円

総合的な学習の時間の新展開（ミネルヴァ教職専門シリーズ 11）

広岡義之・林泰成・貝塚茂樹 監修／釜田聡・松井千鶴子・梅野正信 編著 　　　A5・248頁　本体2,400円

災害文化を育てよ，そして大災害に打ち克て──河田惠昭自叙伝

河田惠昭 著 　　　　　　　　　　　　　　　　　　　　四六・520頁　本体4,000円

せまりくる「天災」とどう向きあうか

鎌田浩毅 監修・著 　　　　　　　　　　　　　　　　　　B5・160頁　本体1,800円

検証 東日本大震災

関西大学社会安全学部 編 　　　　　　　　　　　　　　　A5・328頁　本体3,800円

東日本大震災 復興 5 年目の検証──復興の実態と防災・減災・縮災の展望

関西大学社会安全学部 編 　　　　　　　　　　　　　　　A5・380頁　本体3,800円

東日本大震災の教訓──復興におけるネットワークとガバナンスの意義

D・P・アルドリッチ 著／飯塚明子・石田祐 訳 　　　　　A5・296頁　本体3,500円

ふくしま原子力災害からの複線型復興──一人ひとりの生活再建と「尊厳」の回復に向けて

丹波史紀・清水晶紀 編著 　　　　　　　　　　　　　　　A5・324頁　本体6,500円

震災復興学──阪神・淡路20年の歩みと東日本大震災の教訓

神戸大学震災復興支援プラットフォーム 編 　　　　　　　A5・308頁　本体3,000円

減災復興学──阪神・淡路大震災から30年を迎えて

兵庫県立大学大学院減災復興政策研究科 編 　　　　　　　A5・256頁　本体3,500円

災害ボランティア入門──実践から学ぶ災害ソーシャルワーク

山本克彦 編著 　　　　　　　　　　　　　　　　　　　　A5・266頁　本体2,500円

災害に立ち向かう人づくり──減災社会構築と被災地復興の礎

室崎益輝・冨永良喜・兵庫県立大学大学院減災復興政策研究科 編 　　　　　　A5・300頁　本体3,500円

実践！ 防災と協働のまちづくり──住民・企業・行政・大学で地域をつなぐ

森正美 編著 　　　　　　　　　　　　　　　　　　　　　A5・216頁　本体2,400円

住民主権型減災のまちづくり──阪神・淡路大震災に学び南海トラフ地震に備える

中山久憲 著 　　　　　　　　　　　　　　　　　　　　　A5・298頁　本体6,000円

大震災復興過程の政策比較分析──関東，阪神・淡路，東日本三大震災の検証（検証・防災と復興1）

五百旗頭真 監修／御厨貴 編著 　　　　　　　　　　　　A5・280頁　本体4,500円

防災をめぐる国際協力のあり方──グローバル・スタンダードと現場との間で（検証・防災と復興2）

五百旗頭真 監修／片山裕 編著 　　　　　　　　　　　　A5・280頁　本体4,500円

災害に立ち向かう自治体間連携──東日本大震災にみる協力的ガバナンスの実態（検証・防災と復興3）

五百旗頭真 監修／大西裕 編著 　　　　　　　　　　　　A5・256頁　本体4,500円

──── ミネルヴァ書房 ────

https://www.minervashobo.co.jp/